고사성어로 쉽게 배우는
십팔사략

이 도서의 국립중앙도서관 출판예정도서목록(CIP)은 서지정보유통지원시스템 홈페이지
(http://seoji.nl.go.kr)와 국가자료종합목록 구축시스템(http://kolis-net.nl.go.kr)에서
이용하실 수 있습니다.(CIP제어번호: CIP2020025444)

태고(太古) 때부터 송나라 말까지
중국왕조의 흥망과 역사 인물의 이야기

고사성어로
쉽게 배우는
십팔사략

증선지(曾先之) 저 | 남정칠(南精七) 역주(譯註)

책미래

머리말

《18사략十八史略》의 저자인 증선지曾先之는 자字가 종야從野이며 여릉인廬陵人이다. 남송말南宋末 진사進士에서 시작해 여러 관직을 거치며 자못 정치적인 업적도 많이 있으며 또한 항원抗元 영웅 문천상文天祥과 고향 친구이기도 하다. 문천상이 항원시에 포로로 잡혀 끝내 투항을 하지 않고 의리를 지키며 보국報國하자 그도 남송의 멸망과 원조元朝의 건립을 지켜보며 마침내 은세불출隱世不出을 택했다. 그리고 재야학자在野學者의 시각으로 이 책을 지었다.

그는 상고上古에서부터 남송南宋에 이르는 중국역사를 정사正史에 기재된 사실을 채집採集해, 역사의 변천과 흥망성쇠興亡盛衰를 시간 순으로 정리하여 제왕帝王 중심으로 간명하게 서술했다. 오대五代 이전의 역사는 사마천의 《사기史記》에서부터 구양수의 《오대사기五代史記》 등의 17부部의 정사正史에서 취재取材하였으며 송대사宋代史는 이도李燾의 《속자치통감장편續資治通鑑長編》과 유시거劉時擧의 《속송편년통감續宋編年通鑑》에서 취재해 공히 '18사十八史'라 하였다. 이 책은 기타 관수사서官修史書와 달리 단순히 고립적인 역사적인 사건만 기술하지 않고 주요한 역사적 사건의 원인과 결과를 분석하고, 역사인물과의 관계를 규명하였다. 본서는 이 책을 완역完譯, 선재選載(골라 실음)했으며 《문맥대조文白對照, 십팔사략十八史略》〈전오권全五卷〉(中國畵報出版社, 刊)을 참조하였다.

《18사략》은 지극히 간명簡明하게 서술된 중국역사 계몽서啓蒙書이자 교양서教養書이다. 본서는 약 300여 개 이상의 고사故事, 성어成語를 인용해 간명하면서도 재미있게 중국사의 대강大綱을 일관요지一貫要旨할 수 있도록 하였다. 성어는 역사의 축적이며 그 배후背後에는 반드시 함의적含意的인 고사故事가 있다. 이러한 고사들이 인구人口에 회자膾炙되면서 상호간의 대화에서나 어떠한 상황을 만나면 이 심오하고 의미심장한 성어成語 한마디는 단박에 좌중을 공감共感, 압도하는 촌철살인寸鐵殺人의 정수精髓가 된다. 본서에 인용된 성어는 거의 전고典故가 있는 것들이기에 나름, 전문적으로 한문을 공부하고 있는 한문학과, 중문과 학생들이나 또는 중국사에 관심을 가진 일반인이나 역사학도뿐만 아니라 이 시대를 살아가는 교양인이라면 누구나 한 번쯤은 읽어야 할 필독서에 가깝다 하겠다. 또한 유구한 역사의 파노라마에 등장해 명멸明滅해간 수많은 미생微生과 호한好漢들의 이야기에서 현실을 체득하며 살아가는 우리들의 반면교사로 삼을 수 있다는 것이 고전읽기의 진수眞髓라 할 것이다.

본서에 나오는 고유명사固有名詞는 될 수 있으면 원문原文을 옮겼다. 대명사代名詞는 원문으로 옮겨야 제대로 그 의미가 유추된다. 특히 한자 문화권에서는 그러하다. 이 세상의 모든 우수마발牛溲馬勃(소 오줌 말똥)이라도 이름을 붙여야 생명이 꿈틀거리기 시작하는 것과 같은 이치이다.

차 례

십팔사략
十八史略

01 | 태고太古

십팔사략十八史略에 태초太初에 천황씨天皇氏는 목덕木德의 왕, 지황地皇은 화덕火德의 왕으로 불리며 각각 약 18,000년을 살았다고 전해진다. 인황씨人皇氏는 형제가 아홉인데 모두 각각 세상을 나누어 다스렸으며 또한 유소씨有巢氏로도 불렸다. 나무를 얽어서 둥지를 만들고 열매를 따 먹으며 살아오다가 수인씨燧人氏에 이르러 불을 사용했다. 또한 사람들에게 화식火食, 즉 음식을 익혀서 먹는 법을 가르쳤다. 서계이전書契以前 즉, 문자文字를 사용하기 이전이기에 연대年代나 국도國都 같은 것은 잘 모르겠다고 되어 있다. 여기서 언급한 목덕이니, 화덕이니 하는 것은 음양오행설陰陽五行說의 영향影響으로 그렇게 규정한 것으로 보이며 이는 자상하고 온유하면서도 강건하게 집단을 통치한 것이다. 수인燧人의 수燧라는 글자는 고대에 불을 만들었던 기구 즉, 부싯돌이나 불을 만드는 도구쯤으로 보면 되겠다. 연대는 거의 구석기시대舊石器時代쯤일 것이다.

02 | 삼황三皇

    태호太昊 복희씨伏羲氏, 염제炎帝 신농씨神農氏, 황제黃帝 헌원씨軒轅氏를 삼황三皇이라 부른다. 수인씨燧人氏를 이어 태호 복희씨가 왕이 되었다. 그는 팔괘도八卦圖를 만듦과 동시에 결승結繩의 방법1)으로 문자를 창조했다. 복희를 이은 여와씨女媧氏는 '생笙'이란 악기를 발명했으며 목덕木德(봄春, 청靑, 이夷)의 왕이라 불렀다. 아직도 수풀이나 나무를 얽어 둥지를 틀고 살아가는 아주 원시적인 형태의 삶으로서 나름으로는 온화하게 살았던 것으로 보인다. 염제 신농씨는 화덕火德(여름夏, 적赤, 만蠻)의 왕이라 불렀다. 여러 가지 약초를 시음試飲했으며 낮에는 비상설시장非常設市場을 개설開設해 제법 질서가 갖추어진 생활을 한 것으로 보인다. 황제 헌원씨는 모친이 북두칠성과 교감하여 낳았다하며 끊임없는 전쟁과 병략兵略을 사용해 조공朝貢하지않는 제후들은 토벌했다. 그는 염제와의 전쟁에서 승리하고 동쪽의 치우蚩尤를 패퇴敗退시키며 천자天子가 되었다. 그를 토덕土德(늦여름季夏, 황黃, 하화夏華)의 왕이라 불렀다. 배와 수레를 발명하여 사람들의 교통을 편리하게 하였다. 하도河圖를 접수하면서부터 일월성신日月星辰의 정황을 관찰, 기록하고 이 이후부터 비로소 천문현상을 기재한 서적이 나왔다. 간지干支와 기년법紀年法을 만들고 관직官職의 이름에 운사雲師, 풍후風后, 역목力牧을 사용했다.2)

---

1) 문자가 만들어지기 이전에 끈을 묶어서 일어난 일들을 기억하는 방법
2) 우리나라 단군신화檀君神話에 풍백風伯, 우사雨師, 운사雲師라고 한 것에 영향을 준 것으로 보인다.

황제의 아들인 소호少昊 금천씨金天氏, 손자孫子인 전욱顓頊 고양씨高陽氏, 증손曾孫인 제곡帝嚳 고신씨高辛氏, 제곡의 아들인 제요帝堯 도당씨陶唐氏, 제순帝舜 유우씨有虞氏를 오제라 한다.

황제 요堯가 재위在位한 지 50년이었다. 그는 천하가 잘 다스려지고 있는지, 그렇지 않은지, 혹은 만백성들이[3] 자신을 우러러 모시는 것을 기뻐하고 있는지, 그렇지 않은지가 무척 궁금했다. 이에 측근의 신하들이나 조정의 대신들에게 물었으나 모른다 했다. 일반 백성들에게 물어도 대답은 역시 마찬가지였다. 그래서 요는 스스로 미복微服을 하고 시중의 번화繁華한 거리에[4] 나가 아이들의 동요소리를 들었다.

천하가 안정되니 뭇 백성이 번성하고[5]
천제의 은상恩賞을 받지 않은 사람이 없다네.
기회를 받아들이지 않으면 기회를 얻지도 못한다는데
우리 모두 천제의 법도에 순응하세.

또 어떤 노인은 잔뜩 먹고 배를 두드리며[6] 한편으로는 흙덩이를 던

---

3) 억조창생億兆蒼生
4) 강구연월康衢煙月
5) 천생증민天生蒸民
6) 함포고복含哺鼓腹

지고 놀며 한편으론 노래하고 있었다.[7]

> 해 뜨면 일하고 해지면 쉰다네
> 우물 파 물 마시고
> 밭 갈아 밥 먹으니
> 제왕인들 부러워할 게 있겠는가!

이후 황제 요가 또 화華지방을 유람遊覽할 때, 그 지방의 봉인封人이 "제가 하늘에 성군聖君의 장수長壽와 부귀富貴, 다남多男하시길 축원祝願드리고자 합니다." 하자 황제는 "필요 없다! 자식이 많으면 근심도 많아지고[8], 부귀가 많으면 번잡한 일도 많아지며[9], 수명이 길면 몽롱하여 부끄러움과 욕먹을 일도 많아지느니라."[10] 했다.

요가 제위帝位한 70년 중에 9년이나 홍수洪水가 일어났다. 그는 곤鯀을 보내 홍수를 다스리도록 했으나 곤은 9년 동안 별 성과가 없었다. 요가 나이가 들어감에 따라 힘이 들어 정사政事를 이끌어 갈 수 없자, 사악四岳의 관원들은 순舜을 추천해 천하의 일을 관리하도록 했다. 요의 아들 단주丹朱가 불초不肖했으므로 순을 자신을 이어 제위帝位에 오르도록 (하늘에)추천했다. 요가 붕어崩御[11]하자 순이 즉위卽位했다.

---

7) 격양가擊壤歌
8) 다남다구多男多懼
9) 부귀다번富貴多煩
10) 수즉다욕壽則多辱
11) 천자天子의 죽음은 붕崩, 제후諸侯는 훙薨, 대부大夫는 졸卒, 선비는 불록不祿, 서인庶人은 사死라 한다. 《예기禮記》

제순帝舜 유우씨有虞氏의 성姓은 요姚이다. 어떤 사람은 그의 이름을 중화重華라 했다. 그는 고수瞽瞍의 아들이며 전욱顓頊의 6세손이다. 그의 부친 고수는 후처後妻에게 빠져 작은 아들 상象(후처後妻 소생所生)만을 총애해 여러 번 순을 죽이려 했지만 순은 효제孝悌의 도리를12) 다했다. 그러한 도리로써 부모님과 형제간을 대하고, 그들을 선행善行으로 인도해 스스로 자신들의 덕행德行을 제고提高하도록 만들어 간악함에 빠지지 않도록 했다.

순이 역산歷山에서 경작耕作하고 있을 때, 사람들은 모두 물가의 경지耕地를 그에게 주었다. 순이 뇌택雷澤이라는 곳에서 고기잡이를 하고 있을 때에는 사람들이 모두 자신의 집을 그에게 거주하도록 주었으며 또 순이 황하黃河 부근에서 도기陶器를 만들 때에도 그곳에서는 저질低質의 물건은 만들어내지 않았다. 이에 순이 거주했던 곳은 곧 하나의 작은 부락이 되었으며 2년이 지나면 바로 읍邑이 되었고, 3년이면 곧 도시가 되었다.

요堯임금이 그의 총명함을 듣자, 곧 견무畎畝(들판)에서 일하던 그를 기용起用했다. 그리고 자신의 두 딸, 아황娥皇과 여영女英을 그에게 시집 보내 그녀들이 규수嬀水강가의 순의 집에 거주하도록 했다. 이에 순은 요를 도와 천하의 일을 처리했다.

순의 아들 상균商均이 불초不肖했으므로 이에 순은 우禹에게 천자의 지위를 계승하도록 추천했다. 순이 남순南巡중 창오산蒼梧山부근에서 붕어하자 우가 즉위했다.

---

12) **효제충신**孝悌忠信: 부모님께 효도하고, 어른들에게 공손하며, 나라에는 충성하고, 붕우朋友 간에는 신의를 지킨다.

하후씨夏后氏 우禹는 성姓이 사姒이다. 어떤 사람은 그의 이름을 문명文命이라 불렀다. 곤鯀의 아들이며 전욱顓頊의 손자이다. 곤이 홍수洪水를 다스리는 데 있어 막아서 해결하려는 방법을 사용했으나 성공하지 못했다. 순은 이에 곤을 대신해 우를 추천했다. 우는 치수治水 기간 중에 몹시 마음을 쓰며 애를 태웠다.[13] 외지에서 13년이나 거주했으나 집 앞을 지나가는 길에 한 번도 집에 들어가지 않았다. 치수를 성공하자 순은 우에게 상을 주고 곧 우로 하여금 백관을 통솔하고 자신을 대리해 천하를 다스리도록 했다.

순이 죽자 우가 곧 천자에 즉위했다. 우의 음성音聲은 곧 음률音律의 표준이었고, 그의 몸은 척도尺度의 표준이었다. 치수 시에 우는 왼손엔 준승準繩[14]을 오른손엔 규구規矩[15]를 잡았고, 사무는 너무나 바빠 한 번의 식사에서도 10여 차례 일어나 정무를 들어야 했으며 천하의 백성들을 위해 온힘을 다했다. 우가 출문하여 죄인을 만나면 수레에서 내려 그 죄행罪行을 묻고 함께 울며 "요순시기堯舜時期의 사람들은 요순과 한마음 한 뜻이었는데 내가 군주君主가 된 후, 백성들 모두 사사로운 마음을 가지고 있으니 내가 너무 마음이 아프다." 했다.

옛날엔 오로지 보리를 발효시켜 술을 빚었는데 우의 때에 이르러 의

---

13) 노심초사勞心焦思

14) 평면의 경사를 재기 위해 치는 먹줄이나 수준기水準器, 일정한 법식法式.

15) 지름이나 선의 거리距離를 재는 도구道具. 그림쇠.

적의狄(전문專門 양조인釀造人)이 술을 빚었다. 우가 마셔본 다음 너무 맛이 있음을 알자 "후세에 반드시 술로 인해 나라를 망치는 자가 있으리라!"하며 의적을 멀리했다. 우는 또 구주九州의 관리자들이 바친 동銅으로 구구대정九口大鼎을 주조했다. 정鼎의 세 개의 발은 삼덕三德(인仁, 지智, 용勇)을 상징한 것이며, 상제上帝와 귀신鬼神의 제사祭祀용으로 사용했다. 우가 도산塗山에서 제후諸侯와 회동할 때, 옥백玉帛(일종의 예물)을 가지고와 알현謁見을 청한 제후가 1만여 나라가 넘었다.

우가 장강을 건널 때 황용黃龍 한 마리가 물속에서 나와 그들의 배를 짊어지고 내달리기 시작하자 배 위에 사람들이 모두 두려워했다. 이에 우가 하늘을 우러러 탄식하며 "나는 상천上天의 사명使命을 받아 온 마음과 힘을 다해[16] 천하의 백성들을 위해 일했소! 산다는 것은 바로 잠시 여기에 의탁依託해 있는 것과 같소! 죽는다는 것도 원래 있던 곳으로 되돌아가는 것과 똑같은 것으로[17] 일찍이 생사生死라는 것은 문제되지 않는 것이오.[18] 이 황용은 나에겐 벽호壁虎(도마뱀 종류)와 같은 것에 불과할 뿐이오!"하자 황용은 곧 머리를 숙이고 꼬리를 늘어뜨리며 사라졌다.

우는 남순하다 회계산會稽山에서 붕어했다. 그의 아들 계啓는 현명賢明해 우의 덕행과 사업을 계승할 수 있었다.

공갑孔甲의 후에 하조夏朝는 왕고王皐, 왕발王發을 거쳐 이계履癸에 이르렀다. 이계의 시호諡號는 걸桀이다. 그는 사람됨이 탐학貪虐하고 매우 힘이 세서 능히 쇠사슬을 펼 수 있었다. 일찍이 걸이 유시씨有施氏라는

---

16) 전심전력全心全力, 진심갈력盡心竭力, 발분망식發憤忘食, 전심치지專心致志, 불면불휴不眠不休, 절차탁마切磋琢磨, 분골쇄신粉骨碎身

17) 원시반종原始反終

18) 치지도외置之度外

부락部落을 공격한 적이 있었다. 이때 유시씨는 패전敗戰의 결과물로 말희(末喜, 妹喜)19)라는 미녀를 바쳤다. 걸은 매우 말희를 총애했고, 그녀의 말이라면 무조건 들어주었다. 걸은 국고國庫를 탕진蕩盡해가며 말희에게 경궁傾宮과 요대瑤臺를 짓고 백성들의 재산을 짜냈다. 술로 만든 연못은 배를 띄울 수 있었으며 쌓아놓은 육포肉脯는 산과 같았고, 걸어놓은 육포는 숲을 이루었다. 또한 술 찌끼미를 쌓아놓은 방죽은 10여 리에 달했다. 한 번의 북소리에 맞추어 마치 소처럼 엎드려 마시는 사람들이 3,000명이나 되었다. 말희는 이 같은 광경을 보고 매우 좋아했다. 하조의 백성들의 실망은 극에 달했다. 마침내 탕湯이 기병起兵하여 하걸夏桀을 벌伐했다. 걸은 패전敗戰후, 달아나다 명조鳴條에서 죽었다. 하조는 모두 17대 군주君主, 432년 통치했다.

---

19) 말희는 이른바 '뛰어난 미모를 가진 여자는 재앙의 원인'이라는 '홍안화수紅顔禍水' 가운데 가장 먼저 등장한다. 종일 하걸夏桀과 음주하며 향락을 일삼아 하조夏朝의 멸망을 간접적으로 이끌었다. 말희(하夏, 걸桀), 달기妲己(상商, 주왕紂王), 포사褒姒(주周, 유왕幽王), 여희驪姬(진晉, 헌공獻公)를 중국 고대의 4대 요희妖姬라 한다. 경국지색傾國之色, 경성경국傾城傾國

05 | 은殷(상商)

　　은왕殷王 성탕成湯의 성姓은 자子이며 이름은 이履이다. 그의 선조先祖
는 제곡帝嚳의 아들 설契이다. 설의 모친의 이름은 간적簡狄이며 유융씨
有娀氏 부락部落 추장酋長의 딸이다. 어느 때 한 마리의 검은 새(현조玄鳥,
제비의 원형)의 알과 부딪치자 그녀는 그 알을 삼켰다. 이에 곧 설을 낳
았다. 설은 요, 순시기에 사도司徒의 직책을 맡아 상商땅에 분봉分封되었
고 아울러 '자子'라는 성을 받았다.

　　설이 죽은 후, 사적事迹이 분명하진 않지만 많은 수령들로 이어지다가
주규主癸의 아들 천을天乙대에 이르렀다. 천을은 바로 탕이다. 탕은 처음
박훋땅을 거주지로 정했다. 이곳은 선왕들이 거주했던 곳이었다. 탕은
사람을 보내 공물貢物을 예품禮品으로 삼아 신국莘國으로가 이윤伊尹을
초빙했으며 아울러 그를 걸에게 추천했다. 그러나 걸은 이윤을 등용登用
하지 않았다. 그러자 이윤은 상에 돌아와 탕을 보좌했다. 걸이 그에게
간언한 대신大臣 관용봉關龍逢을 죽이자 탕은 사람을 보내 조상弔喪하도
록 했다. 걸은 이 소식을 듣고 대노하며 탕을 소환해 하대夏臺에 구금拘
禁했다가 얼마 지나지 않아 풀어주었다.

　　탕이 출옥 후 야외에 나갔다. 어떤 사람이 사방에 그물을 쳐놓고 빌고
있었다. 그가 "하늘로부터 내려오는 것이나, 땅에서 뛰는 것이나, 사방팔
방四方八方의 생명들은 모두 나의 그물에 걸려라!" 하자, 탕이 "아! 네가
이와 같이 조수鳥獸의 씨를 말리는구나!" 하며 탄식했다. 이에 그가 몸소
그물의 삼면三面을 헤쳐버리고, 다시 말을 바꾸어 "왼쪽으로 가려는 것

들은 왼쪽으로 가고, 오른쪽으로 가려는 것들은 오른쪽으로 가라! 성명 性命을 따르지 않는 것들만 그물에 걸려라!" 하고 빌었다. 제후들이 이 일을 듣고 말하길 "탕의 덕행德行이 이미 지극하여 금수禽獸에 까지도 미치는구나!" 했다.

이윤은 탕을 보좌해 걸을 토벌하고 남소南巢로 쫓았다. 제후들은 이에 탕을 천자로 추대했다. 탕의 치세 7년간, 큰 가뭄이 있었다. 태사太史가 점을 친 후, "반드시 사람으로 제물로 삼아 빌어야 합니다." 하자 탕이 "내가 비를 원하는 까닭은 바로 천하의 백성들을 위함이다. 만약 반드시 사람을 재물로 삼아야 한다면 내 스스로가 제물이 되겠다!" 했다. 이에 목욕재계沐浴齋戒하고 가위로 손톱과 머리카락을 자른 후, (장식이 없는) 흰 수레에 앉아 백마를 몰며, 몸엔 흰 띠를 붙여서 만든 옷을 입었다. 그리고 자신이 제물이 되어 상림桑林의 들에서 기도를 시작했다. 탕이 6가지 일에 대해 자책하며 "내가 정치를 한 이래, 나의 정사政事가 부당한 것이 있었습니까? 백성들 모두 그 직분을 지키기가 불안합니까? 궁실이 지나치게 화려합니까? 후궁後宮과 시신侍臣이 너무 많습니까? 법령이 엄하지 않아 관원들의 수뢰가 성행합니까? 정숙하지 않은 사람을 기용해 참소하는 사람들이 득세합니까?" 했다. 탕이 말을 다 마치기도 전에 큰 비가 바야흐로 수천 리에 내리기 시작했다.

탕이 붕어하고, 태자 태정太丁도 일찍 세상을 떠났다.

상조商朝는 태정太丁, 제을帝乙을 지나 제신帝辛이 즉위했다. 제신은 이름을 수受라 불렸으며 뒤에 시호諡號를 주紂라 했다. 그는 지혜가 뛰어나 족히 다른 사람의 간언을 거절할 수 있었고 언변은 교묘해 능히 자신의 과실을 덮을 수 있었으며 행동은 민첩하여 맨손으로 사나운 짐승도 사로잡을 수가 있었다. 주왕紂王이 처음 상아로 만든 젓가락을 사용하자 현신賢臣 기자箕子가 탄식하며 "그가 상아로 만든 젓가락을 사용하면 곧 도기陶器로 만든 그릇은 사용하지 않을 것이며 반드시 옥으로 만든 잔을 사용하고자 할 것이다. 옥잔과 상아 젓가락을 사용한다면 곧 야채로 만든 국은 먹지 않을 것이며 거친 베옷은 입지 않고 초옥草屋에서는 살지 않을 것이다. 그렇게 되면 그는 반드시 비단 옷을 입고자 할 것이며 고대광실高大廣室의 궁전 속에서 살고자 할 것이다. 이 같은 욕망을 품는다면 온 천하 모두를 가져도 그는 만족하지 못할 것이다." 했다.

주왕紂王이 유소씨有蘇氏라는 부락을 공격하자 앙화殃禍를 면하고자 유소씨는 달기妲己라는 미녀를 바쳤다. 주왕은 매우 그를 총애寵愛했고, 그녀의 말이라면 무조건 따랐다. 백성들에게는 세금을 무겁게 부과해 녹대鹿臺라는 궁원宮苑안에는 재보財寶를 더 쌓아두었고, 거교巨橋라는 창고倉庫에는 양곡糧穀으로 가득 채웠다. 사구궁沙丘宮 안에 누대樓臺나 정원亭苑은 넓혀, 못에는 술로 가득 채우게 했으며 고기를 많이 매달아 마치 수풀 같았다.[20] 그리고 궁전宮殿의 창들은 모두 장막帳幕으로 가려 밤낮을 구분하지 않고 음주했다. 백성들이 주왕의 통치에 대한 원망怨望과 함께 제후들의 배반도 줄을 잇자 주왕은 가혹한 형벌을 제정했다. 그는 구리 기둥에 기름을 칠해 숯불 위에 걸쳐놓고 죄 있는 사람들을 그 위를 걷게 했다. 미끄러지면 불구덩이 떨어지도록 한 것이다. 주왕과 달기는 이 광경을 보면서 매우 즐거워했다. 이런 종류의 형벌을 '포락지형炮烙之刑'이라 했다.

주왕은 점점 음란淫亂하고 포악해져갔다. 그의 서형庶兄 미자微子가 수차례 간언했지만 듣지 않자 그는 조가朝歌(수도首都)를 떠났다. 비간比

---

20) 주지육림酒池肉林

干이 연달아 3일간 주왕 곁에 붙어 간하자 그가 대노大怒하며 "내가 들으니 성인의 심장에는 구멍이 일곱 개나 나있다던데 어디 봅시다." 하며 비간의 심장을 꺼내보이게 했다.

기자箕子도 일부러 미친 척했으나 주왕은 노예로 만들어 구금했다. 은조殷朝의 악관樂官은 악기樂器와 제기祭器를 가지고 주周나라로 달아났다.

서백후西伯侯 희창姬昌, 구후九侯와 악후鄂侯가 바로 주왕의 삼공三公이었다. 주왕이 구후를 죽이자 악후가 구후를 위하여 변론辯論했다. 주왕은 악후도 함께 육포肉脯로 만들어버렸다. 희창이 이 소식을 듣고 탄식하며 비통해 하자 주왕은 곧 그를 유리羑里에 구금했다. 희창의 대신 산의생散宜生이 미녀와 진귀한 보물들을 가지고와 주왕에게 헌상獻上하자 매우 기분이 좋아진 주왕이 곧 희창을 풀어주었다. 희창이 영지領地로 돌아간 후, 덕정德政으로 수행修行하자 매우 많은 제후들이 주왕을 배반하고 희창에게 귀순했다.

희창이 죽은 후, 그의 아들 희발姬發이 즉위했다. 희발은 제후들을 통솔해 주왕을 공격해 목야牧野에서 주왕을 대패大敗시켰다. 그러자 주왕은 보옥寶玉의 옷을 걸친 채 스스로 분사焚死했다. 이에 은殷(상商)은 멸망했다.

기자箕子가 나중에 주왕周王을 만나러 가던 중, 은나라의 옛 수도首都의 흔적을 보게 되었다. 눈앞에 옛날의 궁실宮室들이 폐허가 되어 보리가 무성한 것을 보고 울음을 그칠 수 없었다. 그러나 울고자 하나 부녀자로 여길까 하여 이에《맥수지가麥秀之歌》를 지었다.

보리가 점점 자라나니

벼와 기장도 반들반들하구나!

저 교활狡猾한 녀석은

나와 좋은 관계를 가지려하지 않았었지![21]

은나라의 유민들이 이 노래를 듣고 모두 상심하며 눈물을 흘렸다.[22]

은조는 31대 군주, 모두 629년을 지냈다.[23]

---

21) 맥수지탄麥秀之嘆, 서리지탄黍離之嘆

22) 은감불원殷鑑不遠: 은나라가 거울삼을 것은 멀리 있지 않다.

23) 현신賢臣 기자箕子는 상조商朝의 군주인 태정太丁의 아들이며 제을帝乙의 동생이라고 전해진다. 태사太師라는 벼슬을 지냈으며 기箕라는 땅을 봉지封地로 가지고 있었다. 주紂가 무도無道하여 그의 간언도 효과가 없자 그는 미친 것으로 가장했으나 결국 옥獄에 갇혀 종이 되었다. 나중에 상조商朝가 멸망하자 멀리 조선반도로 가서 기자조선箕子朝鮮을 건립했다고 한다. 미자微子, 비간比干과 함께 은말삼인殷末三仁으로 부른다.

※근대의 역사학이라는 개념이 정립되기 이전에는 고조선을 단군조선檀君朝鮮, 기자조선箕子朝鮮, 위만조선衛滿朝鮮의 시기로 구분했다. 고려 인종仁宗 때(1145년) 김부식金富軾이 왕명으로 지었다고 전해지는 우리나라에서 가장 오래된 역사서인 《삼국사기》에는 고구려, 신라, 백제의 삼국의 이야기만 언급하고 개국신화는 없다. 그 후 약 100년이 지나 승려 일연이 《삼국사기》에서 빠지고 보충해야겠다고 생각되는 일들을 덧붙여 이른바 '삼국의 못 다한 이야기' 즉, 《삼국유사三國遺事》를 지어 단군신화檀君神話를 언급한다.

06 | 주국周國

　주무왕周武王의 성姓은 희姬이며 이름은 발發이다. 바로 후직后稷의 16세손이다. 후직后稷은 이름이 기棄이다. 그의 모친母親은 강원姜嫄이며 바로 제곡帝嚳의 부인이다. 강원이 야외에서 거인의 발자국을 보고 마음속에 신기神奇한 기운을 느껴 밟게 되었다. 돌아와 곧 임신妊娠을 했고, 기를 낳았다. 강원은 뭔가 불길한 아이라고 느껴 바로 좁은 거리에 버렸다. 그러자 지나가는 우마牛馬들이 모두 피하고 밟지를 않았다. 이에 아이를 산속 숲속에 버리려니 마치 많은 사람들이 있는 것 같아 버리지 못했다. 또 아이를 물가에 버리니 지나가던 새가 자신의 양 날개로 아이를 덮어 그를 보호하는 것이었다. 이에 강원이 이 아이는 매우 신이神異하다고 생각하고 마침내 안고 돌아왔다.

　기는 어릴 때부터 어른과 똑같이 자신의 지향志向이 있었으며 놀 때도 나무를 심어 기르는 것을 좋아했다. 기가 성년이 된 후에는 토지에 적합한 농작물을 심는 것을 잘 분별했으며 아울러 사람들에게 어떻게 경작하는 지를 잘 가르쳐주었다. 기는 도당陶唐(요순堯舜), 유우有虞(제순帝舜), 하하夏(우우禹)의 시대에 살았으며 당시의 농사農師로서 봉지封地는 태邰였다. 그의 성姓과 서로 구별하기 위하여 후직后稷이라 불렀다. 후직이 죽은 후, 그의 아들 부줄不窋이 제위를 이었다.

　태강太康이 즉위 후, 하후씨의 왕실이 쇠미衰微해지기 시작하자 부줄은 자신의 관직을 버리고 융적戎狄이 거주하는 지역으로 달아났다. 부줄이 죽자 그의 아들 국鞠이 이었고, 국의 사후엔 그의 아들 공유公劉가 제위를 이었다. 공유가 후직의 업적을 다시 다스려 전심전력全心全力으로 농경에 힘썼다. 백성들 모두가 그를 추대했다.

공유가 죽고 시간이 지나 고공단보古公亶父에 이르러 훈육獯鬻이 침범하자 그는 곧 주周부족을 거느리고 빈豳땅을 떠났다. 칠저하漆沮河를 건너 양산梁山을 넘어 기산岐山의 기슭 아래에 새로운 도성都城을 건설해 살기 시작했다. 그러자 빈지역의 사람들이 "고공단보는 어진 사람이다 우리는 그를 떠날 수 없다." 하며 노인들을 부축하고 아이들은 데리고 고공에게 달려왔으며 부근의 부족들도 모두 고공에게 귀순歸順했다.

고공단보의 맏아들은 태백太伯이고 둘째는 우중虞仲이다. 그의 왕비王妃 태강太姜은 셋째 아들 계력季歷을 낳았다. 계력은 태임太妊에게 장가들어 희창姬昌을 낳았는데 출생 시에 상서祥瑞로운 징조徵兆가 있었다. 태백과 우중은 고공단보가 계력을 태자로 삼아 장차 왕위를 계승시키려 한다는 것을 알고 이에 모두 형만荊蠻지역으로 달아나 (그곳 풍습에 따라) 머리를 자르고 몸에 문신을 새겨 장차 왕위를 계력에게 주려고 했다. 고공단보가 죽자 계력이 제위를 이었다.

계력이 죽고 희창이 왕위를 계승했다. 그가 바로 서백西伯이다. 서백이 덕을 닦으며 나아가자 제후들 모두가 그에게 귀순歸順했다. 우虞와 예芮, 두 나라의 제후가 밭을 가지고 다투었으나 해결이 되지 않자 주나라의 서백에게 해결을 요청했다. 그들이 주나라의 경계를 넘어와보니 전답田畓을 갈고 있는 사람들 모두가 공유共有된 경계境界를 서로 양보했으며 백성들은 어른을 존중했다. 두 사람은 매우 부끄러움을 느껴, 서로에게 말하길 "우리들이 다투는 것은 바로 주나라 사람들이 수치로 여기는 일이다." 하며 서백을 보지도 않고 곧 돌아가 그 밭을 서로 양보했다. 이에 다시는 전지田地분쟁이 없었다. 한수漢水 이남의 제후들이 서백에게 귀순한 나라가 40여 국에 달했다. 모두 서백을 천명天命을 받은 군왕이라 여겼으며 천하의 2/3가 서백에게 귀순했다.

여상呂尙이라 불리는 사람이 있었다. 동해인東海人이었다. 궁곤窮困하고 연로年老해 뜻을 펴지 못하고 주나라에까지 흘러와 고기를 잡으며 살아가고 있었다. 어느 날, 서백이 사냥을 나가기 전에 점을 쳤다. 괘사卦辭에 사냥으로 잡아오는 것은 용龍도 아니고 치彲(이무기)도 아니고, 곰도 아니고 비羆(큰 곰)도 아닌 것이, 범도 아니고 비貔(전설속의 맹수)도 아닌 것으로 장차 패왕霸王을 보좌할 현상賢相으로 나왔다. 서백이 과연 위수渭水의 북쪽 언덕에서 낚시를 하고 있던 여상呂尙을 만났다. 서백이 여상과 이야기를 나누어본 다음 매우 좋아하며 "선왕先王 태공太公이 말하길 성인이 있어 우리 주나라에 온다면 주나라도 곧 그 때문에 흥성興盛할 것이라 했는데, 그 말씀이 바로 당신이었군요. 태공太公(고공단보)께서 그대를 바란지(망望) 오래되었습니다." 했다. 이 때문에 여상을 '태공망太公望'이라 불렀다. 이에 서백과 여상이 함께 수레에 올라 궁중으로 돌아온 후 그를 스승으로 삼고, '사상보師尙父'라 불렀다.[24]

서백西伯이 죽은 후 그의 아들 희발姬發이 등극登極했다. 바로 무왕武王이다. 무왕이 동쪽 맹진盟津에서 열병식閱兵式을 거행할 때 백어白魚 한 마리가 무왕이 탄 배 속에 뛰어 올랐다. 무왕은 몸을 구부려 잡아서 제품祭品으로 사용했다. 황하를 건너자 큰 불덩어리가 하늘에서부터 내려

---

24) 태공망 여상은 강가에서 한가하게 낚시를 즐긴다는 의미의 강태공姜太公이란 별명도 있지만 서백을 만나기 전까지는 굉장히 궁핍한 생활을 하였다. 이에 견디지 못한 아내가 집을 나갔다. 후에 강태공의 출세를 본 아내가 다시 돌아와 재결합을 요구하자 묵묵히 물동이에 담긴 물을 바닥에 쏟으며 "한번 엎지른 물은 다시 담을 수 없다.(복수불반분覆水不返盆)"는 유명한 성어成語를 남긴다. *복수불수覆水不收, 복수정난수覆水定難水

와 길을 태우며 무왕이 거주하는 장막帳幕에까지 이르러 곧 한 마리의 까마귀로 변했다. 온몸엔 붉은 털이 가득했고 소리는 우렁찼다. 이때 제후들이 미리 약속하지 않았지만 모인 제후들이 800명이 넘었다. 모두 주왕을 토벌하러 가자고 했으나 무왕은 아직은 때가 아니다 하며 곧 봉지로 병력을 돌렸다. 그렇지만 주紂왕은 여전히 개전改悛의 정情이 없었다. 이에 무왕은 주왕을 토벌할 것을 결정하고 서백의 나무인형(신주神主)을 함께 싣고 주왕을 토벌하러 갔다. 이때 백이伯夷와 숙제叔齊가 무왕의 말을 가로막으며 간하길 "부친이 돌아가셨는데 매장埋葬도 하지 않고 전쟁을 하려는 것을 설마 효孝라 할 수 있겠는지요, 신하로서 군왕君王을 시살弑殺하려는 것을 설마 인仁이라 할 수 있겠는지요!" 했다. 주위에 신하들이 그들을 끌어내어 죽이려 했지만 태공太公이 "이 두 사람은 의사義士다." 하며 두 사람을 부축해 일으켜 그들을 떠나 보내주도록 명했다.

무왕이 은나라를 멸망시킨 다음 천자가 되자 고공단보를 태왕太王으로 추존追尊하고, 공계公季를 왕계王季로, 서백을 문왕文王이라 했다. 천하가 주나라를 받들고 숭상하며 정통으로 삼자, 백이와 숙제는 이것을 부끄럽게 여겨 주나라에서 나는 음식물은 일체 먹지 않고[25] 수양산에 들어가 은거했다. 이에 노래를 지어 불렀다.

저 서산에 올라 (등피서산혜等彼西山兮)

고사리를 캐먹는다네. (채기미의采其薇矣)

폭력을 폭력으로 바꾸면서도 (이폭역폭혜以暴易暴兮)

---

25) 불식주속不食周粟

그 잘못을 모른다네. (부지기비의不知其非矣)

신농, 우, 하도 (신농우하神農虞夏)

홀연히 사라졌나니! (홀언몰혜忽焉沒兮)

우리는 어디로 돌아가야 하나 (아안적귀의我安適歸矣)

아, 서글프지만 가야지! (우차조혜于嗟徂兮)

운명이 다한 것을. (명지쇠의命之衰矣)

그리고 오래 지나지 않아 둘은 굶어 죽었다.

성왕成王이 죽고 아들 강왕康王 희쇠姬釗가 이었다. 성왕과 강왕의 통치기간에는 천하가 안정되어 40년 동안 형벌을 사용할 일이 없었다.(성강지치成康之治)

강왕이 죽고 그의 아들 소왕昭王 희하姬瑕가 이어 제위했다. 소왕이 남南쪽으로 순수巡狩 중에 초나라에서 아교를 칠해서 붙인 배를 타고 황하를 건너다 익사溺死하여 돌아오지 못했다. 이에 그의 아들 목왕穆王 희만姬滿이 제위했다. 이때 조보造父라 불린 자가 말을 잘 부려 목왕에게 총애를 받고 있었다. 목왕이 8필의 준마駿馬를 구하자, 천하를 유람하며 장차 머무는 곳마다 수레바퀴와 말발굽 자국을 남겨두려 했다.26) 왕이 서쪽으로 순수할 때 "목왕이 바로 그때 서왕모西王母와 함께 요지瑤池에서 음주하며 즐기다가 쾌락이 지극해 돌아가는 것을 잊어 버렸다."고 세상에 알려졌다. 이때 서국徐國의 언왕偃王이 난을 일으키자 조보가 목왕을 태우고 장시간 말을 몰며 돌아와 일단 반란을 평정한 후, 초국楚國에게 통지해 함께 서국을 대패시켰다. 목왕이 장차 견융犬戎을 토벌하려고하

---

26) 거철마적車轍馬跡, 주유천하周遊天下, 철환천하轍環天下

자 채공모보祭公謀父가 "선왕께서는 미덕美德과 인정仁政을 밝혔으나 무력을 드러내지는 않았습니다." 하며 간했다. 왕은 간언을 듣지 않고 그를 토벌했으나 견융에게 패한 후 4마리의 흰 이리와 4마리의 흰 사슴만 잡아 돌아왔다. 이 이후부터 먼 부족들은 신하라 칭하며 공물을 바치지 않았고, 제후들 사이도 다시 화목하지 못했다.

선왕宣王이 죽고 그의 아들 유왕幽王 희궁열姬宮涅이 제위帝位를 이었다.

오래전 하후씨夏后氏 때 두 마리의 용이 하늘에서 궁정宮庭에 내려와 "우리는 포국褒國의 두 군주君主다." 했다. 점을 책임지는 관원이 장차 용의 침을 숨겨두었다. 하夏, 상商 양대兩代를 지나면서 어느 누구도 감히 열어보지 않았다. 주여왕周厲王 때에 이르러 용의 침을 숨겨둔 상자를 열자 타액唾液이 큰 자라로 변했다. 이때 한 어린 시녀侍女가 마침 자라에 부딪쳤다. 후에 그녀는 한 여자 아이를 낳았으나 즉시 버렸다. 선왕宣王 재위在位시에 동요童謠에 "산뽕나무로 만든 활과 기목箕木으로 만든 화살 통을 파는 사람이 바로 주나라를 멸망시킬 사람일세!"라는 동요가 나돌았다는데 마침 이 같은 물건을 만들어 파는 사람이 있었다. 이에 선왕宣王이 그를 잡아오게 하자 그 사람은 달아나다 길가에 버려진 여자 아이를 발견했다. 그는 한밤중에 울고 있는 여자 아이를 불쌍히 여겨, 데리고 포국褒國으로 달아났다. 그 후 유왕幽王이 즉위卽位했다. 후에 포국褒國은 유왕幽王에게 죄를 짓자 면죄용으로 그 여자 아이를 바쳤다. 그가 바로 포사褒姒이다.

유왕幽王은 매우 포사褒姒를 총애했으나 포사는 웃는 것을 좋아하지 않았다. 유왕은 포사를 한 번 웃게 할 온갖 방법을 동원했으나 모두 성공하지 못했다. 이전에 주왕실과 제후국들 사이에 약속을 한 적이 있었는데 "만약 융적戎狄들이 침입해 들어오면 곧 봉화烽火를 올려 제후들을 소집하고, 그러면 제후들은 구원병을 데리고 그를 도우러 달려온다."는 것이었다. 그러던 어느 날 유왕이 까닭 없이 봉화烽火를 올렸다. 제후들 모두 군대를 거느리고 황망히 달려왔다가 비로소 적들이 없다는 것을 발견했다. 완전히 허망한 소동이었다. 포사는 이 같은 광경을 본 후에야 비로소 크게 웃었다.

유왕은 신후申后 왕후王后와 태자太子 의구宜臼를 폐위廢位시켰다. 그리고 포사를 왕후로 세우고 그가 낳은 아들 백복伯服을 태자로 삼았다. 후에 태자 의구가 신국申國으로 달아나자 유왕은 신후에게 의구를 죽이도록 요청했지만 신후는 거절했다. 이에 유왕이 신국申國(의구의 외가)을 공격하려하자 신국은 견융犬戎과 연합해 유왕을 공격했다. 유왕은 곧 봉화를 올려 제후국諸侯國들의 도움을 요청했으나 그들은 장난으로 여기고 모두 발병發兵하지 않았다. 마침내 견융은 여산驪山 기슭 아래에서 유왕을 죽였다.

유왕이 죽자 제후국들은 의구를 왕으로 세웠다. 그가 바로 평왕平王이다. 평왕은 서도西都인 호경鎬京이 견융과 너무 가까워 도성都城을 동도東都인 낙읍洛邑으로 옮겼다. 이때부터 주周 왕실의 권력은 약해지고 강대해진 제후국들이 약소한 제후국들을 병탄併呑했으며 이 중 제齊, 초楚, 진秦, 진晉이 점점 강대해져갔다. 기원전 770년 평왕이 동천東遷(낙양洛陽)이후부터 중국은 춘추시대春秋時代로 접어들게 된다. 평왕 49년은 노은공魯隱公 원년元年이다. 공자孔子가 《춘추春秋》를 바로 이 해부터 편찬編纂하기 시작했다.

정왕定王이 죽고 그의 아들 간왕簡王 희이姬夷가 제위를 이었다. 간왕의 재위기간에 오吳나라는 비로소 왕이라 참칭하기 시작했다.

간왕 사후, 아들 영왕靈王 희설심姬泄心이 제위를 이었다. 공자孔子가 이 시기에 활동했다. 영왕이 죽자 그의 아들 경왕景王 희귀姬貴가 제위를 이었다. 경왕이 죽은 후 도왕悼王 희맹姬猛이 제위를 이었으나 오래지 않아 그의 동생 자조自朝에게 시해弑害당했다. 진晉나라가 자조를 공격하자 도왕悼王의 동생 경왕敬王 희면姬丐을 왕으로 세웠다. 경왕의 재위기간 중에 공자가 세상을 떠났다. 경왕이 죽은 후, 아들 원왕元王 희인姬仁이 제위를 이었고, 원왕이 죽자 그의 아들 정정왕貞定王 희개姬介가 제위를 이었다. 정정왕이 죽고 아들 애왕哀王 희거질姬去疾이 제위를 이었다. 이때 그의 동생 사왕숙思王叔이 습격襲擊해 애왕을 죽이고 스스로 제위를 이었다. 이가 주사왕周思王이다. 오래지 않아 사왕이 또 그의 막내 동생 희외姬嵬에게 살해당했다. 희외는 주고왕周考王이다.

고왕이 죽고 아들 위열왕威烈王 희오姬午가 제위를 이었다. 위열왕 재위기간에 진晉나라의 조씨趙氏, 위씨魏氏, 한씨韓氏가 정식으로 제후가 되었다.

주왕조는 평왕平王의 동천東遷 이후부터 위열왕에 이르러 20대代가 지나면서 왕실은 더욱 쇠미衰微해졌다. 제후들 사이에 서로 강함을 다투며 정벌하는 이 시기를 '전국시대戰國時代'라 불렀다. 위열왕이 죽고 그의 아들 안왕安王 희교姬驕가 제위를 이었다. 안왕 재위기간에 제국齊國의 전씨田氏가 강씨姜氏를 대체代替해 비로소 제후가 되었다.

안왕이 죽은 후 그의 아들 열왕烈王 희희姬喜가 제위를 이었고 열왕이 죽고 그의 동생 현왕顯王 희편姬扁이 제위를 이었다. 현왕 재위기간에 제후들이 서로 왕이라 참칭했다. 현왕이 죽고 그의 아들 신정왕愼靚王 희정姬定이 제위를 이었으며 희정이 죽은 후 그의 아들 난왕赧王 희연姬延이 제위를 이었다. 난왕 59년에 제후들과 함께 진국秦國을 공격하기로 약정約定했다. 진소왕秦昭王이 드디어 병력을 인솔해 주국周國을 공격했다. 그러자 난왕이 두려워하며 진국秦國으로 달려가 머리를 찧으며 사죄하고 그의 성읍城邑 모두를 진국에게 바쳤다. 진국은 성읍을 접수하고 난왕을 주조로 돌려보냈으나 오래지 않아 그는 죽었다.

주조周朝는 모두 37위位의 천자가 있었다. 당초 하夏가 멸망할 때 구정九鼎이 은나라의 도성에 옮겨졌다. 은이 멸망할 때 또 구정은 주나라에 옮겨졌다. 성왕成王은 뒤에 구정을 겹욕郟鄏(낙양)에 놓아두었다. 점복占卜 후에 복사卜師가 "주나라는 장차 전세傳世 30대에 700년을 지낼 것이다." 했다. 사실은 주나라의 존속기간은 이 숫자를 초과하여 모두 867년을 지냈다.

07 | 춘추전국春秋戰國

주평왕周平王부터 시작해 중국은 춘추시대春秋時代로 들어가는데 제후국諸侯國들과 주왕실周王室은 모두 같은 성姓이었다. 같은 성으로는 노국魯國, 위국衛國, 정국鄭國, 조국曹國, 채국蔡國, 오국吳國이며 다른 성으로는 제국齊國, 송국宋國, 진국陳國, 초국楚國, 진국秦國 등이 비교적 큰 제후국이었다. 그 나머지 소국小國으로는 《춘추春秋》 중에 기재된 기국杞國, 허국許國, 등국滕國, 설국薛國, 주국邾國, 거국莒國, 강국江國, 황국黃國 등과 같이 일일이 다 적을 수 없다.

이 열두 열국列國(노魯, 위衛, 조曹, 연燕, 진晉, 채蔡, 정鄭, 제齊, 송宋, 진陳, 초楚, 진秦) 가운데 제환공齊桓公, 송양공宋襄公, 진문공晉文公, 진목공秦穆公, 초장왕楚莊王이 오패五霸의 기록을 남겼다. 만약 춘추시대의 제후국들의 시종始終을 논해본다면 전국戰國에 이르지 못하고 멸망한 나라도 있고 전국시대戰國時代 후에 멸망한 나라도 있다.

다음에 그중 일부분을 나누어 개괄槪括해본다면 주周 위열왕威烈王이후 중국中國은 전국시대에 진입하는데 전국시대에는 진秦, 초楚, 연燕, 제齊, 조趙, 위魏, 한韓, 이 일곱 나라가 대국大國이었다. 진秦, 초楚, 연燕은 거듭해서 춘추시대에서부터 계속 내려온 옛 제후국이었으나 전제田齊, 조趙, 위魏, 한韓은 바로 전국시대에 새로 생긴 제후국이었다.

무릇 춘추, 전국시대를 막론하고 이러한 국가들은 비록 주왕실周王室의 제후국이었지만 다만 각국 사이의 정치는 서로 달랐고 아울러 주왕실에 매여 있지는 않았다.

오국吳國

오吳나라는 희성姬姓으로 바로 태백太伯, 중옹仲雍의 봉국封國이었다. 태백 이후 19세 수몽壽夢에 이르러 비로소 왕이라 칭했다. 수몽의 네 아들 가운데 막내아들의 이름이 계찰季札이었다. 계찰이 현능賢能하여 수몽은 세 아들이 서로 이어서 즉위하도록 할 생각이었다. 그러나 왕위를 계찰에게 물려주자 계찰은 대의를 견지堅持하며 불가하다고 여겨 연릉延陵을 봉지封地로 했다. 이에 사람들은 그를 '연릉계자延陵季子'27)라 불렀다.

계찰은 중원의 제후국으로 출사出使하며 서국徐國을 지나갔다. 이때 서국의 임금이 계찰이 가진 보검을 좋아했지만 무슨 말을 하진 않았다. 계찰은 마음속으로는 분명히 알았으나 사신使臣의 신분상 패검佩劍은 반드시 구비해야 할 물건이었으므로 주지는 않았다. 나중에 계찰이 출사에서 돌아올 때 서국의 임금은 이미 세상을 떠났다. 이에 계찰은 보검

---

27) 백중숙계伯仲叔季: 형제兄弟의 차례次例를 나타내는 말. 백伯은 맏이, 중仲은 둘째, 숙叔은 셋째, 계季는 막내를 이름이다. 계력은 동모同母 형제가 4명 있었다. ①알遏, ②여제餘祭, ③이매夷昧, ④찰札로 그가 막내라는 뜻으로 '계찰季札'이라 불렀다. 본래 형이 죽으면 장손인 알의 아들인 왕자 광光이 계위해야 하지만 광의 조부인 수몽의 뜻으로 형제순으로 계위하게 돼 있었다. 셋째형 이매夷昧가 죽고 자신이 계위할 차례였지만 마침 계력은 진晉에 출사出使 중이었다. 이때 장자長子 알遏의 서형庶兄 요僚가 자립해 오왕吳王이라 칭하자 조카 광光이 이에 불만을 품었다. 그는 호가 '합려闔閭'이다. 그는 전제專諸라는 자객과 공모해 구운 생선의 뱃속에 미리 숨겨두었던 비수로 알을 찔러 죽이게 만들고 나라를 계찰에게 맡겼다. 그러자 계찰이 "내가 너에게서 나라를 받는다면 일종의 공모共謀가 된다. 너는 또 나의 형을 죽였다. 그렇다고 내가 너를 죽인다면 골육상쟁骨肉相爭은 끝없을 것이다." 하며 연릉으로 돌아가 다시는 오국에 들어오지 않았다. 이에 군자들은 그를 '연릉계자'라 부르며 존귀하게 받들었다.

寶劍을 풀어 서국 임금의 묘비 위에 걸어놓고 떠났다.

수몽이 죽은 후, 오국은 네 명의 군주君主를 지나 합려闔閭에 이르렀다. 오왕 합려는 즉위하자 오원伍員을 임용任用해 정사政事를 보좌輔佐하도록 했다.

오원은 자字가 자서子胥이며 초인楚人 오사伍奢의 아들이다. 오사가 초평왕楚平王에 의해 피살된 이후 오자서는 오국으로 달아났다가 오군吳軍을 이끌고 초국의 수도 영郢에 이르렀다. 오국吳國이 월국越國을 공격할 때 오히려 합려가 큰 상처를 입고 죽었다. 이에 그의 아들 부차夫差가 제위를 잇자 오자서는 또 부차를 보좌해 정사를 처리했다. 부차는 오직 복수復讐에만 뜻을 두었다. 매일 잠자리에 들 때 늘 거친 땔나무 위에 누워[28]잤으며, 출입 시에는 언제나 다른 사람에게 "부차야! 너는 설마 월인越人이 너의 부친을 죽였다는 것을 잊지 않았겠지!"라고 부르게 하고 나갔다.

주경왕周敬王 26년, 오왕 부차는 드디어 부초산夫椒山에서 월국을 물리쳤다. 월왕 구천句踐은 잔류병殘留兵들을 데리고 회계산會稽山에 머물며 부차를 향해, 자신은 부차의 신하가 되고, 그의 처자들은 부차의 비첩婢妾이 되길 간청懇請했다. 오자서가 불가하다고 주장했으나 월국의 뇌물賂物을 받은 백비伯嚭는 부차에게 구천의 사면赦免을 권했다.

구천이 월국으로 돌아온 후, 자신이 앉는 자리 위에 쓴 쓸개를 매달아놓았다. 잠들기 전에 꼭 한 번 핥아 맛보며[29] 자신에게 "너는 설마 회계산의 치욕恥辱을 잊진 않았겠지!"라며 되물었다. 구천은 장차 국정을 대

---

28) 와신臥薪
29) 상담嘗膽

부大夫 문종文種에게 맡기고 자신은 범려范蠡와 같이 병사들을 조련하며 오직 오국에게 반격할 기회만 노리고 있었다.

태재太宰 백비는 오자서가 자신의 계책을 오왕이 채택하지 않았음을 원망하고 있다고 그를 모함謀陷했다. 부차는 이에 자서에게 촉루검屬鏤劍을 내려 자살을 명했다. 오자서는 가인家人들을 불러놓고 말하길 "반드시 나의 묘墓앞에 오동나무를 심어다오! 나중에 이 오동이 관棺을 만들 수 있을 만큼 크게 되면 오국吳國도 망할 것이다. 그리고 나의 눈을 파서 고소姑蘇의 동문東門앞에 걸어다오!30) 내 눈으로 직접 월군越軍이 오군吳軍을 격파擊破하는 그 날을 보리라!" 했다. 말을 마치자 곧 자살했다. 부차가 오자서의 시신을 치이鴟夷라는 가죽부대에 넣어 장강長江에 던졌다. 오국의 백성들은 오자서를 안타깝게 여겨 곧 장강가에 사당祠堂을 세우고 장차 부근의 산을 서산胥山이라 했다.

월국 군민君民들이 한마음 한뜻으로 노력하여31) 물건을 모으고 군대를 훈련시켰다. 주원왕周元王 4년, 월국은 오국을 공격해 3전3패시켰다. 이에 부차는 고소대姑蘇臺에 올라 월국을 향해 화의和議를 청했으나 범려의 응답이 없었다. 부차는 "내가 오자서를 가서 볼 면목이 없구나!" 하였다. 말을 마치자 수건으로 얼굴을 가리고 자진自盡했다.32)

---

30) 결목현문抉目懸門, 사불명목死不瞑目

31) 동심동덕同心同德, 일치단결一致團結, 일심일덕一心一德, 육력동심戮力同心

32) 서시西施: 본명은 시이광施夷光이다. 월국의 소흥紹興 제기諸暨 저라촌苧蘿村에서 아버지는 나무를 팔고, 어머니는 완사浣紗에서 빨래를 해주며 살아가고 있었다. 이 마을은 동서東西로 나누어져 있었다. 시이광은 서쪽에 살았다하여 '서자西子', 또는 '서시西施', 어릴 때 완사가에서 빨래하던 어머니 곁을 따랐다 하여 '완사녀浣紗女'란 이칭異稱을 얻었다. 그녀는 타고난 미질美質로 미의 화신化身이자 대명사였다. 월왕 구천이 오국과의 전쟁에 패한 다음, 문종文種의 미인계 전술을 채택해 전국의 미녀를 찾던 중, 저라산 아래에서 '서시'와

월국이 오국을 멸망시키자 범려는 곧 월왕 구천을 떠났다. 아울러 대부大夫 문종文種에게 편지를 보내 "월왕의 상相을 보니 목이 길고 입이 뾰쪽하게 튀어나온 것이 꼭 까마귀 부리같다.[33] 이런 종류의 얼굴을 한 사람들과는 환난患難을 함께하기 어렵고 또한 안락安樂도 함께하기 어렵다. 그런데 당신은 어찌 일찍 떠나지 않는가!" 했다. 이에 문종이 칭병稱病하며 조정朝廷에 나아가지 않자 어떤 사람이 문종이 반란을 모의한다고 헐뜯었다. 구천은 한 자루의 보검을 내려 자진케 했다.

범려가 휴대하기 쉬운 보옥寶玉들을 챙겨 가인家人, 종자從者들과 함께 배에 올랐다. 태호太湖, 장강長江을 지나 바닷길을 따라 제국齊國에 이르자 범려는 성명을 바꾸어 자칭 '치이자피鴟夷子皮'[34]라 했다. 부자父子 두

'정단鄭旦' 두 사람을 얻었다. 이에 미녀궁을 짓고 가무와 예의, 화장과 걸음걸이 등 모든 교태嬌態의 술術을 가르쳤다. 3년 후, 이 둘을 오왕에게 헌납했다. 부차가 너무 좋아하며 고소대姑蘇臺를 쌓고 관왜궁館娃宮을 지어 이 두 여인을 초화椒花의 방방房房에 안치하고 주색에 탐닉耽溺하기 시작하며 국정은 황폐해져 갔다. 정단보다 서시를 더욱 총애한 부차는 결국 망국亡國의 죄를 자결로 마감한다. 이후 서시에 관한 수많은 전설이 구전되고 있으나 대략, 범려를 따라 오호五湖를 건너가 종적을 알 수 없다. 오국의 백성들이 완강에 던져버렸다. 다시 완사로 돌아왔다. 혹은 산림에 들어가 종적을 모른다는 등의 이야기가 전한다. 한편 정단은 서시와의 총애다툼에서 밀려나자 이미 울화병으로 죽었다고 한다.

※어느 때 위장胃腸이 좋지 않았던 서시가 얼굴을 찡그리며 가슴을 쓰다듬자(서시봉심西施捧心) 동쪽 마을(동시東施)의 추녀醜女가 그 모습까지도 아름답게 여겨 따라 했다는 '동시효빈東施效顰'과 동시가 서시처럼 얼굴을 찡그리며 마을을 돌 때, 그 마을의 부자들은 문을 닫고 나오지 않았으며 가난한 사람들은 처의 팔을 끌고 들어가 눈살을 찌푸렸다는 뜻의 '빈축顰蹙'이라는 고사가 있다. 또한 어머니가 빨래하던 물가에 그녀가 나타나면 잘 놀던 물고기도 부끄러워 강바닥으로 숨어버렸다는 '침어沈魚'의 주인공이기도하다. 서시봉심西施捧心, 동시효빈東施效顰, 빈축顰蹙

33) 장경오훼長頸烏喙

사람이 가산家産을 일궈 수만금이 쌓였다. 제나라 사람들이 그가 현능賢能하다고 여기자 제왕은 그를 재상宰相에 임명했다. 그러자 범려가 탄식하며 "집에는 천금의 재산이 쌓여 있고 나가면 벼슬이 경상卿相에 이른다는 것은 보통의 백성으로서 이룰 수 있는 지극한 경지이다. 그러나 오랫동안 부귀와 명성을 누리는 것은 결코 좋은 일이 아니다!" 하며 곧 경상의 보인寶印을 돌려주고 물러났다. 그리고 전 재산을 많은 사람들에게 나누어 주고 자신은 오직 몇 가지의 진귀한 보물만 가지고 샛길로 떠났다. 그는 도陶라는 땅에 이른 다음 자칭 '도주공陶朱公'이라 했다. 오래지 않아 가산이 또 수만금 쌓였다. 노나라 사람 의돈猗頓이 범려를 향해 재산 증식增殖의 비법을 묻자, 범려가 "우牛, 마馬, 저猪, 양羊, 여驢(당나귀) 등 5종의 어미를 길러보시오!" 했다. 10년이 지나자 의돈의 재산도 왕공王公에 비견比肩할 만했다. 때문에 세상 사람들이 부자라고 말하는 것이 바로 '도주陶朱'와 '의돈猗頓'을 칭한 것이 되었다.

송국宋國

송국宋國은 자성子姓이다. 바로 상주왕商紂王의 서형庶兄 미자微子 계啓의 봉국封國이다. 후세에 춘추시대에 이르러 송양공宋襄公 자보玆父가 제후들을 제패制霸하고자 했다. 송양공과 초국楚國이 교전할 때, 공자公子 목이目夷가 송양공에게 "초국이 아직 진세陣勢를 갖추지 못했을 때 기습

---

34) 범려는 오왕이 자서를 죽여 가죽부대에 말아 장강에 던진 것은 바로 자신에게도 책임의 일단이 있다고 여겼다. 또한 치이는 돌돌말아 주머니에 넣어 다닐 수 있을 만큼 수용성受容性이 있다. 이에 세상을 살아가는 데 있어 긴장과 이완을 병행하며 신축적으로 살아가겠다는 의미로 이 이름을 취했다.

奇襲하자!"는 의견을 내자 양공은 "군자는 다른 사람이 곤경에 처해 있을 때 공격할 수는 없는 것이오!" 하며 거절했다. 마침내 송군은 초군에게 대패했고 후세 사람들은 송양공은 부녀자와 같은 인자함을 가졌다[35]고 조롱했다.

송 양공 이후 송경공宋景公이 재위할 때, 형혹熒惑(화성火星: 전쟁이나 사망을 상징)이 심수心宿의 위치에 머물러 있었다. 심수는 바로 송나라에 위치한 것이다. 경공이 이 때문에 큰 근심을 하자 사성四星 자위子韋가 "장차 재화災禍를 재상에게 옮기면 어떻습니까." 하자 "안 돼오! 신하는 나의 팔, 다리같이 가장 중히 여겨야 할 존재요."[36] 했다. 자위가 다시 "그러면 백성들에게 옮기면 어떻습니까!" 하니 "안 돼오. 백성은 바로 임금의 근본이오." 했다. 다시 "그러면 해(年)에게 옮길까요?" 하니 "안 돼오! 해가 좋지 않으면 백성들이 궁핍窮乏해지고, 백성들이 궁핍해지면

---

35) 송양지인宋襄之仁: 송양공宋襄公이 초국楚國과 패권을 다투는 중에 이웃나라 정국鄭國을 공격했다. 초국과 내통했다는 명분이었다. 이에 정국을 지원하러 초군이 홍수泓水를 건너온다. 여러 가지 여건상, 초를 이길 수 없는 형편이었다. 이에 신하들이 초국과 화의를 청했으나 양공은 단호히 거부하며 "우리가 비록 초국보다 국세局勢는 약할지 모르겠으나 인의仁義는 충분하다."며 전쟁의 개시를 알리는 전서戰書를 내린다. 그리고 커다란 깃발에 '인의仁義'라는 두 글자를 적어 걸게 하고 전쟁을 명한다. 이때 초병의 진세陣勢는 지원군의 숫자도 적었지만, 무엇보다 이제 막 강을 건너는 중이라 단 한 번의 기습으로도 궤멸시킬 수 있었다. 그러나 양공은 신하들의 간언을 무시하며 "아무리 적이라도 당당히 겨루지 않고 기습하는 것은 인의가 없는 행위이다. 하물며 도道가 있는 짐이 어떻게 정면이 아닌 기습이라는 야비한 방법에 기대 승리를 쟁취할 수 있겠는가, 아무리 전쟁 중이라도 있을 수 없는 일이오!" 하며 단호히 거부한다. 결국 자신의 부상과 함께 참담한 패배를 당했다. 이후 일 년을 못 채워 본인도 죽고 국가도 망했다. 후세 사람들 모두가 송양공을 부인夫人의 인仁이라 놀렸다. 피아彼我를 구분 못하며 개념을 상실한 인간군상人間群像의 전형典型을 보여준 것이다.

36) 고굉지신股肱之臣, 사직지신社稷之臣, 동량지신棟樑之臣

내가 누구를 위한 임금이 되겠다는 말이오." 했다. 이에 자위가 "하늘은 높은 곳에 있지만 저 낮고 비천한 곳의 소리도 모두 알아듣는다![37] 했습니다. 주상의 이 세 가지 말씀처럼 군주가 덕이 있으면 신명神明은 반드시 들어 주고 형혹도 반드시 옮겨 갈 수 있을 것입니다." 했다. 며칠 지나자 과연 형혹성이 1도 이동했다.

노국魯國

노국魯國은 희성姬姓으로 주공단周公旦의 아들 백금伯禽의 봉국封國이다. 주공단은 성왕成王을 훈육訓育하면서 성왕이 잘못이 있으면 곧 백금을 때려 성왕에게 무서움을 보여주려 했다. 백금이 봉지封地로 향할 때 주공단이 "나는 문왕文王의 아들이요, 무왕武王의 동생이며 지금 성왕의 숙부叔父이다. 그러나 나는 어떤 때는 머리 한 번 감는 데도 세 번이나 젖은 머리를 감싸 쥐며 정무政務를 처리했고 밥 한 술 먹는 것도 세 번씩이나 입속의 밥을 토해내고 손님을 맞이했으며[38] 이미 잠이 들었다가도 현사賢士를 접대하기 위해 일어났다. 이같이 하면서도 천하의 현사를 놓칠까 늘 두려워했다. 네가 노국魯國으로 떠나더라도 봉국封國이라하여 현인에게 절대 교만하거나 태만해선 안 된다." 했다.

강태공姜太公이 주 무왕에 의하여 제국齊國을 봉지封地받고 5개월이 지나서 주무왕에게 돌아와 정사를 보고했다. 주공이 "어떻게 이렇게 빨리 돌아왔는지요!" 하자 태공이 "제가 군신君臣간의 의례를 간략히 하여

---

37) 천고청비天高聽卑
38) 토포악발吐哺握發

제齊나라 백성들의 습속習俗을 순화했습니다." 했다.

　백금은 노국에 도착한 후, 3년이 지나서야 비로소 주공을 향해 정사를 보고했다. 주공이 "뭣 때문에 이렇게 늦었는가." 하자 백금이 "제가 예법에 근거해 백성들의 습속習俗을 고치고 그들의 예의를 변혁變革해 백성들로 하여금 3년 후에야 비로소 효복孝服을 벗게 할 수 있었습니다." 했다. 이에 주공이 "노국의 후대에는 북면北面하며 제나라를 향해 신하라 칭할 수도 있겠구나, 만약 국정이 번잡하고 간이簡易하지 않다면 사람들은 군주와 가까이 할 수 없게 되지만, 군주가 평이平易하여 백성들과 친근하다면 사람들은 반드시 그에게 귀순歸順할 것이다." 했다.

　주공단周公旦이 강태공에게 "어떻게 제나라를 다스리고 있습니까!" 하고 물었다. 태공이 "현능賢能한 사람을 존경하고 공이 있는 사람을 존중尊重하면 될 것입니다!" 하자 주공단이 "제국齊國의 후대엔 반드시 권력을 찬탈하고 임금을 시해하는 자가 있을 것입니다." 했다. 다시 태공이 주공단에게 "노국은 어떻게 다스리고 있습니까!" 하고 묻자 주공이 "현능한 사람을 존경하고 자신의 친척에게 친근하게 대할 것입니다." 하자 태공은 "노국의 공실公室의 세력이 반드시 쇠약해질 것입니다." 했다.

　백금이후에 13대를 지나 노은공魯隱公 때에 이르러 춘추시대春秋時代가 시작되었다. 노은공의 동생은 환공桓公이며 환공의 아들은 장공莊公이다. 장공에게는 서제庶弟가 셋 있었다. 나누자면 첫째 경보慶父는 그의 후대가 맹손씨孟孫氏이고, 둘째 숙아叔牙는 그의 후대가 숙손씨叔孫氏이며, 셋째 계우季友는 그의 후대가 계손씨季孫氏이다. 이 세 집을 '삼환三桓'이라 불렀으며 대를 이어 나라의 운명을 쥐고 있었다.

　노소공魯昭公의 동생 정공定公이 즉위卽位한 후, 공자孔子를 중도中都의 재宰로 임명했다. 1년 후, 사방의 성읍城邑에서 모두 공자의 치리방식治理

方式을 본받았다. 이에 공자는 중도의 재에서 승진해 사공司空이 되었다 가 나중에 다시 대사구大司寇로 승진하여 정공定公을 보좌補佐했다. 얼마 후 노정공魯定公과 제경공齊景公이 협곡夾谷에서 회동會同할 때, 공자가 "문사文事나 교화敎化 등의 비군사적非軍事的인 일을 진행할 때라 하더라 도 반드시 무력武力 방면方面도 준비해두어야 한다."[39]고 강조하고 좌우 의 사마司馬들과 당신이 함께 가길 요청했다. 노魯, 제齊, 두 나라가 만날 때 회맹을 주지主持한 제국의 관리가 사방에 음악을 연주하도록 요청하 자 사람들이 기旗, 모旄, 검劍, 극戟 등의 기구를 흔들며 시끄럽게 등장했 다. 이때 공자가 재빨리 걸어 나가 "우리들 양국의 군주들이 친교親交를 맺는 이곳에서 어떻게 이적夷狄의 음악이 연주될 수 있겠습니까!" 하자 제 경공이 속으로 부끄러움을 느끼고 곧 손을 휘저으며 그들에게 내려 가도록 했다. 제국의 관리가 이번에는 궁중음악을 연주하도록 하자 광대 와 난쟁이들이 몰려나왔다. 이에 공자가 또 재빨리 걸어 나가 제지하며 "필부匹夫[40]가 제후를 미혹迷惑한 죄는 마땅히 죽여야 하는 것입니다. 청 컨대 제후께서는 의법依法 처리處理해 주시기 바랍니다." 했다. 이에 이 사람들 모두 손과 발이 떨어져 나가는 벌[41]을 받았다. 그러자 경공의 마 음은 매우 근심스러웠다. 그는 돌아온 다음 신하들에게 "노국의 관원들 은 군자의 도로써 그들의 군주를 보좌하는데 너희들은 도리어 이적의 도로써 나를 보좌하는구나!" 했다. 이에 제국이 점령하고 있던 노국의 운 鄆, 문양汶陽, 귀음龜陰의 땅을 노국에게 돌려주고 미안함을 표시했다.

---

39) 유문사자有文事者, 필유무비必有武備, 유무사자有武事者, 필유문비必有文備

40) 필부필부匹夫匹婦, 갑남을녀甲男乙女, 선남선녀善男善女, 장삼이사張三李四, 모모제인某某諸人

41) 수족이처手足異處, 수족무조手足無措

공자의 이름은 구丘이며 자는 중니仲尼이다. 그의 선조는 송나라 사람이었다. 송국宋國에 정고보正考父라 불리는 사람이 있어 송공宋公을 보좌했다. 그는 세 번이나 임명任命을 받았으나 더욱더 공경했다. 그가 정鼎에 명문銘文을 새기길 "첫 번째 임명에 머리를 숙이며 받아들였고 두 번째 임명에는 허리를 굽히며 받아들였으며 세 번째 임명엔 땅에 엎드리며 받아들였다. 길을 갈 때엔 담장에 기대어 빠르게 걸어가 감히 자신을 업신여기거나 모욕하는 사람이 없었다. 나는 이 솥에 면이나 죽을 쑤어 입에 풀칠할 방도를 찾아 갈 따름이다."[42]고 했다.

정고보의 아들 공보가孔父嘉가 송국에서 피살된 다음 그의 후대는 바로 노국魯國으로 떠났다.

공보가의 후예後裔 중에 숙량흘叔梁紇이라 불린 사람이 일명 안씨安氏의 딸을 처妻로 맞았다. 그들은 니산尼山(산동山東, 곡부曲阜)에서 기도하던 중이었다. 얼마 후, 공자를 낳았다. 공자는 어릴 때 놀이 할 때면 늘 도마나 제기祭器 등을 늘어놓고 예의禮儀 동작을 연습하길 좋아했다. 나이 들어 일찍이 계씨季氏 수하手下에 하급관리를 맡았을 적에는 통계나 관리가 확실해 한 치의 오차도 없었다. 나중에 목축牧畜을 관장管掌하는 사직리司職吏를 지낼 때도 길렀던 가축들을 많이 증식增殖시켰다.

공자가 나중에 주周 나라에 도착해 노자老子에게 주례周禮를 물었다. 노나라로 돌아온 다음부터 문하의 제자들이 점점 많아지기 시작했다. 공자가 제국으로 갔을 때, 제경공齊景公은 계씨季氏와 맹씨孟氏의 중간 정도의 대우를 약속했다. 공자가 노국으로 돌아온 후, 노정공魯定公이 그를 임용은 했으나 끝까지 중용하지는 못했다. 공자는 이후, 위국衛國에

---

42) 호구지책糊口之策

들렀다가 다시 진국陳國으로 가려고 광匡지역을 지나게 되었다. 광지역의 백성들이 일찍이 양호陽虎라는 사람의 폭정을 받았다. 마침 그와 비슷하게 생긴 공자를 보자 지역 사람들이 곧 공자를 막아섰다. 이후 광지역에서 풀려난 공자는 위국衛國으로 돌아왔으나 위영공衛靈公이 하는 짓을 부끄럽게 여겨 바로 위국을 떠났다.

공자가 조국曹國을 거쳐 송국宋國에 도착해 큰 나무 아래에서 제자들과 예의禮儀를 강습講習하고 있을 때였다. 송국宋國의 사마司馬, 환퇴桓魋라는 자가 도끼로 큰 나무를 찍으며 위협하자 다시 정국鄭國으로 떠났다. 정국사람들이 공자를 두고 "동문 어디에 어떤 사람이 있는데, 그의 이마는 긴 것이 요堯와 닮았고, 그의 목은 고요皐陶와 비슷하다. 그리고 어깨는 자산子産(당시 정鄭나라의 현인)과 닮았는데 다만 허리아래는 우禹와 견주어 세치 정도 미치지 못한다. 피로하고 낭패한 모습은 꼭 주인을 잃은 개 같았다."[43]했다.

그 후 공자는 또 진국陳國과 위국衛國으로 갔다. 그런 다음, 조간자趙簡子를 만날 생각으로 서쪽을 향하다 황하黃河에 이르러 진국晉國의 대부 두명독竇鳴犢과 순화舜華가 살해 되었다는 소식을 들었다. 공자가 물가에 서서 탄식하길 "아름답구나 황하여! 끝없이 넓고 망망하구나! 내가 황하를 넘어 서쪽으로 나아갈 수 없겠구나! 이것은 바로 운명이로다!" 했다. 이에 위국衛國으로 돌아갔다. 후에 공자는 차례로 진陳, 채蔡, 엽국葉國을 갔다가 또 채국에 돌아왔다.

공자가 위나라로 돌아온 후, 계강자가 사람을 보내 그가 노나라에 돌아온 것을 영접했다. 이때 애공哀公이 공자를 향해 정사政事를 물었지만

___
43) 상가지구喪家之狗

끝내 기용하지는 않았다. 이에 공자는 《상서尚書》 여러 편의 편정偏訂과 차서次序를 시작했으며 내용은, 위로는 당요唐堯와 우순虞舜부터 아래로는 진목공秦穆公에 이르렀다. 예부터 전해 내려오던 시詩 삼 천편을 삭제削除하고 정리해 305편으로 만들어 모두 음악으로 연주演奏, 가창歌唱할 수 있게 했다. 선왕의 예악禮樂 제도가 이때부터 회복되어 가히 펼 수 있었다.

만년晩年에는 《역경易經》 읽기를 좋아했고 《단사彖辭》, 《상사象辭》, 《계사系辭》, 《설괘說卦》, 《문언文言》 등을 저술著述했다. 《역경易經》에 대해서는 상세히 해석을 했다. 공자가 역경을 읽을 때면 손에서 책을 놓지 아니하여44) 마침내 책을 묶은 가죽 끈이 세 번이나 끊어졌다.45) 공자는 또 노국의 사서史書에 근거해 《춘추春秋》를 편집編輯하고 노은공魯隱公부터 노애공魯哀公에 이르는 모두 12명의 제후들의 역사를 기록했다. 노애공이 사냥중에 기린을 포획捕獲했다는 소식을 듣자 공자는 곧 이쯤에서 붓을 놓고 다시 《춘추》를 편집하지 않았다. 공자가 《춘추》를 편집할 때 기재記載되어야 할 것은 곧 기재해 올리고, 삭제되어야 할 것은 반드시 삭제했다. 자하子夏와 같이 문학적인 소질이 있는 제자라도 단 한 구句도 증삭增削할 수 없었다. 제자弟子는 3,000명이었으며 그중 유가儒家의 《육경六經》46)에 정통한 사람이 72명이었다. 73세에 세상을 떠났다.

공자의 아들은 공리孔鯉이며 자는 백어伯魚이다. 일찍 세상을 떠났다. 손자의 이름은 급伋이며 자는 자사子思이다. 《중용中庸》 한 편을 지었다. 맹자孟子의 이름은 가軻이며 자사의 문인門人이다. 노국 맹손씨孟孫氏의

---

44) 수불석권手不釋卷

45) 위편삼절韋編三絶

46) 시경詩經, 서경書經, 역경易經, 악기樂記, 예기禮記, 춘추春秋

후예後裔이다. 주邾(추鄒)나라에서 태어났다. 어린 시절 그의 모친母親은 그에게 더욱 나은 교육 여건을 만들어주기 위하여 세 번이나 이사했다.[47] 성장한 다음에는 자사子思의 문하에서 학습했다. 유가의 학설을 공부한 후, 제국齊國과 위국魏國을 주유周遊하며 유세誘說했으나 중용重用되지 못했다. 은퇴隱退한 후, 제자 만장萬章 등과 더불어 서로 논변論辯하기 어려운 문제들을 주제로 심각하게 토의한 끝에《맹자孟子》일곱 편을 지었다.

노자老子는 바로 초楚나라 고현苦縣사람이며 성姓은 이李, 이름은 이耳이다. 자字가 백양伯陽인데 어떤 사람은 담耼이라고도 했다. 노자가 일찍이 주왕실의 도서를 관리하는 수장리守藏吏를 맡은 적이 있었다. 공자가 찾아와 그에게 주례周禮에 관해 물었다. 이때 노자는 공자에게 "좋은 상인商人은 매우 부유하지만 겉으론 돈이 없는 것과 같이 보이고, 수양修養한 군자君子는 마음속에 도道와 덕德을 품고 있으나 겉으로는 오히려 우둔하게 보인다오."[48] 했다.

공자가 노자와 헤어진 후 제자들에게 말했다. "나는 새는 날 수 있다는 걸 알고, 물고기는 헤엄칠 수 있다는 걸 알고, 짐승은 달릴 수 있다는 걸 안다. 달릴 수 있는 동물은 그물로 잡을 수 있고, 헤엄질 할 수 있는 동물은 명주실을 이용한 낚시로 잡을 수 있고, 날 수 있는 동물은 실을 묶은 짧은 활로 잡을 수 있다. 그러나 용龍에 있어서는 내가 아직 이해하지 못하고 있다. 그것은 바람과 구름을 타고 하늘로 곧바로 올라가기 때문이다. 지금 보니 노자가 바로 용과 꼭 같더구나!" 했다.

---

47) 맹모삼천孟母三遷
48) 양고심장良賈深藏, 약허若虛, 군자성덕君子盛德, 용모약우容貌若愚

노자老子가 주왕실이 쇠약衰弱해져 가는 것을 보고 주왕실을 떠나 주유천하周遊天下하려 했다. 함곡관函谷關에 이르렀을 때 관의 수문장守門將 윤희尹喜가 "선생은 곧 은거隱居할 것 같은데 나에게 책 한 권 적어주시오." 하자 그는 곧 모두 오천여자쯤 되는 《도덕경道德經》을 남기고 떠났다. 그가 어디로 갔는지 아는 사람은 없었다. 그 후 정政나라 사람 열어구列禦寇와 몽蒙지역 사람 장주莊周 모두 노자의 학설을 계승했다. 장주莊周는 《장자莊子》한 권을 지어 공자를 모욕侮辱하고 게다가 당시의 여러 사상가들을 조롱嘲弄했다.

위국衛國

위국衛國은 희성姬姓으로 주문왕周文王의 친동생 강숙봉康叔封의 봉지封地이다. 나중에 춘추시대에 이르러 위영공衛靈公의 부인 남자南子의 난亂이 일어났다. 영공의 태자 괴외蒯聵가 남자를 죽이려다 발각되자 조趙나라로 달아났다. 나중에 위영공이 죽고 괴외의 아들 첩輒이 옹립擁立되어 위출공衛出公이 되었다. 이에 괴외가 입국하고자 했으나 첩이 군대를 보내 아버지의 입국을 막았다. 이때 공자의 제자 자로子路가 이 변란變亂에 말려 들었다. 괴외의 시위侍衛가 창으로 자로를 공격했다. 격투 중에 자로의 갓 끈이 떨어졌다. 그러자 자로는 "군자君子는 죽을 수는 있지만 갓을 벗을 수는 없다."[49]하며 손으로 끈을 묶다가 피살되었다. 위인衛人들이 자로의 시신으로 육장肉醬(젓갈)을 담갔다. 공자가 이 소식을 들은 후, 자신의 집 안에 있는 육장肉醬을 모두 쏟아버려라 명했다.

---

49) 군자사君子死, 관불면冠不免: 군자는 죽는 순간이라도 항상 의관衣冠을 정제整齊하며 어엿한 자세를 유지한다.

전국시기戰國時期, 자사子思가 위국에 있을 때, 위신공衛愼公에게 "구변苟變은 장군을 맡을 수 있을만합니다." 했다. 그러나 위신공은 "구변은 일찍이 관리로서 백성들에게 세금을 징수할 때 백성의 계란 두 개를 먹었습니다. 따라서 그를 임용할 수 없소이다." 했다. 그러자 자사가 "성인聖人이 인재를 뽑아 관직을 맡길 때는 목수가 목재를 사용하는 것과 똑같이 그 장점을 취하고, 그 단점은 포기합니다. 이 때문에 한 아름이나 되는 좋은 나무라도 서너 자는 썩어 있지만 좋은 목수라면 버리지 않습니다. 지금 군주君主께서는 전국戰國의 시대에 처해 있습니다. 그렇게 두 개의 계란 때문에 국가를 보위할 간성干城인 장군을 버리신다면, 이 일을 이웃나라가 알까 두렵습니다." 했다.

위신공이 어떤 때 옳지 않는 계책計策을 말했으나 군신들 중에 자신의 소신 없이 그저 남이 하는 대로 따라만 하는[50] 자들의 말들은 마치 한 입에서 나오는 것과 같았다.[51] 이에 자사가 "당신의 국가의 장래는 나날이 나빠질 것입니다. 당신이 스스로 옳다고 여기면 경대부卿大夫는 감히 그 잘못됨을 바로잡을 수 없고, 경대부들도 스스로 옳다고 여기면, 사서인士庶人은 감히 그 잘못을 바로잡을 수 없습니다. 《시경詩經》에도 모두가 자신을 성현聖賢으로 여기면 까마귀의 암수는 누가 구별하는가!"[52] 했다.

주황실周皇室이 봉한 제후국 중에서 위국衛國이 최후에 멸망했다. 진秦이 천하를 통일하여 칭제한 후, 진 2세가 비로소 위군衛君 각角을 서인庶

---

50) 부화뇌동附和雷同, 수파축류隨波逐流, 수성부화隨聲附和, 맹마수령盲馬隨鈴, 고마문령瞽馬聞鈴, 맹인할마盲人瞎馬, 교언영색巧言令色

51) 여출일구如出一口, 이구동성異口同聲

52) 구왈여성具曰予聖, 수지오지자웅誰知烏之雌雄

人으로 만들었다.

진국晉國

진국晉國은 희성姬姓으로 주성왕周成王의 동생 당숙우唐叔虞의 봉국封國
이다. 성왕이 어렸을 때 숙우叔虞와 함께 놀았다. 그가 오동나무 잎을 뜯
어 서옥장瑞玉狀(천자가 제후諸侯를 봉할 때 주는 옥玉)으로 여기게 한 다
음 "이것을 너에게 봉封하여 주노라." 하며 주었다. 이에 태사太史 윤일尹
佚이 옆에서 "언제 길일吉日을 잡아 분봉分封하시렵니까?" 하자 성왕成王
이 "나와 그는 장난을 쳤을 뿐이오!" 했다. 윤일이 "천자에겐 농담弄談이
란 없습니다." 하자 마침내 성왕은 숙우叔虞를 당국唐國에 분봉分封했다.

후세 문공文公에 이르러 패제후霸諸侯라 칭했다. 문공의 이름은 중이重
耳이며 헌공獻公의 둘째 아들이다. 헌공은 여희驪嬉를 총애寵愛해 무고無
辜한 태자 신생申生을 살해하고 포성蒲城에 있던 중이重耳를 공격했다.
이에 중이는 국외로 달아나 19년 후에야 비로소 진국으로 돌아올 수 있
었다. 중이가 일찍이 조曹나라에서 아사餓死에 직면한 적이 있었다. 이때
개자추介子推가 자신의 다리 살을 베어 그에게 먹였다.

문공이 귀국한 후, 그와 함께 달아나 함께 고생했던 사람들에게 모두
상을 주었다. 그러나 개자추에게는 도리어 상을 주지 않았다. 이에 개자
추의 한 하인이 곧 궁문宮門밖에 시詩 한 수首를 적어, 걸어두었다.

영용英勇하고 범상凡常치 않은 용龍 한 마리가 있었다네!
용은 그의 처소處所에서 쫓겨났다네!
다섯 마리의 뱀들이 그를 따라 천하를 떠돌았다네!

용이 배가 고파도 먹을 것이 없었을 때

그중 한 마리 뱀이 자신의 다리 살을 베어 용에게 먹였다네!

마침내 이 용은 거처했던 깊은 못으로 돌아와

자신의 땅에서 안정하게 되었다네!

네 마리의 뱀도 동굴로 들어가 각자의 거처를 찾았다네!

그러나 어쩌나! 살을 베어 주인을 먹인 뱀은

도리어 거처도 없이 비참하게 들판에서 울고 있다네!

문공이 "아! 이것은 바로 내 잘못이다." 하며 곧 사람을 보내 개자추를 찾아오게 했으나 찾지 못했다. 개자추는 금산錦山에 숨어들었다. 문공이 개자추를 나오게 하려 산에 불을 질렀다. 그러나 그는 끝내 거절하며 불에 타 죽었다. 나중에 사람들이 그를 위해 '한식절寒食節'을 만들었다. 진 문공은 금산을 개자추에게 봉지封地하고 아울러 금산을 '개산介山'이라 명명했다.53)

제국齊國

제국齊國은 강성姜姓으로 바로 태공망太空望 여상呂尙의 봉국이다. 후에 환공桓公 때에 이르러 패제후霸諸侯라 칭하게 되었다. 춘추오패春秋五霸는

---

53) 이듬해 문공은 제사를 올리려 대신들과 함께 개산에 올랐다. 문공의 정성이 통했는지 불에 타 황량했던 개산에 오래된 버드나무에서 싹이 올라오며 한들거렸다. 이에 이 나무를 '청명류淸明柳'라 하고, 이른바 찬 음식만 먹으며 그를 기렸다는 '한식일寒食日' 다음날을 맑고 분명하게 나라를 다스리겠다는 의미로 '청명절淸明節'이라 명명했다. 후에 청명과 한식은 하나로 합쳐져 중요한 명절로 자리 잡았다.

바로 제환공齊桓公부터 시작되었다. 제환공의 이름은 소백小白이다. 그의 형 양공襄公이 잔인무도殘忍無道하자 기타 동생들은 화禍가 자신에게 미칠까봐 서둘러 제齊나라를 떠났다. 이때 공자公子 규糾는 노국魯國으로 달아났고, 그의 사부師傅는 관중管仲이었으며 거국莒國으로 달아난 공자 소백小白의 사부師傅는 포숙아鮑叔牙였다. 이후 제양공齊襄公은 동생 공손무지公孫無知에 의해 살해殺害당했고, 공손무지도 다른 사람에 의해 살해당했다. 그러자 제국의 대신들이 공자 소백을 거국으로부터 돌아와 즉위하도록 불렀다. 공자 규 역시 노국에서 돌아와 제위를 다투도록 했다.

관중은 일찍이 거국에서 제국으로 돌아오던 길목에서 소백을 막아섰다. 아울러 화살을 당겨 그의 허리띠 고리에 명중시켰다. 그러나 (우여곡절迂餘曲折 끝에)공자 소백이 먼저 돌아와 제위帝位에 오른다. 그가 바로 제환공이다. 이후 포숙아는 늘 관중을 재상으로 추천했다. 마침내 환공은 이전의 원한을 문제 삼지 않고 관중을 재상에 임명하였다.

관중은 자字가 이오夷吾이다. 일찍이 포숙아와 함께 장사를 한 적이 있었다. 매번 이익을 나누는 과정에서 늘 자신의 몫이 많았다. 하지만 포숙아는 그가 결코 탐욕貪慾스럽다 여기지 않았으며 오히려 집이 가난하기 때문이라 했다. 관중이 일찍이 어떤 일을 모의謀議하다가 도리어 여러 차례 곤경에 빠졌으나 포숙아는 관중이 결코 우둔하다 여기지 아니했으며 다만 시운時運이 유리할 때와 불리할 때가 있다 했다. 관중이 일찍이 군사를 데리고 작전을 하다가 여러 차례 달아난 적이 있었으나 포숙아는 그가 결코 겁쟁이라고 여기지 않았으며 다만 관중의 집에는 노모老母가 계시기에 관중의 시봉侍奉이 필요한 때문이라 했다. 이에 관중은 "나를 낳아 주신 것은 부모님이지만 나를 이해해주었던 사람은 바로 포숙아다!" 했다.54)

환공은 아홉 차례에 걸친 제후들과의 회맹會盟에서 단번에 천하를 안정되게 했다. 모두 관중의 책략策略 덕분이었다. 환공도 모든 정사政事를 모두 관중에게 맡기고 그를 '중보仲父'라 존칭尊稱했다. 후에 관중의 병이 깊어지자 환공이 묻기를 "군신들 중에 누가 재상을 맡으면 좋겠소! 혹 역아易牙[55]는 어떻소!" 하자 관중은 "역아란 자는 자신의 어린 아들을 삶아, 요리해 올린 자로 사람이라면 누구나 가질 수 있는 일반적인 생각[56]을 가진 자가 아니니 가까이 할 수 없는 자이옵니다!" 했다. 그러자 환공이 "그러면 '개방開方'[57]은 어떻소!" 하자 관중은 "개방이라는 자는 자신의 부모를 배반背反하고 군왕을 시봉한 자로 인지상정을 가지지

54) 생아자부모生我者父母, 지아자포자야知我者鮑子也, 관포지교管鮑之交

55) 춘추시대 저명한 주방장. 일명 적아狄牙. 한 번은 환공이 역아에게 "과인이 천하의 진미珍味는 다 맛 봤지만 유독 인육人肉을 아직 먹어보지 못한 것이 유감이구나!" 했다. 환공의 이 말은 그냥 뜻 없이 한 농담이었지만 역아는 도리어 마음에 새겼다. 그리고 오직 한 마음으로 환공의 환심을 사려고 노력했다. 이에 "나라에 임금이라는 자리가 얼마나 귀한자리인가! 절대로 사형수나 평민의 인육을 먹도록 할 수는 없다!"는 생각을 했다. 나중에 그가 4살 난 자신의 아들을 보았다. 그리고 아들의 인육을 선택한 것이다. 환공이 한 번은 오찬午餐에서 금으로 만든 냄비에 담겨 나온 한 번도 맛보지 못한 신선하고 연한 국물을 맛보고, 곧 역아에게 이것은 어떤 종류의 고깃국인지 물었다. 그러자 역아가 울면서 자기 아들의 인육이라며 "임금의 옥체는 늘 안녕하고, 근심이 없어야 하며, 그것을 바라는 마음에서 자신의 아들을 주공에게 헌상했습니다."고 했다. 환공은 역아 아들의 '인육탕人肉湯'이라는 사실을 듣고 내심으로 매우 불편했다. 하지만 자신을 위해 자식을 죽였다는 것에 감동해 역아가 친 혈육보다 낫다고 여겼다. 이후부터 역아를 총신寵信하게 되었다.

56) 인지상정人之常情

57) 춘추시대 위국衛國의 한 귀족. 제 환공에 대하여 15년간이나 집으로 돌아가지 않았을 만큼 겉으로는 충심을 다했다. 심지어 부모가 돌아가셨다는 소식을 듣고도 분상奔喪하지 않았다. 나중에 환공이 중병일 때 역아, 수조와 함께 환공을 방에 가두고 담장을 높게 올려 아무도 들어가지 못하게 하여 결국 환공을 아사하게 만들었다.

아니한 자이니 또한 가까이 할 수 없는 자이옵니다!" 했다. 이에 환공이 다시 "수조豎刁58)는 어떻소!" 하자 관중은 다시 수조는 스스로를 거세去勢해 군왕을 시봉한 자로 인지상정을 가진 자가 아니니 또한 가까이 할 수 없는 자 이옵니다!" 했다.

관중이 죽고 환공이 그의 진언進言을 듣지 않고 결국 이 세 사람을 중용重用하자 이들이 국정을 전횡專橫하기 시작했다. 환공은 후궁後宮중에 총애寵愛하는 비빈妃嬪이 여섯 명 있었는데 모두 아들이 있었다. 환공이 죽은 후 다섯 명의 공자가 제위를 다투다 서로를 살상殺傷했다.59) 이 때문에 죽은 환공의 시신屍身은 상床에 방치된 채 67일간이나 빈렴殯殮을 하지 않아 시신에서 구더기가 기어나왔다.

환공이 죽은 후, 팔대 손孫 경공景公에 이르러 안자晏子라는 자가 있어 그를 보좌補佐했다. 안자의 이름은 영嬰이며 자字는 평중平仲이다. 그는 근검절약勤儉節約했으며 행동이 단정端正하여 제국에서 중용되었다. 그는 여우외투(대부가 입는 옷) 하나를 30년이나 입었으며60) 조상 제사祭祀에 사용할 돼지 다리는 제기祭器에 다 채우지 않았다. 그렇지만 그를 기다려야만 불을 피워 살아갈 수 있는 사람들이 70여 집이나 있었다. 어느 날 안자가 외출할 때, 그의 수레를 모는 마부馬夫의 아내가 문간에서 엿보니 그녀의 남편이 사마駟馬의 큰 수레의 우산 아래 앉아서 채찍을

---

58) 춘추시대 제국齊国의 환관宦官. 환공에게 충성을 표시하기 위하여 스스로 거세去勢해 고자鼓子가 되었다. 나중에 환공의 병이 위급할 때 역아, 개방과 함께 난을 일으켰다. 이를 환공이 알아채자 소매로 얼굴을 가려 결국 아사하게 만들었다.

59) 골육상쟁骨肉相爭, 동족상잔同族相殘, 형제혁장兄弟鬩墻.
반反: 골육지정骨肉之情

60) 안영호구晏嬰狐裘

휘두르며 말을 모는 것이 매우 의기양양意氣揚揚하고 만족해하는 것 같았다.61) 조금 있다가 마부가 돌아오자 그녀는 곧 헤어지자고 그에게 요구했다. 그러면서 "안자는 제 나라의 재상이며 또한 명성도 제후들에게 혁혁赫赫합니다. 그렇지만 그의 표정을 관찰해보면 언제나 태도가 겸손하고 온화하며 늘 스스로를 낮추어 뭔가 부족함이 있는 것 같이 보이게 합니다. 그런데 당신은 오직 안자의 마부에 불과한데도 스스로를 만족하게 여기고 있습니다. 내가 이런 이유로 당신과 헤어지고자 하는 것이오." 했다. 마부가 이후부터 곧 겸손하기 시작했고 늘 스스로를 돌아보았다. 안자가 이상하다고 느껴 마부에게 물었다. 마부가 있었던 사실대로 얘기하자 안자는 곧 그를 대부大夫로 천거薦擧했다.

제위왕齊威王 사후死後, 제선왕齊宣王이 즉위했다. 그는 문사文士나 유세객遊說客을 좋아해 추연騶衍, 순우곤淳于髡, 전병田駢, 신도愼到 등 76명이 모두 상대부上大夫를 맡고 있었다. 이에 제국의 직하학궁稷下學宮62)엔 천하 각국의 사인士人들을 맞아들여 거의 수천 명에 이르렀다. 그러나 맹자가 이르렀으나 그를 중용할 수 없었다.

위국魏國이 한국韓國의 수도 신정新鄭을 포위하고 공격하자 한국은 제국에게 구원을 요청했다. 제국은 전기田忌를 장군으로 삼아 한국을 구원하도록 파견했다. 위장魏將 방연龐涓은 일찍이 손빈孫臏과 함께 귀곡자鬼谷子63)의 수하手下에서 병법兵法을 배웠던 적이 있었다. 위국에서 장군

---

61) 안어양양晏御揚揚

62) 제나라에서 경영했던 고등학부高等學府, 수도 임치臨淄 직문稷門 부근에 있어 '직하학궁'이라 불렀다. 당시 온 세상의 학술의 중심이었다. 선진(先秦, 춘추전국시대)의 저명학자 맹자, 순자荀子, 신도, 추연등의 사람들이 이곳에서 강학講學, 변론辯論했다. 이에 '백가쟁명百家爭鳴'의 국면局面을 형성, 촉진했다.

63) 귀곡자鬼谷子는 왕후王詡, 왕선王禪, 현미자玄微子로도 불린다. 생몰불상生

이 된 후에도 자신의 능력이 손빈孫臏에 미치지 못한다고 생각했다. 이에 그는 손빈을 위나라로 오게 꾀어, 위혜왕魏惠王의 면전에서 간첩間諜으로 모함했다. 그리고 그에게 빈형臏刑을 가해 그의 슬개골膝蓋骨을 파내 앉은뱅이로 만들고 아울러 얼굴에는 죄명罪名을 문신文身했다. 마침 그때 제나라의 사자使者가 위나라에 출장을 왔다가 손빈을 인재라 여겨 몰래 그를 수레에 실어 총총히 사라졌다. 후에 손빈이 제국의 군사軍師를 맡게 되자 전기에게 위국의 수도 대량大梁을 공략하도록 권했다. 대량이 위급해지자 방연은 군대를 한국에서 철수해 위국을 구하러 돌아오고 있었다.

이때 제국의 군대는 서쪽으로 향해 서서히 철군撤軍하기 시작했다. 손빈은 위국의 경내境內에 진입한 부대에게 명했다. "진입한 첫날에는 부뚜막을 십만十萬 개를 만들고 다음 날에는 오만五萬 개의 부뚜막을 만들고 또 그다음 날에는 이만二萬 개의 부뚜막을 만들라."고 지시했다.64) 방연은 제군 숙영지宿營地에 부뚜막의 숫자가 변한 것을 본 다음 매우 기뻐하며 "내가 본래 제군이 겁쟁이라는 것을 알았지만 우리나라 경내에 진입한지 삼일 째에 벌써 도망병의 숫자가 반수를 넘었구나!" 했다. 이에 위군에게 명하길 "짐을 다 내려놓고 가벼운 경보병만 대동하면 일박이일一泊二日이면 추격할 수 있다." 했다.

이때 손빈이 위군의 행로를 추측해보니 저녁때쯤이면 마릉馬陵에 이를 것으로 예측되었다. 마릉의 길은 협소狹小하고 계곡 양옆은 산세가

沒不詳이다. 사상가, 군사가, 종횡가縱橫家이며 지극히 신비하고 기이한 은사隱士이다. 전국시기 명장名將 방연, 손빈, 그리고 저명한 책사策士 소진과 장의를 제자로 두었다.

64) 감조지계減竈之計

험난險難해 매복埋伏하기에 적당했다. 손빈은 마릉의 길 가운데 커다란 나무 하나를 도끼로 찍어 껍질을 벗기도록 하고, 하얗게 노출된 나무 위에 '방연사차수하龐涓死此樹下(방연이 이 나무 아래에서 죽다)'라고 쓰도록 했다. 그런 다음 활을 잘 쏘는 1만 명의 제군에게 마릉의 좁은 길 양옆 높은 곳에 매복埋伏하도록 했다. 그리고 약정約定한 밤, 길 가운데에서 불길이 환하게 일어나면 일제히 시위를 당기도록 명했다. 과연 방연은 밤에 마릉에 도착해 도끼로 껍질을 벗겨놓은 그 하얀 나무에 이르러 그 위에 적어놓은 글자를 보았다. 이에 자세히 보려 불을 밝히는 그 순간, 제군의 복병 1만 명이 일제히 화살을 날렸다. 위군은 크게 흔들리며 갈 곳을 잃었다. 이 모습을 지켜보던 방연은 칼을 뽑아 스스로를 찌르며 "결국 이 자식 이름만 날리게 했구나." 했다. 제군은 위군을 대패시켰고, 위혜왕魏惠王의 아들 신申도 포로로 잡았다.

제선왕齊宣王이 죽고 그의 아들 민왕愍王이 즉위했다. 정곽군靖郭君 전영田嬰은 제선왕의 동생이다. 설薛이 분봉지分封地였다. 전영의 아들은 전문田文이다. 그의 문하에 식객은 수천 명에 이르렀고 제후들에게 명성이 자자했으며 '맹상군孟嘗君'이라 불렸다.

진소왕秦昭王이 그가 어질다는 명성을 듣고 먼저 자신의 인질人質을 제국 앞으로 보내 맹상군을 만나보게 했다. 그리고 그가 와서 진국의 재상을 맡아 달라고 요청했다. 진소왕은 맹상군이 진나라에 도착하자 그를 잡아 가두었다. 죽여서 아예 후환을 제거하려는 생각인 것이다. 맹상군이 사람을 시켜 당시 진소왕의 총희寵姬에게 자신이 풀려나오도록 도움을 구하자 총희는 "당신이 가진 호백구狐白裘(흰 여우가죽으로 만든 외투)를 주세요!" 했다. 그러나 맹상군이 가져온 호백구는 이미 소왕에게 주었기에 결코 다른 호백구는 없었다. 이때 그의 문객 중에 개를 전문적으로 훔쳤던 개 도둑이 있었다. 그가 몰래 진 궁실의 수장고에 들어가 이 호백구를 훔쳐내 소왕의 총희에게 주었다. 이에 총희가 진 소왕의 면전에서 맹상군을 변호하기 시작하자 소왕은 곧 맹상군을 석방했다. 맹상군은 풀려나자마자 바로 진국의 도성 함양을 떠나 이름을 바꾸고 한달음에 달아나 한밤중에 함곡관에 이르렀다.

진나라 법의 규정에 따르면 새벽에 닭이 울어야 비로소 문을 열어줄 수 있었다. 맹상군은 소왕이 후회後悔하고 추격병을 보내면 그가 체포될 수 있다고 근심하고 있었다. 이때 그의 문객 중에 닭 울음소리를 잘 흉내내는 자가 있었다. 그가 곧 닭 울음소리를 내자 부근의 모든 닭들이 일제히 따라 울기 시작했다.65) 마침내 통관通關 문서가 나오자 곧 함곡관을 빠져나갔다. 한 식경食頃쯤 지나자 과연 진나라의 추격병이 함곡관에 나타났다. 그러나 맹상군을 쫓을 수는 없었다.

맹상군이 제나라로 돌아온 후, 진국을 매우 원망하며 바로 한韓, 위魏와 연합하여 진국의 함곡관으로 쳐들어갔다. 그러자 진국은 성지城池를 나누어 주는 조건으로 연합군에게 화의를 청했다. 후에 맹상군은 제나라의 재상이 되었다가 누군가 제 민왕의 면전에서 맹상군을 모함하는 것을 듣자 바로 제나라를 떠났다.

제 민왕이 송국宋國을 멸망시킨 후 매우 오만했다. 연소왕燕昭王은 제국이 일찍이 연국을 공격한 적이 있었기 때문에 제후들과 함께 상의해 공동으로 군사를 일으켜 제국을 공격했다. 연군燕軍이 임치臨淄로 공격해 들어가자 민왕은 거성莒城으로 달아났다. 초국楚國이 장군 요치淖齒를 파견해 제국을 구해주도록 했으나 요치는 도리어 민왕을 살해하고 연국

---

65) 계명구도鷄鳴狗盜

과 함께 연국이 빼앗았던 제국의 땅을 나누어 가졌다.

제민왕의 시신侍臣 왕손가王孫賈가 제민왕을 따라 거성으로 달아나던 중 민왕이 어느 곳으로 갔는지 알지 못했다. 그러자 그의 모친이 나무라며 "네가 아침에 일찍 나갔다 저녁이 늦어야 들어오면 나는 늘 문에 기대어 네가 돌아오길 기다리고 있었다. 만약 네가 저문데 나갔다가 돌아오지 않으면 나는 여항閭巷의 문에 기대어 네가 돌아오길 기다리고 있었다. 네가 지금 제왕을 시봉하고 있으면서도 제왕이 어디로 도피한지 모른다면, 너는 무슨 일을 하려고 집으로 돌아 왔느냐!" 했다. 이에 왕손가가 사람들을 통솔하여 요치를 죽이고 제민왕의 아들 전법장田法章을 찾아 그를 왕위 계승자로 옹립했다. 이가 제양왕齊襄王이다. 그리고 그들은 거성을 지키며 연국에 항거했다.

당시의 제국의 성城은 오직 거성莒城과 즉묵卽墨, 두 성만 연국이 점령하지 못했다. 즉묵인들은 전단田單을 장군으로 추대해 즉묵을 지키고 있었다. 전단은 몸소 흙지게를 지고 병사들과 같이 군무를 분담했으며 그의 처첩들도 모두 부대에 편성되었다. 전단은 성내의 수천 마리의 소를 모아들여 그 소들에게 붉은색 옷을 입히고 등 위엔 오채색의 용의 형상을 그렸다. 그리고 뿔 위에는 날카로운 칼을 묶고, 기름을 가득 적신 갈대를 꼬리에 묶어 점화를 준비했다. 그리고 전단은 성 밖으로 돌파해 나갈 수 있는 수십 개의 구멍을 성벽에 뚫어놓도록 명령했다. 밤이 되어 소꼬리에 있는 갈대에 불을 붙이자 소가 재빨리 성을 향해 튀어 나갔다. 용사들도 소 무리 뒤에서 연군의 영지營地를 향해 달려 들어갔다. 소꼬리가 뜨거워지자 소들은 미친 듯이 연군을 향해 뛰어다녔다. 부딪친 연군은 사망 아니면 중상이었다. 적묵성의 북소리가 점점 격렬해지자 제군은 함성을 지르며 그들을 따라 들어갔다. 살성殺聲이 천지를 진동震動

했으며 연군은 놀라고 두려워 허둥지둥 패주敗走했다. 제군은 잃었던 70여 성지城池를 수복收復했다. 뒤따라 전단이 거성莒城에서 양왕襄王을 영접하고 양왕은 전단을 안평군安平君으로 봉했다.

나중에 전단이 적성狄城을 공격했으나 3개월이 지나도 이기지 못했다. 그러자 노중련魯仲連이 "장군이 적묵에 있을 때는 사졸들에게 '우리는 다시 도망할 곳이 없다. 다만 종묘와 함께 멸망할 수 있을 뿐이다.'라고 했습니다. 장군은 전사할 결심이 서 있었고 사졸들도 생환生還을 갈구渴求하지 않았습니다. 모두가 눈물을 닦고 떨쳐 일어나 적들과 죽음의 일전을 결심했습니다. 그러나 지금 장군에겐 동쪽엔 야읍夜邑의 조세가 있고 서쪽엔 임치臨淄의 오락과 환락이 있으며, 몸엔 황금으로 된 요대를 차고 치수淄水와 민수澠水 사이를 달리며 득의양양得意揚揚합니다. 삶의 즐거움은 있지만 죽을 마음은 없습니다. 이 때문에 이기지 못하는 것입니다!"했다. 이에 전단이 다음날 곧 진지陣地 앞을 순시하며 사기를 고무鼓舞하고 화살을 피하지 아니하고 직접 북채를 잡고 독려督勵했다. 결국 적성을 함락시켰다.

제양왕이 즉위 후, 맹상군은 제후들 사이에서 중립을 지키고 어느 제후에게도 귀순하지 않았다. 그러자 양왕은 그를 두려워해 그와 우호적인 관계를 모색摸索했다. 처음에 풍환馮驩이라는 사람이 "맹상군이 현사들과 두루 교유하길 좋아한다."는 소식을 듣고 그를 찾아가 만났다. 맹상군은 그를 하등下等의 식객들이 머무는 처소에 배정했다. 열흘 후, 풍환은 그가 차고 있던 칼을 두드리며 노래했다. "보검아! 보검아! 우리가 집에 가는 게 낫겠다! 여기에는 밥은 먹지만 고기는 없구나!"했다. 맹상군이 듣고 풍환을 중등中等의 식객들이 머무는 처소로 옮기게 했다. 그의 끼니때마다 밥반찬에 가운데 고기가 있었다. 며칠이 지나자 또 풍환이 칼을 두드리며 노래했다. "보검아! 보검아! 우리가 집에 가는 게 낫겠다! 여기에서는 외출하려는데 수레가 없구나!" 했다. 이에 맹상군을 상등上等 식객의 처소로 옮겨주고 외출시에는 모두 수레를 배치해 주었다. 며칠 후, 또 보검아! 보검아! 우리가 집에 가는 게 낫겠다! 여기에서는 돈이 없어 가족을 부양할 수 없구나!" 했다. 맹상군이 듣고 기분이 매우 나빴다. 당시 맹상군의 부세賦稅 수입收入으로는 이렇게 많은 식객들 모두 대우해 주기에는 역부족이었다. 그래서 맹상군은 곧 사람을 보내 자신의 봉지封地인 설薛지역에 빌려주고 받지 못한 채권債權을 회수하기로 마음먹고 풍환에게 가서 받아오도록 시켰다. 풍환은 설지역에서 받을 수 있는 것은 받고, 받을 수 없다고 판단되는 힘없는 백성들의 채권債券은 모두 태워버렸다. 맹상군이 이 소식을 듣고 대노大怒하자 풍환은 "설지역의 백성들에게 당신을 부탁했습니다." 했다. 바로 이 때문에 맹상군은 줄곧 설 지역을 봉지로 삼았고 나중엔 설 지역에서 죽었다.[66]

조국趙國

조국趙國의 선조와 진국秦國의 선조는 같은 성姓에서 나왔으며 그들의 조상은 모두 비렴蜚廉(전욱顓頊의 후손)이다. 비렴의 둘째 아들은 계승季勝이다. 계승의 후손 중에 조보趙父라는 자가 주목왕周穆王을 모셨다. 그는 말을 잘 몰았던 공功으로 조성趙城을 분봉分封받았다. 이 때문에 그의

---

66) 교토삼굴狡免三窟: "교활한 토끼는 위기에 대비해 굴을 3개나 파놓을 만큼 치밀하다."는 말과 같이 풍환은 맹상군에게 혹시라도 다가올 미래의 위난을 대비해 이 설지역 민심을 확실히 돌려 나중에 '풍환삼굴馮驩三窟'이란 성어를 만들게 했다.

후손들이 성城을 씨氏로 삼아 조씨趙氏가 되었다. 춘추시대에 이르러 조숙趙夙이란 자가 진국晉國에서 벼슬을 하며 조쇠趙衰라는 아들을 낳았다. 조쇠는 또 선자宣子 돈盾을 낳았다. 어떤 사람이 말하길 "조쇠는 겨울의 태양과 같고, 돈盾은 여름의 태양과 같다. 겨울의 태양은 사람으로 하여금 사랑스럽게 하고, 여름의 태양은 사람으로 하여금 경외敬畏롭게 한다." 했다.

조무趙武가 죽었다. 시호諡號는 조문자趙文子이다. 문자가 경숙景叔을 낳았다. 경숙은 간자簡子 앙鞅을 낳았다. 간자에게 주사周舍라 불리는 가신家臣이 있었다. 주사가 죽은 후, 조간자는 매번 조정의 정사를 들을 때마다 기뻐하며 따른 적이 없었다. 그러면서 "천 마리의 양가죽이라도 한 마리의 여우 겨드랑이 가죽보다 못하오![67] 여러 대부들이 조회할 때마다 나는 다만 '예!, 예!' 소리만 들었지. 주사같이 '악!, 악!'하며 직언直言, 간쟁諫爭하는 소리는 듣지 못했소!" 했다.[68]

조양자趙襄子가 취임했다. 지백智伯이 한강자韓康子와 위환자魏桓子에게 토지를 요구했다. 둘은 지백이 두려워 요구에 응했다. 그러자 지백은 또 조양자에게도 요구했지만 그는 응하지 않았다. 이에 지백은 한강자와 위환자의 연합군을 거느리고 조양자를 공격했다. 조양자는 조씨 가족을 데리고 물러나 진양晉陽을 지켰다. 삼국三國의 연합군이 진양성晉陽城을 포위하고 강둑을 파내 진양에 물길을 대자 진양성에서는 다만 삼판三板(6척尺) 이상만 침수侵水되지 않았고 백성들이 밥을 해먹는 부뚜막도 물속에 잠겨 개구리가 자라날 정도였다. 그래도 진양성의 백성들

---

67) 천양지피千羊之皮, 불여일호지액不如一狐之腋

68) 악악지신諤諤之臣

은 조금도 배반하지 않았다. 조양자는 몰래 한韓, 위魏와 약정하여 삼국의 연합군으로 지백을 공격했다. 이에 일거에 지씨를 소멸消滅시키고 아울러 지씨의 영지領地를 나누어 가졌다. 그리고 지백의 머리뼈를 옻칠해 술잔으로 만들었다.

이때 지백의 가신家臣 예양豫讓이 지백의 원수를 갚아야겠다고 생각하고 수형인受刑人, 노예로 가장假裝해 비수를 차고 조양자의 왕궁 안에 잠복潛伏해 화장실을 수리하는 척하고 있었다. 마침 조양자가 화장실에 들어갈 때 갑자기 심장이 뛰는 것을 느껴 곧 화장실을 수리하는 사람을 불렀다. 이에 찾아내 심문審問해보니 '예양'이었다. 조양자가 그에게 "너는 일찍이 범씨范氏와 중행씨中行氏도 시봉한 적이 있지 않았느냐! 그런데 지금 지백이 그들을 소멸했는데 너는 그들의 원수는 갚지 아니하고 도리어 지백에게 헌신獻身하는구나! 지금 지백이 죽었는데 너는 어찌하여 원수 갚겠다는 마음이 이렇게 강렬强烈하냐?" 했다. 그러자 예양이 "범씨와 중행씨는 보통사람으로 나를 대우했소! 이에 나도 보통사람과 같이 그들에게 보답했소. 그러나 지백은 나를 국가의 현재賢才로써 나를 대우했소! 이에 나도 국가의 예로써 그에게 보답하려는 것이오." 했다.[69] 조양자가 "진실로 의사義士로다. 그를 풀어 주어라! 내가 다만 조심하며 피하면 그뿐이다." 했다.

예양이 자신의 몸에 무엇인가를 발라 온몸에 종양이 생기게 만들고, 숯을 삼켜 벙어리가 되게 했다. 또한 걸인으로 꾸며, 구걸하며 거리를 지나가도 그의 처妻조차도 그를 알아보지 못했다. 다만 그의 친구가 알

---

69) 사위지기자사士爲知己者死, 여위열기자용女爲悅己者容: 의사義士는 자신을 알아주는 자를 위해 목숨을 버리고, 여인은 자신을 좋아해주는 자를 위해 용모를 꾸민다.

아보고, 그에게 "자네의 재간才幹으로 조양자에게 가서 그를 시봉한다면 반드시 중용重用될 수 있을 것이네. 그때 가서 다시 자네가 하려고 생각했던 일을 하면 그것이 더 쉬울 텐데 어찌 이렇게 자신을 괴롭히고 있는가!" 했다. 그러자 예양이 "그렇게 할 수 없네! 이미 남의 신하가 되어 헌신하는 마당에 도리어 또 몰래 그를 죽이려 하는 것은 바로 군주에 대해 두 마음을 품는 것이네. 무릇 내가 하는 일은 매우 어렵다네. 그러나 지극히 어려운 것은 분명하지만 이같이 하는 까닭은 장차 천하 후세에 두 마음을 품은 신하로 하여금 부끄러움을 느끼도록 하기 위함일 뿐일세!" 했다. 조양자가 외출할 때 예양이 길가의 다리 밑에 매복하고 있었다. 일행이 다리 머리에 도착했을 때, 양자의 말이 갑자기 놀라자 조양자가 수색하도록 시켰다. 이에 예양을 잡아내 마침내 죽였다.

낙양인洛陽人 소진蘇秦이 진혜왕秦惠王에게 유세誘說했으나 등용登用되지 못하자 곧 연燕나라로가 연문후燕文侯에게 연燕나라와 조趙나라가 서로 합종合從해야 한다고 유세했다. 그러자 연문후가 소진을 높이 평가하며 그를 조나라로 보냈다. 소진이 조나라에 도착한 후, 조숙후趙肅侯에게 "지금 각 제후국들의 군대는 진나라의 열 배에 이릅니다. 만약 힘을 합해 서쪽으로 나아간다면 진나라는 반드시 멸망시킬 수 있습니다. 제가 대왕을 위해 계책計策을 낸다면 6국國이 합종合從해 진나라를 물리침만한 것이 없습니다!" 하였다. 조숙후는 소진을 지원하고 제후국들과 합종을 맹약盟約했다.

소진이 언어諺語(상말)로 제후들에게 "차라리 닭대가리가 될지언정 소꼬리가 되어서야 되겠습니까!"70)라며 유세했다. 이에 6국이 합종으

---

70) 영위계구寧爲鷄口, 무위우후無爲牛後, 계구우후鷄口牛後

로 연맹했다.

소진이 귀곡선생鬼谷先生을 스승으로 좇았다. 처음 유세에 나설 때 그를 알아주는 제후가 없었고 몹시 곤궁困窮함이 지속되자 낙양의 집으로 돌아왔다. 그가 집에 도착하자 그의 처는 그를 맞이하려 베틀에서 내려오지도 않았고, 형수도 그에게 밥을 주지 않았다. 나중에 종약장從約長(합종合縱의 우두머리) 겸 6국의 재상이 되었다. 소진이 낙양洛陽을 지나갈 때 수레에 실은 짐이 제후왕諸侯王에 비견比肩되었다. 소진의 형제, 처, 형수등 모두가 눈을 내려 깔고 감히 그를 쳐다보지도 못하고 길가에 꿇어 앉아 그의 식사를 시중들고 있었다. 소진이 웃으며 그의 형수에게 다가가 "전에는 나에게 그렇게 오만傲慢하게 굴더니 지금은 도리어 나에게 이렇게 순종順從하십니까?"했다. 그러자 그의 형수가 "내가 보니 도련님의 지위가 매우 높고 돈도 많아 보이기 때문이지요."했다. 소진이 탄식하며 "똑같은 한 사람인데도 부귀할 때는 친척들도 경외敬畏하고, 빈천貧賤할 때에는 친척들마저 경시輕視하는데 하물며 친척이 아닌 보통사람들에게 있어서는 더 말할 것이 있겠는가! 만약 내가 낙양에 비옥한 밭 두 마지기만 있었더라도 내가 어떻게 육국의 재상이 될 수 있었겠는가!"하며 천금을 뿌려 친척과 친구들에게 나누어주었다.

소진이 6국의 합종연맹을 확실히 해두고 난 다음 조趙나라로 돌아갔다. 조숙후趙肅侯는 그를 무안군武安君에 봉했다. 나중에 진국에서 사신 서수犀首(공손연公孫衍)를 보내 조국을 속여 합종연맹을 깨뜨리려 했다. 제齊, 위魏 두 나라가 연합해 조趙나라를 공격했다. 소진이 합종연맹이 깨어질 것을 두려워해 조趙나라를 떠나자 합종연맹은 곧 와해瓦解되었다.

조숙후趙肅侯의 아들 무령왕武靈王이 개혁을 진행했다. 호복胡服하고 마상馬上에서 활을 쏘는 등의 풍속風俗을 추진하면서 호지胡地를 공략했다. 주나라의 제후국이었던 중산국中山國을 멸망시켰다. 이어 남쪽의 진 나라를 공략할 계획을 갖고 있었으나 결과는 없었다. 아들 혜문왕惠文王 에게 왕위를 넘겨주었다.

혜문왕이 일찍이 초楚나라에서 화씨벽和氏璧71)이라는 진귀한 구슬을 얻었다. 진소왕秦昭王이 15개의 성城과 화씨벽을 교환하자고 제의할 생 각을 했으나 조 혜문왕은 줄 생각이 없었다. 그러나 주면 사기당할 것 같았고 안 주면 강한 진 나라의 공격이 두려워 고민하고 있었다. 이때 인상여藺相如가 구슬을 가지고 출사出使를 청하며 "만약 성을 교환하지 못한다면 화씨벽을 흠없이 온전하게72) 가지고 조나라로 돌아오겠습니 다!" 하고 떠났다.73)

인상여가 진나라에 도착하여 화씨벽을 왕에게 주었다. 봤더니, 진소 왕은 성을 조나라에 줄 생각이 없었다. 이에 인상여는 곧 고의故意로 진 소왕을 구슬러 화씨벽을 다시 받아들었다. 들자마자 화가 끝까지 치밀

---

71) 춘추시대 초국楚國사람 변화卞和가 산에서 박옥璞玉(아직 다듬지 않은 원석) 을 습득했다. 그는 귀한 보물이라 여겨 여왕厲王에게 바쳤다. 옥공玉工이 돌 이라 감정하자 임금을 속인 죄로 왼발이 베였다. 후에 무왕武王이 즉위하자 변화는 또 이 박옥을 헌상했다. 그러나 거듭 임금을 속인 죄로 이번엔 오른 발 이 잘렸다. 시간이 흘러 문왕文王이 즉위했다. 변화는 벽옥을 끌어안고 형산 荊山다리 아래에서 울었다. 잘려나간 두 다리도 아팠지만 이 훌륭한 옥을 알 아주지 않는 현실이 너무나 서글프고 아팠다. 문왕이 (사연을 듣고)옥을 잘라 보도록 하자 과연 천하에 둘도 없는 진귀한 보석이 광채를 띠며 나타났다. 이 에 문왕은 이 옥을 국보로 삼았다. 바로 변화卞和의 옥, 즉 '화씨벽和氏璧'이 다. 옥석구분玉石俱焚, 옥석혼효玉石混淆, 옥석동쇄玉石同碎, 휴척여공休戚 與共, 환난여공患難與共, 생사여공生死與共. 반反: 흑백분명黑白分明, 시비분 명是非分明, 경위분명涇渭分明(맑은 경하涇河, 혼탁한 위하渭河)

72) 완벽完璧, 천의무봉天衣無縫

73) 완벽귀조完璧歸趙

어 오른 모습으로74) 뒤로 물러나 기둥 곁에 붙었다. 그리고 "만약 진왕께서 신의 말을 가로 막는다면 신은 이 자리에서 이 화씨벽과 함께 머리를 기둥에 박아 부숴버리겠습니다." 했다. 이에 진소왕과 다음날 다시 의논하기로 하고 인상여는 숙소로 돌아왔다. 돌아온 즉시 따르는 사람을 시켜 화씨벽을 가지고 지름길로 먼저 조나라로 돌아가도록 보내버렸다. 그리고 그는 도리어 진 나라의 명령을 기다리고 있었다. 진소왕은 인상여가 매우 현명하다고 여겨 곧 그를 조나라로 돌려보냈다.

진소왕과 조趙 혜문왕이 민지澠池에서 회동會同을 하는데 인상여가 혜문왕을 보좌했다. 연회를 기다고 있을 때 진소왕이 혜문왕에게 거문고를 치도록 청하자, 조왕은 바로 한곡을 연주했다. 그러자 인상여도 진소왕에게 부缶(고대 도자기로 만든 악기)를 가지고 진나라의 음악을 연주해 주도록 청했으나 거절당했다. 그러자 "제가 대왕과 다섯 걸음 안에 있어 저의 목덜미의 피를 대왕에게 충분히 튀게 할 수 있습니다." 하며 외쳤다. 좌우에 따르는 사람들이 그를 베려고 달려들었으나 인상여가 고함을 치자 주춤주춤 물러나 감히 올라오지 못했다. 그러자 진소왕은 부득이하게 부缶를 한 번 두드렸다. 연회 중에 진나라는 시종일관始終一貫 우위를 점할 수 없었으며 조나라도 변경의 부대들이 엄중하게 진국을 방비하고 있었으므로 진나라가 감히 행동할 수 없었다.

조혜문왕이 돌아간 후, 인상여를 상경上卿에 봉하자 관직의 서열이 대장군 염파廉頗의 위에 있었다. 염파가 "나는 조나라에서 대장을 지내며 전쟁의 공로라도 있지만 인상여는 비천한 출신으로 오직 화술話術에만 기대 나의 위에 있다. 나의 관직이 그보다 아래 있는 것이 너무 부끄럽

---

74) 노기충천怒氣衝天, 노발충관怒髮衝冠. 반反: 화안열색和顏悅色

다. 내가 인상여를 만나면 반드시 그를 욕보일 것이다." 했다. 인상여가
그 소릴 듣고 조회朝會 때에 늘 병을 핑계 삼아 나가질 않았다. 염파와
직위職位를 다투려 하지 않은 것이다. 매번 문을 나서다가 멀리서 염파
를 보면 곧 마부에게 명하여 방향을 돌리게 해 염파를 피했다. 인상여의
문객들이 이것을 치욕恥辱으로 여기자 인상여는 "무릇 진왕의 위세에도
내가 오히려 조당朝堂에서 그들을 꾸짖고 그들의 군신들을 욕보였다. 상
여가 비록 무능하지만 설마 염파를 두려워해야 하겠는가, 다만 내가 고려
하는 것은 강한 진나라 군대가 우리 조나라를 공격해 들어오지 못하는
까닭은 바로 우리 두 사람이 있기 때문인데 만약 지금 두 마리의 범이
서로 싸운다면 그 기세로 보아 반드시 둘 다 생존할 수는 없는 것이
다.75) 그래서 내가 이런 이유로 먼저 국가의 위급함을 해결한 다음 두
사람의 사사로운 감정을 풀자는 것이었다."76) 했다. 이 말을 들은 염파는
너무 부끄러움을 느껴 곧 상의를 탈의脫衣하고 등에 가시나무를 짊어지
고 인상여의 집문 앞에 이르러 사죄謝罪했다.77) 마침내 두 사람은 생사
를 함께하는 좋은 친구가 되었다.78)

조혜문왕趙惠文王의 아들 효성왕孝成王이 즉위한 후, 진군秦軍이 한국韓
國을 공격했다. 한국의 요충지要衝地인 상당上堂을 지키는 장수가 조국趙
國으로 투항했다. 그러자 진군은 군대를 돌려 조국을 공격했으나 조군

---

75) 양호공투兩虎共鬪, 용호상박龍虎相搏
76) 선공후사先公後私, 멸사봉공滅私奉公
77) 부형청죄負荊請罪
78) 문경지교刎頸之交, 관포지교管鮑之交, 교칠지교膠漆之交, 수어지교水魚之交,
금란지교金蘭之交, 지란지교芝蘭之交, 금석지계金石之契, 단금지계斷金之契,
포의지교布衣之交, 막역지우莫逆之友, 죽마고우竹馬故友, 청매죽마靑梅竹馬,
백아절현伯牙絶絃. 반反: 오집지교烏集之交, 세리지교勢利之交

의 주장主將 염파는 장평長平에 주둔하며 군영을 굳게 지키고 출전하지 않았다. 이에 진국은 간첩에게 천금을 들여 조국으로 보내 '반간계反間計 (이간책離間策)'를 실행했다. "진군이 두려워하는 것은 오직 마복군馬服君 조사趙奢의 아들 조괄趙括이 주장主將을 맡는 것뿐이다!"라는 유언비어流 言蜚語를 퍼뜨렸다. 이에 효성왕은 곧 조괄을 염파를 대신해 주장을 맡 겼다. 그러자 상여가 "대왕께서는 오직 명성에만 기대어 조괄을 임용任 用하시는데, 이것은 마치 아교를 사용하여 현을 조정하는 발을 거문고 의 기둥에 붙여놓아 다시는 옮길 수 없도록 하는 것과 같습니다.79) 오 로지 조괄은 그의 부친의 병서兵書를 읽기만 했을 뿐, 융통성 있게 변통 變通할 줄은 모릅니다."80) 했다. 그러나 조성왕은 조괄이 어려서부터 병 법을 학습해 천하에 병법으로는 그와 견줄 사람이 없는 것으로 여겼다.

그가 일찍이 부친 조사와 용병의 일에 관해 이야기할 때면 조사는 그 를 이해시키기 어려웠으며 조괄도 부친이 결코 좋은 점이 많다고 여기 지 않았다. 조괄의 모친이 남편 조사에게 그 까닭을 물었다. 그러자 "군 사를 데리고 전쟁을 하는 것은 바로 생사의 문제인데도 괄은 이것을 가 벼이 쉽게 이야기한다. 만약 조국趙國이 그를 주장主將으로 기용한다면 조군은 필패한다." 했다. 후에 조괄이 주장으로 기용되어 장차 떠나려 할 때, 그의 모친이 조성왕에게 상서上書하며 "조괄은 조군의 주장을 맡 기에는 부족합니다!" 했다. 조괄이 장평長平 군중軍中에 들어간 후 과연 진국의 대장 백기白起에 의해 사살되었고, 40만여의 조군은 장평에서 투 항投降한 후, 진군에 의해 모두 산 채로 갱살坑殺(구덩이에 파묻어 죽임)됐

---

79) 교주고슬膠柱鼓瑟
80) 지상병담紙上兵談

다.(장평대전長平大戰)

조국의 재상 평원군平原君 조승趙勝은 식객食客이 수천 명이었다. 식객 중에 공손용公孫龍이란 자가 있어 견백동이堅白同異[81]와 같은 궤변詭辯을 잘했다.

장평의 전투이후 진군은 승리의 위세를 타고 조나라의 수도 한단邯鄲을 포위했다. 이에 평원군은 초楚나라에 구원을 요청하기 위해 문객門客 중에 문무文武를 갖춘 자 20명을 선발하여 그와 함께 떠나려 했으나 결과는 19명에 그쳤다. 이에 모수毛遂가 그 자신을 추천推薦했다.[82] 그러자 평원군이 "세상에 재능 있는 현사賢士라면 자루 속에 넣어 둔 송곳과 같아[83] 그 날카로움으로 즉각 튀어나올진데, 선생이 우리 집에 온 지 3년이나 지났다지만 나는 여태껏 당신이 있다는 것을 들어본 적이 없었소!" 하자 모수가 "만약 저를 조금만 일찍 자루 속에 넣어주셨다면 온 전체가 다 튀어나왔지 어찌 끄트머리만 나오는 데 그쳤겠습니까!" 하였다.[84] 이에 평원군이 모수를 충원充員했다. 그러자 그 19명은 서로 눈짓하며 비웃었다.

평원군 일행이 초나라에 도착하자 상의商議가 매우 길었다. 합종合從의 맹약盟約은 줄곧 정해지지 않았다. 그러자 모수가 손에 칼자루를 잡

---

81) 견백동이堅白同異: "단단하고 흰 돌은 눈으로 보면 흰 줄은 알지만 단단한지는 모른다. 이에 단단한 것과 흰 것은 동시에 성립되는 개념이 아니다." 또한 그의 백마비마론白馬非馬論도 "말馬이란 것은 형체를 표시하고, 백白이란 것은 색깔을 표시한다. 고로 색깔이란 것은 형체를 표시하는 것이 아니기 때문에 백마는 말이 아니다."와 같은 일종의 말장난 같지만 명名과 실實을 정확히 하여 사물의 불일치 현상을 바로잡아 보겠다는 주장이다.

82) 모수자천毛遂自薦

83) 낭중지추囊中之錐

84) 영탈이출穎脫而出

은 채 계단을 올라 전당殿堂에 이르러 "합종의 이해관계는 단 두 마디로 말할 수 있는 분명한 것입니다. 그런데 이처럼 아침 일찍 해 뜰 때부터 나와서 회담을 시작했는데도 불구하고 점심때가 지나가도록 아직 결정을 못 내리고 있으니 이건 무엇 때문입니까!" 하자 초고열왕楚考烈王이 엄숙한 목소리로 호통을 치며 "어찌 내려가지 않느냐! 지금 내가 바로 너의 주군과 담판談判을 하고 있다! 네가 뭐 하러 올라왔느냐!" 했다. 이에 모수가 칼자루를 꽉 잡고 앞으로 다가가 "대왕께서 저에게 호통을 치시는 까닭은 초나라의 많은 사람과 세력을 믿고 그러시는 것입니다만 지금 대왕은 저와 거의 열 걸음 안에 있습니다. 대왕은 지금 초나라의 많은 사람과 세력을 믿을 수 없게 되었고, 대왕의 생명은 바로 저의 손에 달려 있습니다. 지금 초나라의 강대함은 천하에 가히 당해 낼 수가 없습니다. 진국秦國의 백기白起는 하찮은 놈에 불과 하지만 몇 만 명의 부대를 거느리고 한 번의 공격으로 언영鄢郢(수도首都)을, 재차의 공격으로 이릉夷陵의 종묘宗廟를 불태웠으며 세 번의 공격으로 대왕의 선조들을 욕보였습니다. 이것이 바로 초국楚國과 진국秦國이 백년이 지나도 풀지 못할 원수가 아닙니까. 우리 조왕趙王 조차도 당신을 수치스럽게 여깁니다. 초국과 조국과의 합종은 바로 초국을 위한 것이지 결코 조국만을 위한 것이 아닙니다!" 했다. 이에 초고열왕이 "맞았소! 진실로 선생이 말한 바와 꼭 같소. 내가 사직신社稷神의 이름으로 맹서盟誓하며 반드시 진심갈력盡心竭力으로 합종을 진행하겠소!" 했다.

모수가 초왕 주위의 신하들에게 "가서 닭, 개, 말의 피를 가져오라!" 했다. 모수가 양손으로 동銅 쟁반을 잡고 꿇어 앉아 추켜올리며 나아가 초왕 면전에 이르렀다. "대왕께서 마땅히 삽혈歃血85)로 합종의 맹약을 확정하시고, 그 다음으로 저의 주군主君이 하시고 다음으로 제가 하겠습니다!"했다. 모수가 몸을 돌려 왼손으로 동 쟁반을 받들고 오른손으론 그 나머지 19명을 불러 전당殿堂 아래에서 한 번에 삽혈을 하도록 했다. 그리고 그는 "여러분들은 정말 하잘 것 없는 평범한 사람들로 다른 사람의 능력에 기대야만 비로소 일을 만들어내며 살아갈 수 있는 사람들이라오."[86] 하였다.

평원군이 합종의 맹약을 마치자 곧 조 나라로 돌아와 모수에게 "모선생이 한 번 초국에 이르니 바로 우리 조국의 지위를 구정대여九鼎大呂[87]보다 더 존귀하게 만들었군요!" 하며 모수를 상객上客으로 삼았다. 이후 초나라에서 춘신군春申君 황헐黃歇을 보내 조 나라를 구원했고, 마침 위魏나라의 신릉군信陵君도 병력을 대동하고 오다가 조우遭遇했다. 이에 함께 한단성邯鄲城아래에 진군秦軍을 패퇴敗退시켰다.

효성왕의 아들 도양왕悼襄王이 즉위 후 재차 염파를 장수로 임명하고자 했다. 당시에 염파는 위국魏國으로 달아나 있었다. 이에 도양왕이 사자를 보내 염파를 만나보게 하자 염파의 원수인 곽개郭開가 사자에게 많은 뇌물을 써 염파를 험담하도록 했다. 염파는 조국趙國에서 온 도양왕의 사신을 보자 한 번에 한 되의 밥과 10근의 고기를 먹고 또 철갑鐵甲을 입고 말에 올라 자신이 아직도 국가를 위할 능력이 있다고 표시했다. 사자가 귀국한 후 도양왕에게 "염파장군의 식사량은 아직도 나쁘지 않습

---

85) 고대 맹약을 거행할 때, 희생물의 피를 약간 마시거나 혹은 입가에 발라 약속을 이행하겠다는 성의를 표시하는 행위.

86) 인인성사因人成事

87) 국가의 권력이나 막중한 지위 또는 무게가 굉장히 무거움을 비유한다.
구정九鼎: 하우夏禹가 구정九鼎을 주조해 구주九州의 상징象徵으로 하夏, 상商, 주周 삼대에 걸쳐 나라에 전해지는 보물로 삼았다.
대여大呂: 주조周朝의 태묘太廟안에 있던 대종大鐘.

니다. 그러나 저와 같이 앉아있을 때 잠깐 동안에 3번씩이나 유시遺矢
(대변)를 했습니다." 하자 도양왕은 염파를 늙었다고 여기고 끝내 부르
지 않았다.

위국魏國

위국魏國의 선조와 주조周朝는 동성同姓이다. 주문왕周文王의 아들 필
공畢公 희고嬉高의 후손들이다. 필국畢國이 멸망된 후, 필공고의 후예後裔
중에 필만畢萬이라 불리는 사람이 진헌공晉獻公을 섬겼다. 그의 공으로
인해 위지魏地를 봉지로 받았으며 후세에 위를 성姓으로 삼았다. 필만의
후, 몇 대가 지나고 위강魏絳이란 사람이 있었다. 진도공晉悼公 때 중경衆
卿의 반열에 올라 '위장자魏莊子'라 불렀다. 위강의 후 4세世가 지나 위환
자魏桓子 때에 이르러 한강자韓康子, 조양자趙襄子와 함께 지씨知(智)氏를
멸망시키고, 지씨의 토지를 나누었다. 이 위환자의 손자가 바로 위문후
魏文侯 위사魏斯이다. 그가 주위열왕周威烈王의 승인을 얻어 정식으로 제
후가 되었다. 복자하卜子夏(복상卜商, 자字, 자하子夏), 전자방田子方을 스승
으로 삼았다. 매번 단간목段干木이 골목 어귀를 지나갈 땐 늘 수레를 세
우고 머리를 숙여 예를 다했다. 이에 사방에서 현사들이 모두 그에게 귀
순했다.

위문후의 아들 위격魏擊(위무후魏武侯)이 길에서 전자방을 만나면 황
망히 수레에서 내려 땅에 엎드려 예를 다하지만 전자방은 도리어 예를
표하지 않았다. 그러자 위격이 대노해 "부귀한 사람이 남에게 오만하게
대할까요, 아니면 빈천한 사람이 남에게 오만하게 대할까요?" 했다. 그
러자 전자방이 "다만 빈천한 사람이 남에게 오만하게 대할 뿐이지. 어떻

게 감히 부귀한 사람이 남에게 오만하게 대하겠습니까! 만약 나라의 임금이란 사람이 사람들에게 오만하게 대하면 그 나라를 잃고, 대부란 사람이 사람들에게 오만하게 대한다면 그 봉읍封邑을 잃을 수 있습니다. 무릇 빈천한 사인士人의 의견이 만약 받아들여지지 않고 자신의 뜻과 맞지 않는다면 곧 신발을 신고 이별을 고하면 되지만 어디에 간들 빈천하지 않겠습니까!" 했다. 위격이 들은 후 곧 전자방을 향해 사죄했다.

위문후가 이극李克에게 물었다. "선생이 일찍이 과인寡人을 가르치며 '가정이 빈곤하면 좋은 처를 찾을 생각을 하게 되고, 나라가 혼란하고 무질서하면 좋은 재상을 찾을 생각을 하게 된다!'[88] 했소! 지금 내가 재상을 선택하는 데 있어 위성魏成이 아니면 적황翟璜인데, 이 두 사람은 어떻습니까!" 하자 이극이 "평소에 지낼 때는 그가 어떤 사람을 가까이하는지를 보고, 부귀할 때는 그가 어떻게 베푸는지를 보고, 현달顯達했을 때는 그가 어떤 사람을 추천하는지를 보고, 곤궁困窮할 때는 그가 어떤 일을 하지 않는지를 보고, 빈천貧賤할 때는 그가 취하지 않는 물품은 어떤 것인지를 보십시오![89] 이 다섯 가지만으로도 족히 한 개인의 품성을 단정할 수 있습니다." 했다. 자하子夏, 전자방田子方, 단간목段干木, 이 세 사람 모두 위성이 추천했던 사람들이었다. 위문후는 곧 위성을 재상으로 임명했다.

위魏나라 사람 오기吳起란 자가 있었다. 처음에 노魯나라에서 벼슬했다. 노왕이 오기를 장군으로 기용해 장차 제국齊國을 공격할 생각을 가지고 있었는데 마침 오기가 제국의 여자를 부인으로 맞았다. 이를 의심

---

88) 가빈사양처家貧思良妻, 국난사양상國亂思良相

89) 거시기소친居視其所親, 부시기소여富視其所與, 달시기소거達視其所擧, 궁시기소불위窮視其所不爲, 빈시기소불취貧視其所不取

한 노왕은 공격 결정을 내리지 못하고 천천히 미루고 있었다. 그러자 오기는 곧 처를 살해하고 노왕의 신임을 바탕으로 장군이 된 다음, 제나라를 대파大破했다. 그러자 어떤 사람이 "오기는 사람됨이 너무 잔인殘忍하고 성품이 단정端整하지 않은 사람이다." 했다. 오기가 이 때문에 죄를 지을까 염려해 위국魏國으로 달아났다.

위문후魏文侯가 그를 장군으로 임명하자 그는 진秦의 다섯 개 성城을 빼앗았다. 오기가 주장主將으로 임명되자 병사들과 동고동락同苦同樂하며 의복도 똑같이 입었고 먹는 것도 똑같이 먹었다. 어떤 병사에게 악성 종기가 있으면 오기는 곧바로 입으로 그의 종기를 빨았다.90) 그 병사의 모친이 이 소식을 듣고 목 놓아 울면서 "이전에 오기가 이 아이 아버지의 종기를 빨았던 적이 있었는데 이후, 이 아이의 아버지는 전쟁이 나자 용감하게 달려 나가 죽음도 돌보지 않고 싸우다 죽었습니다. 지금 그 자식의 고름도 이와 같이 빨아주었다 하니, 이 아이도 장차 어디에서 죽을지 나는 모르겠네." 하였다.

위문후가 죽고 그의 아들 위격魏擊이 즉위했다. 그가 위무후魏武侯이다. 무후가 황하黃河에 배를 띄우고 흘러 내려가다가 뱃길의 중간쯤에 이르자 머리를 돌려 오기에게 말했다. "장엄莊嚴하구나! 산하山河의 공고鞏固함이여! 위국魏國의 보배로다!" 하자 오기가 "정권의 공고함은 백성들에게 덕德을 베푸는 데 있지. 지리나 형세의 험요險要함에 있는 것이 아닙니다. 옛날에 삼묘씨三苗氏는 왼쪽에는 동정호洞庭湖 오른쪽엔 팽려호彭蠡湖가 있었으나 하우夏禹가 그들을 멸망시켰습니다. 하걸夏桀의 수도는 왼쪽엔 황하와 제수濟水가 오른쪽엔 태화산泰華山이 있고 이궐伊闕

---

90) 오기연저吳起吮疽, 연저지인吮疽之仁, 연통지치吮痛舐痔, 지독지애舐犢之愛

이 그 남쪽에 있어 양羊의 창자와 같이 험요險要한 지형이[91] 그 북쪽에 있었으나 상탕商湯은 그들을 쫓아내었습니다. 상주商紂의 나라도 왼쪽엔 맹문孟門이 오른쪽엔 태항산太行山이 있으며 항산恒山은 그 북쪽에 있고 태하太河(황하黃河)는 그 남쪽을 지나갔지만 무왕武王은 그들을 죽였습니다. 만약 주군께서 은덕恩德을 베풀지 않는다면 한 배를 탄 사람이라도 당신의 적이 될 수 있습니다!" 했다. 이에 위무후가 "그대의 말이 맞소!" 했다.

위무후가 죽은 후 그의 아들 위혜문왕魏惠文王 위앵魏罃이 즉위했다. 오래지 않아 위국은 동쪽의 제나라에게 패해 장군 방연龐涓과 태자 신申, 모두 죽었으며 남쪽은 초국楚國에, 서쪽엔 진국秦國에게 패해 땅을 떼어주며 강화講和를 요청하였다. 이에 혜문왕惠文王은 겸손하게 자신을 낮추고 충분한 대우待遇를 제시하며 천하의 현재賢才들을 끌어모았다.[92] 그때 맹자孟子도 위국魏國에 이르렀으나 등용되지 못했다. 후에 아들 양왕襄王이 즉위했으나 맹자는 위국魏國을 떠나 제국齊國으로 갔다.

위魏나라 사람 장의張儀가 소진蘇秦과 함께 귀곡자鬼谷子를 좇아 공부했다. 나중에 그가 초楚나라를 여행하다 초나라의 재상에게 모욕당한 다음 집에 돌아온 적이 있었다. 그의 처가 장의에 대한 원망스런 마음을 풀지 못하고 있자, 장의가 "당신이 한번 보시오! 나의 혀가 아직도 있는지!" 했다. 소진이 여섯 나라의 합종을 완성시킨 후, 고의로 장의를 자극해 그를 진국秦國으로 향하게 했다. 그러자 장의가 "소군蘇君이 있을 때 내가 무슨 말을 감히 하겠소!" 하였다. 소진이 조국趙國을 떠난 후 여섯

---

91) 구절양장九折羊腸

92) 비신후폐卑身厚幣, 예현하사禮賢下士

나라의 합종이 와해되자 장의는 오로지 연횡책連橫策을 실행하도록 설득하며 여섯 나라가 진국을 시봉侍奉하도록 유세遊說했다.

진혜왕秦惠王 때, 장의가 일찍이 진군秦軍을 인솔해 위국魏國의 성 하나를 뺏은 적이 있었다. 오래 지나지 않아 그 성을 위국에 다시 돌려주었다. 그 후 위국에 이르러 위왕을 속여 땅을 떼어내 진국에게 사죄謝罪하도록했다. 곧 돌아와 진국의 재상이 되었다. 얼마 지나지 않아 또 위국에서 재상宰相을 맡았으나 실제는 진국을 위해 일하고 있었다. 위양왕魏襄王 때 장의가 또 진국으로 돌아가 재상을 맡았다. 얼마 지나지 않아 또 위국의 재상을 지내다 죽었다.

한국韓國

한국韓國의 선조와 주조周朝는 동성同姓이다. 바로 주무왕의 아들 한후韓侯의 후예이다. 한국이 멸망 후, 그의 후손들이 진국晉國을 시봉했다. 한무자韓武子 때에 이르러 한지韓地를 분봉받은 공으로 한씨가 되었다. 한무자의 3세손은 한궐韓厥이다. 한궐의 5대손 한강자韓康子에 이르러 조양자趙襄子와 위환자魏桓子가 함께 지씨智氏(지백智伯)를 멸망시켰다. 한강자의 2대손인 한경후韓景侯 한건韓虔 때에 이르러 정식으로 주위열왕에 의해 제후가 되었다.

한경후韓景侯로부터 4세가 지난 한애후韓哀侯에 이르러 도성都城을 신정新鄭으로 옮겼다. 한애후의 2세, 소후昭侯 때, 신정사람 신불해申不害가 황노黃老[93], 형명形名[94]의 학술로써 재상을 맡았다. 한국은 이 때문에 내

---

93) 황노학黃老學: 전국시기, 도가학파道家學派로서 자연순응自然順應과 무위지치無爲之治를 주장함.

정이 맑아지고 부국강병富國强兵도 이루었다. 이즈음 소후에게 다 떨어진 바지가 있었는데 다른 사람에게 숨겨두라고 명하며 결코 주위에 시종에게는 주지 않았다. 그러자 시봉하는 사람이 "대왕께서도 어진 임금이 아니시군요!" 하자 소후가 듣고 "현명한 군주는 매양 한 번의 찡그림과 한 번의 미소마저도[95] 인색해야 한다네. 군주가 찡그리면 찡그리는 자가 생길 것이고, 미소를 띠면 미소 띠는 자가 생긴다네! 예컨대 지금 이 바지가 어찌 찡그리고 혹은 미소를 띠는 것에만 그치겠는가! 내가 여기에서 공이 있는 신하를 기다렸다가 그에게 상으로 주겠네!" 했다.

초국楚國

초국의 선조는 전욱顓頊의 후예이다. 전욱의 아들 고행씨高幸氏 제곡帝嚳 때, 화정火正이라는 직책을 맡아 민간에 관한 일을 관장하며 '축융祝融'이라 불렸다. 축융의 동생 오회吳回가 나중에 화정의 직책을 맡았다. 오회에서 2대를 지나 계연季連이란 자에 이르러 미성芈姓을 얻었다.

초 성왕成王의 뒤를 이어 목왕穆王, 장왕莊王에 이르렀다. 초장왕이 즉위한 지 3년이 지나도 어떠한 영令을 내리지 않고 밤낮으로 음주가무飲酒歌舞만 일삼으며 정사政事를 돌보지 않았다. 그리고 전국에 영을 내려 누구라도 감히 '간언諫言'한다면 죽음에 처하겠다고 공포했다.

초국의 대부大夫 오거伍擧(오자서伍子胥의 조부祖父)가 왕에게 "토산土山 위에 한 마리의 새가 있어 3년 동안 날지도 않고, 울지도 않고 있는데

---

94) 형명학形名學: 전국시기, 법가학파法家學派로서 순명책실(循名責實, 명실상부 名實相符)과 신상필벌信賞必罰을 주장함.

95) 일빈일소一嚬一笑, 일소일노一笑一怒

이것은 무슨 새 입니까?"하자 초장왕이 "이 새가 지향志向하는 의미는 평범하지 않다만 3년을 날지 않았으나 한 번 날면 하늘을 찌르고, 3년을 울지 않았으나 한 번 울면 천하의 사람들을 놀라게 할 것이오!"했다.96) 이에 대부大夫 소종蘇從도 죽음을 무릅쓰고 간했다. 그러자 초장왕이 왼손으로 소종의 손을 잡고, 오른손으로 칼을 소매 속에서 끄집어내 종과 북을 매달아 놓았던 끈을 끊어버렸다. 다음날 아침 초장왕은 정사에 착수해 오거, 소종을 발탁했다. 초나라의 백성들 모두가 장왕의 변화에 좋아했다. 뒤에 장왕은 또 손숙오孫叔敖를 재상으로 임명해 마침내 제후국諸侯國의 패자霸者가 되었다.97)

초장왕 후, 공왕共王, 강왕康王, 겹오郟敖, 영왕靈王, 평왕平王, 소왕昭王, 혜왕惠王, 간왕簡王, 성왕聲王, 도왕悼王, 숙왕肅王, 선왕宣王, 위왕威王을 지나 회왕懷王에 이르렀다. 이때 진혜왕秦惠王은 제국齊國을 토벌討伐할 생각을 가지고 있었지만 초국이 합종의 약속으로 개입할 것을 우려했다. 이에 장의를 보내 초회왕에게 유세하길 "대왕께서 초국의 문을 닫아걸고 제국과 절교한다면 진국은 장차 대왕에게 상어商於의 땅 600리里를 드리겠습니다."했다. 이에 초회왕이 장의의 말을 믿고 용사를 파견해

---

96) 일비충천—飛沖天, 일명경인—鳴驚人
97) 또한 초장왕은 '절영연絶纓宴: 갓 끈을 끊은 연회'의 장본인이다. 초장왕이 군신들과 연회 중이었다. 분위기가 한창 무르익을 때, 갑자기 바람이 불어와 촛불이 모두 꺼져버렸다. 이때 어느 장수가 장왕의 총희에게 다가가 그녀를 그만 끌어안아버렸다. 이에 총희가 그의 갓끈을 끊고 장왕에게 고했다. 하지만 장왕은 연회에 참석한 모든 사람들의 갓 끈을 모두 끊어 바닥에 던져버리도록 명한 다음, 불을 켜도록 하고 연회를 계속 진행한다. 3년 후, 진晉과의 전쟁중, 그 날(절영연)의 구명求命에 보답할 기회를 찾던 어느 장수의 분전으로 승리하며 비로소 장왕은 지난날의 진실을 알게 되었다. 이후 이 사건은 후인들에게 관대寬大함의 표본이 되었다. 멸촉절영滅燭絶纓.

제왕을 모욕侮辱케 했다. 제왕이 대노해 즉시 초국과의 관계를 단절하고 진국과 연맹을 맺었다.

한편 초국의 사자가 진국에 도착해 장의가 전에 주기로 약속했던 땅을 접수하러 왔다. 장의가 지도를 가리키면서 "여기에서 여기까지 광활廣闊한 땅 6리를 초국에게 드리겠습니다." 했다. 그러자 초회왕이 매우 화를 내며 진국을 토벌하러 출병했지만 결과는 대패하고 돌아갔다. 진소양왕秦昭襄王과 초회왕이 황극黃棘에서 회맹會盟한 후, 오래지 않아 초회왕에게 서신을 보내 "대왕과 무관武關에서 회맹했으면 합니다!" 했다. 굴평屈平(굴원屈原)은 초회왕이 가면 안 된다고 생각했으나 자란子蘭은 오히려 가도록 권유했다. 초회왕이 무관에 도착하자 진국에 구류拘留되어 함양咸陽으로 압송되었다. 이에 초국은 회왕의 아들 경양왕頃襄王을 옹립했다.

초회왕이 진국에서 죽은 후, 초인楚人들은 회왕을 불쌍하게 여겨 곧 자신들의 친척이 죽은 것처럼 애도했다. 굴평은 초회왕에 의해 중용重用되었으나 참언讒言으로 인해 회왕과 소원疏遠해져갔다. 이에 《이소離騷》를 지어 자신의 괴로운 심정을 풀어냈다. 경양왕이 즉위한 다음, 또 모함謀陷으로 유배되어 강남으로 가다 마침내 멱라강汨羅江에 투신했다.

진국이 영도郢都를 함락하자 초국은 국도國都를 진陳으로 옮겼다. 초경양왕이 죽고 초고열왕이 즉위한 후, 초국은 또 도성都城을 수춘壽春으로 옮겼다. 이때 춘신군春申君 황헐黃歇이 초국의 재상을 맡았다.

당시에 제국齊國에는 맹상군孟嘗君이, 위국魏國에는 신릉군信陵君이, 조국趙國에는 평원군平原君이, 초국楚國에는 춘신군春申君이 있어 모두 어진 이들을 예의와 겸손으로 대했으며 선비들을 양성하길 좋아했다. 춘신군의 문하에 식객食客이 3,000여 명이 있어 평원군이 사자를 보내 춘신군을 방문했다. 조국의 사신이 초국을 향해 조국의 부유함을 자랑할 생각으로 특별히 대모잠玳瑁簪(보석으로 만든 비녀)을 꼽고 주옥珠玉으로 장식한 칼집을 차고 갔으나 춘신군의 상등上等 빈객賓客 모두가 주옥으로 장식한 신발을 신고와 상면相面하는 것을 보고 조국의 사신은 크게 부끄러워했다.

조국趙國사람 순경荀卿(순자荀子)이 초국에 오자 춘신군은 그를 난릉령蘭陵令에 봉했다.

연국燕國

연燕나라는 희성姬姓으로 소공석召公奭(주무왕周武王의 동생)의 봉지封地이다. 소공석의 후에 30여 대가 지난 문공文公 때, 소진의 합종책을 받아들여 여섯 나라가 연합하여 진국秦國에 대항했다. 문공이 죽은 후 그의 아들 이왕易王이 즉위했다. 이왕이 서거逝去 후, 그의 아들 연왕 쾌噲가 즉위했다. 그는 재위在位 5년에, 재상 자지子之에게 자신의 왕권王權을 대행代行하도록 했다. 그리고 자신은 연로年老한 데다 장시간 국정을 돌보지 않음으로 도리어 그의 신하가 되었다.

그 후 연국燕國에서 내란이 발생하자 제국齊國은 이 기회를 이용해 연국을 공격하여 계성薊城을 함락시켰다. 그리고 자지를 죽여 육장肉醬을 만들고 아울러 연왕 쾌도 죽였다.

연나라 사람들이 태자 평平을 옹립했다. 그가 소왕昭王이다. 그는 사자死者를 애도哀悼하고 백성들을 위문慰問했으며 겸손한 언사로 몸을 낮추고, 또한 충분한 대우를 제시하며(비신후폐卑身厚幣) 천하의 현재賢才들을 초빙했다. 연왕이 곽외郭隗에게 물었다. "제국齊國이 우리나라의 내란을 이용해 습격했을 때, 나는 우리나라가 가난하고 힘이 약하여 보복할 수 없다는 것을 깊이 깨달았소! 진실로 현사賢士들을 구하여 그들과 함께 노력해 나라를 잘 다스려서 선왕先王의 치욕을 씻고자 하는 것이 나의 소망이오! 선생이 만약 적합한 인재라 인정하면 나는 직접 그를 시봉할 수 있소이다!" 했다. 그러자 곽외가 "옛날 어떤 군왕이 시종에게 천금을 가지고가서 천리마를 구해오라며 보냈습니다. 그런데 시종은 오백금을 주고 도리어 죽은 천리마의 뼈를 사 가지고 돌아왔습니다.[98] 군왕이 매우 성질을 내자, 시종은 '대왕께서 말을 구하는 마음이 간절해 죽은 말 뼈조차도 사는데 하물며 살아 있는 말에 있어서야 어찌 사지 않겠느냐는 것을 천하에 보여주려 한 것입니다!' 했습니다. 과연 한 해가 가기 전에 세 사람이 와서 천리마를 진헌進獻했습니다. 예컨대 지금 대왕께서 현사를 초빙한다면 먼저 저 곽외로부터 시작해야 할 것입니다. 그러면 저 곽외보다 더욱 훌륭한 현사들이 천리가 멀다 않고 달려올 것입니다."[99] 했다. 이에 소왕은 곽외를 위한 집을 지어주고 스승으로 대우했다. 곧 이어 천하의 현사들이 다투어 연나라로 왔다.

연혜왕燕惠王 다음, 연무성왕燕武成王, 연효왕燕孝王을 지나 연왕희燕王喜에 이르렀을 때 태자 단丹은 진秦나라에 인질로 잡혀 있었다. 이때 진왕정秦王政은 결코 그를 예로써 대해주지 않았다. 그러자 화가 난 태자 단은 몰래 달아나 연나라로 돌아와 마음속에 원한을 품고 보복할 생각을 하고 있었다.

이 무렵 진국秦國의 장군 번어기樊於期가 전쟁에 패한 죄가 두려워 연

---

98) 천금매골千金買骨, 매사마골買死馬骨
99) 불원천리不遠千里

나라로 달아났다. 그때 태자 단이 그를 거두어 거주처를 제공해 준적이 있었다. 태자 단이 위국衛國사람 형가荊軻가 매우 현능賢能하다는 소문을 듣고 겸손한 언사로 몸을 낮추고, 또한 충분한 대우를 제시하며(비신후 폐卑身厚幣) 형가를 초빙해 이르지 않은 것이 없을 만큼 그를 봉양했다. 태자 단은 형가를 진왕 앞으로 보내 암살하려 했으나 형가는 번어기의 목과 연나라의 기름진 땅인 독항督亢의 지도를 가지고 진왕에게 진헌하는 것으로 진왕을 꾀어내려고 했다. 태자 단이 차마 번어기를 죽일 수 없자 형가는 스스로 번어기를 찾아가 권했다. "내가 장군의 목을 가져가 진왕에게 헌상獻上한다면 진왕은 반드시 매우 좋아하며 나를 맞을 것입니다. 내가 그 기회를 이용해 왼손으로 진왕의 소매를 잡고 오른손으로 검을 잡아 진왕의 가슴을 찌르려 합니다. 이것은 장군의 원수를 갚는 일이기도 하지만 또 우리 연나라의 치욕恥辱을 설욕雪辱하는 일이기도 합니다." 했다. 다 듣고 나자 번어기가 검을 당겨 스스로를 베었다. 태자 단이 소식을 듣고 달려와 엎드려 곡哭하고 이에 상자에 그의 목을 담았다. 그리고 일찍이 구해놓았던 천하의 날카로운 비수匕首에 독약을 묻혀 담금질했다. 사람들에게 그 독성을 시험할 때, 다만 살짝 그어 핏발만 보여도 바로 절명絶命했다.

형가가 행장行裝을 수습해 진국으로 향했다. 도중에 역수易水에 이르렀을 때 형가가 노래했다.

바람이 소소하니 (풍소소혜風蕭蕭兮)
역수는 차가운데 (역수한易水寒)
장사 한번 가면 (장사일거혜壯士一去兮)
다시 오지 못하리. (불복환不復還)100)

이때 한 줄기 하얀 무지개가 해를 뚫고 나오자 연나라 사람들이 매우 두려움을 느꼈다. 형가가 함양咸陽에 이르자 진왕 정政이 매우 기뻐하며 그를 맞이했다.101) 형가가 지도를 받들고 대전大殿에 들어가 이제 지도를 막 펼치려 할 때, 속에 감추어 두었던 비수가 삐져나왔다. 이에 형가가 진왕의 소매를 잡고 비수를 끄집어내 찔렀으나 닿지 않았다. 형가가 쫓았으나 놀란 진왕은 자신의 소매를 끊고 기둥을 에워싸며 달아

100) 이때 역수易水가에는 사지死地로 향하는 형가를 전송하기 위해 태자 단과 함께 형가의 친구들 몇몇과 고점리高漸離가 있었다. 고점리는 개 잡는 일(도구屠狗)을 업으로 하고 있는 형가의 친구로 축筑(악기의 한 종류)의 고수였다. 형가와 함께 음주할 때면 늘 축을 켜며 노래하고 방약무인傍若無人했다. 이 날도 축을 켜며 비가悲歌를 함께 불렀다. 나중에 거사가 실패하고 그에게도 수배령이 내려지자 성명을 바꾸고 송자宋子지역으로 달아났다. 시간이 어느 정도 지난 어느 날, 인근에 어떤 사람이 축을 켜고 있는 것을 보자 마치 가려운데 끌지 못하는 것 같이 자신의 재주를 내보이고 싶어 몸이 근지러워졌다.(불각기양不覺技癢) 이에 그의 연주에 참견하다 마침내 그동안 숨겨두었던 자신의 축을 꺼내 연주하게 된다. 사람들의 환호소리는 결국 시황의 귀에까지 들어가게 되었다. 시황은 고점리의 연주솜씨를 아껴 극형만은 피해 눈만 멀게 만들어 그의 곁에서 연주하도록 했다. 고점리는 나중에 기회를 봐서 축속에 연鉛을 넣어 시황을 내려쳐 살해할 심산이었다. 결국, 축을 들어 시황을 향해 맹렬하게 돌진했으나 실패하고 살해된다.
※ 방약무인傍若無人: 곁에 마치 아무도 없는 것과 같이 행동하는 것, 안하무인眼下無人. 반反: 허회약곡虛懷若谷.
※ 불각기양不覺技癢: 재주가 있는 사람은 언젠가는 자신의 끼를 드러낸다. 기양난인技癢難忍, 견엽심희見獵心喜, 약약욕시躍躍欲試, 준준욕동蠢蠢欲動

101) 이때 함께 간 사람은 진무양秦舞陽이었다. 그는 이미 12세에 살인한 경험이 있는 흉악하며 이른바 '용사勇士'라 불리던 담력 있는 인간이었지만 당시 13세에 불과한 어린애였다. 이에 형가는 시황을 시해하는 것이 어린애들 장난이 아닐진데, 그런 어린애를 데리고 간다는 것에 회의를 느껴 차일피일했다. 조급했던 태자 단이 진무양 단독으로라도 보내겠다며 재촉하자 형가는 결국 출발 일을 잡는다. 현장에 도착한 진무양이 시황을 보는 순간 분위기에 압도돼 떨기 시작하자 형가는 직접 번어기의 목과 독항의 지도를 들고 어전御前으로 올라간다.

났다. 진국의 율법에는 상전上殿에서 임금을 모시는 신하들은 병기를 휴대할 수 없도록 되어 있었다. 주위에 시종들이 손으로 형가를 치며 큰소리로 "대왕은 빨리 부검負劍을 뽑으십시오!" 하자 비로소 검을 뽑아내 형가의 왼쪽 무릎을 베었다. 형가가 넘어진 다음 다시 몸을 일으켜 비수를 진왕을 향하여 던졌으나 적중시키지 못했다. 마침내 형가는 몸이 찢기어 시중에 내던져졌다. 진왕은 크게 성질을 내며 군대를 증파해 연나라를 토벌했다. 연왕 희喜는 태자 단의 목을 베어 진왕에게 사죄했지만 3년 후, 진국秦國의 장군 왕분王賁에게 포로로 잡혔다. 마침내 연나라는 멸망하고 진의 군都이 되었다.

진국秦國

진국秦國의 선조는 본래 전욱顓頊의 후예後裔이다. 전욱의 후예 중에 대업大業이라 불리는 사람이 있었다. 그의 아들 백익伯益이 대우大禹 때에 치수治水의 공로功勞로 순제舜帝에 의해 영嬴이란 성을 받았다. 백익의 후대에 비렴蜚廉이란 사람이 있었고 그의 손자가 여방女防이었다. 여방의 후대에 비자非子라는 자가 말 기르길 좋아했다. 그는 주효왕周孝王을 섬기며 견수汧水와 위수渭水 사이에서 말을 길렀다. 말이 대량으로 번식되자 이에 주효왕이 곧 비자를 진秦땅을 봉지로 하는 주왕실의 부용국附庸國 가운데 하나로 만들었다. 비자의 후에 2대가 지난 진중秦仲 때에 이르러 진부족은 비로소 커지기 시작했다. 진중의 후에 장공莊公을 지나 양공襄公 때에 이르러 견융犬戎이 호경鎬京을 공격해 주유왕周幽王을 살해하자 양공이 주조를 구원하고자 군대를 일으켜 평왕平王의 동천東遷을 호송했다. 이에 그 공으로 제후에 봉해지고 평왕은 기산岐山의 서쪽, 주조周朝의 고토古土를 봉지로 하사했다.

　진양공秦襄公의 후에 문공文公, 영공寧公, 출자出子, 무공武公, 덕공德公, 선공宣公, 성공成公에서 진목공秦穆公에 이르렀다. 백리해百里奚는 본래 우국虞國의 대부였다. 우국이 망하자 진국晉國에 포로가 되었다. 나중에 진목공에게 시집가는 부인을 따라가는 몸종이 되어 함께 진국에 보내지게 되었다. 백리해가 진국으로 향하던 길에서 몰래 달아나 초국楚國의 완宛이란 곳으로 갔다가 초국인에게 잡혔다. 진목공은 백리해가 현인賢人이라는 말을 듣자 곧 5장의 검은 양피羊皮로 초국에 속죄贖罪케 하고 돌아오도록 하여 그에게 국정을 맡겼다. 그리고 '오고대부五羖大夫'라 불렀다. 백리해가 진 목공에게 자신의 친구 '건숙蹇叔'을 추천하자 진목공은 건숙을 상대부上代夫로 삼았다.

　진목공秦穆公이 진혜공晋惠公[102]을 호송해 귀국시켰다. 진혜공은 즉위한 다음 곧 진목공을 배신하고 진국秦國과 한원韓原에서 전투를 전개했다. 진목공이 진군晉軍에 의해 포위되자 기산岐山아래, 이전에 진목공의 말을 잡아먹었던 300명의 용사들이 말을 몰고 진군의 진영으로 돌진해왔다. 이에 진군의 진영이 무너지며 흩어져 진목공은 포위를 벗어날 수 있었다. 이전에 진목공이 한 필의 명마를 잃어버린 적이 있었다. 인근의 백성들이 잡아먹은 것이다. 진국秦國의 관리가 이들을 체포한 다음 의법조치依法措置할 생각이었다. 그러나 진목공은 "군자는 가축 때문에 사람을 해치게 하면 안 되오. 또한 명마 고기를 먹은 다음에 술을 마시지 않

---

102) 이오夷吾, 진헌공晋獻公의 아들, 진헌공의 부인 여희驪姬가 일으킨 난亂으로 태자 신생申生이 자살하고, 공자 중이重耳와 이오夷吾가 국외로 달아난 사건인 일명 '여희의 난'으로 여러 제후국을 떠돌다 진목공의 도움으로 귀국 후, 즉위했다.

으면 신체를 상하게 한다 하오!"하며 또 좋은 술을 내주고 아울러 인근 백성들 모두 풀어주었다. 이때에 이르러 이 인근의 백성들이 진군秦軍이 진군晉軍을 공격한다는 소식을 듣고 모두 진군을 따라 자원 출전해 죽음 으로써 진목공의 은덕을 갚으려 한 것이었다.

효공孝公 때에 이르렀다. 이때 황하黃河와 효산崤山 동쪽에 강국强國이 6국, 약소국이 10여 국이 있었는데 모두 이적夷狄을 대하는 것과 같이 진국을 대해 장차 진국이 각국의 제후들과의 회맹에서 제외될 것 같았 다. 이에 효공孝公이 영을 내려 "빈객이나 군신중에 유능하고 기이한 계 책을 내어 진국을 강성하게 하는 자에게는 내가 장차 그에게 존귀한 작 위도 주고 분토分土도 하여 그와 함께 진국을 다스리고자 한다."했다. 이때 위국인衛國人 공손앙公孫鞅(위앙衛鞅, 상앙商鞅)이 진나라에 들어와 효공의 총신寵臣 경감景監을 통해 효공을 만나길 청했다. 효공을 만나자 차례차례 제도帝道와 왕도王道의 술術을 이야기하고, 나아가 삼변三變103) 을 패도覇道로 삼아 최후엔 강국에 이르는 술책104)까지 이야기했다. 효 공이 듣고 매우 좋아하며 변법變法을 실행하려고 했으나 다만 국중國中 에 반대 의견을 두려워했다. 그러자 공손앙이 "일반 백성들을 너무 깊고 멀리까지 생각하게 만들어 우려를 자아내 시작할 필요가 없습니다.(심 사우려深思憂慮) 오로지 그들과 더불어 결과를 즐기도록 하면 됩니다." 했다. 이에 효공이 최종적으로 변법을 결정했다.

공손앙의 신법新法에 규정하길 "전국의 백성들의 호적戶籍 편제編制를 5가家를 오오로, 10가家를 십什으로 하여 서로 감독하게 만들었다. 만약

---

103) 유가儒家의 덕치德治, 도가道家의 무위지치無爲之治, 법가法家의 법치法治
104) 병가兵家의 역치力治인 전승戰勝

한 집이 죄를 범하면 십오什伍 안에서 연대해서 처벌했다. 간악한 자를 알리지 않을 때에는 요절腰折의 형에 처했다. 간악한 자를 고발하면 적을 참斬한 것과 같은 상을 주었고, 간악한 자를 숨겨준 자에게는 적에게 투항投降한 자와 같은 벌을 주었다. 전쟁에서 공을 세운 자에게는 기준에 따라서 포상을 했고 사사로운 이유로 싸운 자에게는 각자의 경중에 따라 크고 작은 형에 처했다. 모두 합심하여 농업에 힘쓰게 하고 수확이 많은 자에게는 그의 부역賦役을 면제해주었다. 공상工商에 종사하며 고리高利를 취하는 자와 게으름으로 인해 가난한자에게는 전 가족을 관부에서 거두어 노예에 충당한다." 했다.

신법이 벌써 갖추어졌지만 아직 공포公布되지 않았다. 하지만 공손앙은 먼저 도성都城의 시장 남문에 길이가 석 자 정도의 나무를 세워두고 누군가 장차 이 나무를 북문으로 옮겨 놓는 자에게는 십금十金의 현상금懸賞金을 준다고 내걸었다. 백성들이 모두 의아하게 여기고 감히 옮기는 자가 없었다. 다시 공손앙이 "누가 이 나무를 북문으로 옮겨놓으면 오십금五十金을 주겠다!" 했다. 그러자 어떤 사람이 이 나무를 북문으로 옮겼다. 공손앙은 즉각 오십금을 그에게 주었다.105) 그렇게 백성들이 관부를 믿게 한 다음 공손앙은 비로소 신법을 반포頒布했다.106)

태자가 신법에 저촉抵觸되는 일을 범犯하자 공손앙이 "법령이 시행되어 내려가지 않는 이유는 바로 국가의 상층부에서 누누이 법을 시험에

---

105) 사목지신徙木之信, 이목지신移木之信
106) 나중에 북송北宋의 왕안석王安石이 '신법新法'을 추진할 때 거듭 반대에 부딪치자, 상앙이 '변법變法'을 추진했던 때를 생각하며 자신의 각오를 시로 적어 "자고구민재신성自古驅民在信誠, 일언위중백금경一言爲重百金輕, 자고로 백성을 부리는 것은 신의와 성의에 있다 하겠고, 말 한 마디의 무게는 백금을 가볍다 하겠네!" 하였다.

들게 하기 때문이다. 장차 나라를 이어나갈 태자에게 형을 가할 수는 없으니 그의 우부右傳 공자건公子虔에게 의형劓刑[107]을 가하고 좌부左傳 공손가公孫賈에게는 경형黥刑을 가하라!"했다. 이후부터 진국에서는 상하모두, 신법이 엄히 지켜졌다. 신법이 추진된 지 10년 후, 진국의 경내에는 길에 유실遺失된 물건이 있어도 줍는 사람이 아무도 없었고,[108]산에도 숨어 있는 도적盜賊이 없었다. 집집마다 의식衣食이 여유로웠고 사람들마다 생활이 풍족했다.[109] 백성들은 전쟁에 종사해서는 용감했으나향리에서의 사사로운 다툼은 두려워했다. 이에 향읍鄕邑이 크게 다스려졌다. 처음에 신법을 불편하다고 말했던 사람들도 이제는 "신법이 편하다."말했다. 공손앙은 "편便, 불편不便을 이야기하는 사람들 모두를 법치를 어지럽히는 백성이다!" 하며 그들을 변방으로 보내 징계懲戒를 표했다. 이후부터 진국은 다시 멋대로 신법을 논하는 사람이 없었다. 정전제丁田制를 폐지하고 큰 힘을 들여 황무지를 개간하고 새로운 부세법賦稅法을 시행했다. 진국은 점점 부강해졌다. 효공은 상商의 땅 15개의 읍성을공손앙에게 주었다. 이 때문에 '상군商君' 또는 '상앙商鞅'이라 불리게 되었다.

효공이 죽고 혜문왕惠文王이 즉위했다. 공자公子 건虔 등의 무리들이상앙이 모반을 꾀한다고 고발하자 상앙은 밖으로 나와 달아났다. 도중에 휴식을 취할 생각으로 어느 객점客店에 잠시 머물렀다. 객점 주인이

---

107) 고대중국의 형벌 종류: 의형劓刑, 코를 베는 형벌. 묵형墨刑(경형黥刑, 자자형刺字刑), 이마나 뺨에 문신해 죄명을 새기는 형벌. 궁형宮刑, 생식기를 제거하는 형벌. 월형刖刑(빈형髕刑), 발꿈치나 슬개골膝蓋骨(복사뼈 위)을 도려내는 형벌. 사형死刑(대벽大辟). 대개 이 다섯 가지를 주로 사용했다.

108) 도불습유道不拾遺

109) 가급인족家給人足

"상군의 신법에 신분증이 없는 사람을 여관에 들일 수 없습니다. 만약 재워주면 주인과 손님이 함께 처벌을 받습니다." 했다. 상앙이 탄식하며 "법령法令을 엄히 시행한 폐단弊端이 마침내 이 지경에까지 이르렀구나!" 했다.110)

상앙이 위국魏國으로 달아났으나 위국은 그를 받아주지 않고 도리어 그를 진국秦國으로 돌려보내 거열형車裂刑(팔과 다리를 각각 다른 수레에 매고 수레를 끌어서 죄인을 찢어서 죽이는 형벌)에 처하게 했다. 상앙의 신법은 너무 가혹해 토지를 측량할 때 한 걸음이라도 규정한 여섯 자를 넘어가면 징벌했으며 길에 재를 버린 자도 형을 받았다. 상앙이 일찍이 위수渭水가에서 범죄의 처결을 정하는 문제를 논했는데 죄를 짓고 죽어 위수에 버려진 자들의 피로 위수가 모두 붉은색으로 변했었다.

혜문왕이 죽고 그의 아들 무왕武王이 즉위했다. 무왕은 감무甘茂로 하여금 한국韓國의 의양宜陽을 정벌하게 했다. 그러자 감무가 "의양은 큰 현縣이나 실제는 군郡의 실력을 가지고 있습니다. 예컨대 지금 우리들이 스스로 유리한 지세를 내팽개치고 천리를 행군해 다른 나라를 공격하러 간다면 이것은 어려운데 어려움을 더하는 꼴이 됩니다. 노국魯國에 증삼曾參과 동성동명同姓同名인 살인자가 있었는데 어떤 사람이 증삼의 모친에게 증삼이 살인을 했다고 알렸습니다. 그러나 증삼의 모친은 믿지 않으며 도리어 마음이 흔들리지 않고 의연하게111)계속 베를 짜고 있었습니다. 세 사람이 증삼의 모친에게 알릴 때까지 기다린 후에야 비로소 증삼의 모친은 즉시 짜던 베틀의 북을 버리고 담을 넘어 달아났습니다.112)

---

110) 작법자폐作法自斃, 자승자박自繩自縛, 자굴분묘自掘墳墓, 자업자득自業自得
111) 태연자약泰然自若, 신정자약神情自若
112) 증삼살인曾參殺人, 삼인성호三人成虎

저의 현능함을 증삼에 비할 수는 없습니다만 대왕께서 저에 대한 믿음 역시 증삼의 모친이 증삼을 믿음에 비할 수는 없을 것입니다. 게다가 조정朝庭에 저를 회의懷疑하는 사람 또한 결코 삼인三人에 그치지 않을 것입니다. 신이 두려워하는 것은 대왕께서도 때가 되면 북을 던질 수 있지 않을까 하는 것뿐입니다. 또 위문후魏文侯가 장군 악양樂羊에게 중산中山을 토벌하도록 명한지 3년 후에야 겨우 그곳을 함락했습니다. 그가 돌아와 공로를 조사해 상을 줄 때,[113] 위문후가 그를 비방한 서신 한 상자를 그에게 보여주었습니다. 그러자 악양이 재배再拜하고 말하길 '중산을 토벌한 것은 결코 신의 공이 아니옵고 오직 대왕의 공입니다!' 했습니다. 예컨대 지금에 저는 각기 타향에서 온 떠돌이 신하에 불과할 뿐입니다.[114] 저리자樗里子나 공손석公孫奭이 한국을 끼고 신을 기롱欺弄하면 대왕께서는 반드시 그들의 말을 믿을 것입니다." 하자 무왕은 "과인은 듣지 않을 것이다!" 하며 곧 감무와 함께 식양息壤에서 맹서盟誓를 적었다. 감무가 군대를 통솔해 의양을 토벌했으나 5개월이 지나도 아직 함락시키지 못했다. 그러자 저리자와 공손석, 이 두 사람이 마침내 무왕을 향해 진언하자 무왕이 감무를 의양으로부터 철병하도록 소환할 생각을 하였다. 감무가 "식양의 맹서는 어디에 있습니까!" 하며 일깨우자 무왕이 깜짝 놀라며 확 깨닫고 "식양은 저기에 있소!" 하였다. 무왕은 이에 전 병력이 감무를 도우도록 해 결국 의양을 함락했다.

무왕은 힘이 쎄고 싸움을 좋아해 역사力士 임비任鄙, 오획烏獲, 맹열孟說 등도 모두 대관大官을 했다. 무왕과 맹열이 솥을 드는 시합을 벌이다

---

113) 논공행상論功行賞
114) 기려지신羈旅之臣

가 솥에 깔려 기절하여 죽자 그의 동생 소양왕昭襄王 영직嬴稷이 즉위했다.

위국魏國 사람 범수范雎가 일찍이 수가須賈를 따라 제국齊國에 출사出使한 적이 있었다. 제왕이 그의 언변言辯이 아주 능하다는 것을 알고 그에게 황금과 소고기 그리고 미주美酒를 주었다. 수가는 범수가 몰래 위국의 비밀한 일을 제국에게 알렸다고 의심해 돌아간 다음 바로 위국의 재상 위제魏齊에게 고발했다. 위제가 듣고 대노해 시비곡직是非曲直을 가리지 않고 태형笞刑(매로 볼기를 치는 형벌)을 가해 그의 늑골肋骨과 치아齒牙 전부를 부러트렸다. 범수가 죽은 척하자 위제가 명석으로 그를 말아 측간廁間에 내버려두도록 했다. 취객들로 하여금 방치한 범수의 몸에 오줌을 누도록 하여 그를 징벌코자 한 것이었다. 나중에 범수가 애원하며 측간을 지키는 수위에게 매달려 겨우 탈출할 수 있었다. 이후 그는 성명도 장록張祿으로 바꾸었다.

진국秦國의 사자 왕계王稽가 위국에 출사해 현재賢才를 찾던 중, 범수를 발견했다. 이에 몰래몰래 그를 수레에 태워 진국으로 돌아와 소양왕昭襄王에게 천거했다. 소양왕이 범수를 객경客卿115)에 임명했다. 범수는 곧 소양왕에게 멀리 떨어져 있는 나라와는 서로 교린交隣을 하고, 가까이 있는 나라부터 차례로 공략攻略해 나가는 외교 술책을 제시했다.116) 당시 양후穰侯 위염魏冉이 재상을 맡아 조정을 총괄하고 있었다. 범수가 소양왕에게 위염을 내치고 왕권을 강화하도록 권하자 소양왕은 마침내 양후를 내치고 범수를 재상에 임명해 '응후應侯'라 불렀다.

---

115) 타국他國에서 들어와 경상卿相의 위치에 있는 사람

116) 원교근공遠交近攻

위국이 수가를 진국에 출사하게 했다. 범수가 다 헤진 옛날 옷을 입고 좁은 소로小路에서 수가를 만났다. 수가가 범수를 보자 깜짝 놀라며 "범숙范叔은 진실로 별 탈 없었는가." 했다. 곧 머물러, 범수와 식사하며 "범숙은 늘 이렇게 초라한가." 하며 두꺼운 비단으로 만든 도포를 그에게 주었다. 식사를 마치자 범수는 곧 수가의 마차를 몰아 상부相府로 향했다. 상부에 도착하자 범수가 "제가 먼저 들어가 상군相君(재상)에게 통보하겠습니다." 하며 들어갔다. 수가가 한참을 기다려도 범수가 나오지 않자 상부문의 수위에게 물었다. 수위가 "여기엔 범수는 없고 방금 들어간 사람은 바로 우리나라의 재상 장군張君입니다." 했다. 수가가 비로소 자신이 속은 줄 알고 바로 꿇어앉아 상부의 범수를 향해 사죄했다. 범수가 위에 앉아 수가에게 욕하며 "네가 아직도 죽지 않고 살아 있는 이유는 오직 네가 옛정을 생각해 나에게 비단 도포를 보내주었기 때문이다. 이제 우리들 사이엔 오로지 친구의 의미만 있을 뿐이다." 했다. 이어 연회석宴會席으로 옮겨 제후국의 손님들을 청했다. 범수는 말여물용 콩을 담아둔 동이를 수가 앞에 놓아두게 해 수가로 하여금 말처럼 먹도록 했다. 아울러 위국으로 돌아가거든 위왕에게 "속히 위제魏齊의 머리를 베어 올려라. 그렇지 않으면 대량大梁(수도)을 도륙屠戮내겠다."라고 보고하도록 했다. 수가가 돌아가 위제에게 보고하자 위제가 어쩔 수 없이 위국을 떠나 나라밖에서 떠돌다 마침내 자살했다. 범수는 진국에서 뜻을 얻은 다음, 밥 한 숟가락 얻어먹은 은덕恩德이라도 반드시 갚았으며, 눈 한 번 흘긴 것 같은 아주 사소한 원한怨恨이라도 반드시 보복했다.

진소양왕秦昭襄王이 훙거薨去하고 아들 효문왕孝文王 영주嬴柱가 즉위했으나 재위 3일 만에 죽었다. 그의 아들 장양왕莊襄王 영자초嬴子楚가 즉위했다. 장양왕이 죽은 후, 왕위를 계승한 것은 바로 영정嬴政이었다.

영정은 마침내 여섯 나라를 병탄倂呑하고 진시황제秦始皇帝라 칭했다.

　황제皇帝 이래以來, 천하에 사방 백리에 달하는 나라는 수만 개나 있었다. 중원은 줄곧 사방의 먼 곳에까지 분포되어 있었다. 중국의 제도를 실행한 지역은 《왕제王制,예기禮記》에 근거해보면 구주九州에 1773개의 나라가 있었다. 고대에는 천자가 제후를 봉건封建하고 제후는 각자 자국을 관리했다. 각자 자국 내의 사람들을 국민으로 여기고 공동으로 천자를 종주宗主로 인정했다. 하조夏朝, 상조商朝를 지나 주왕조周王朝 때에 이르러 강국이 약국을 병탄倂呑하고 대국이 소국을 병탄했으며 춘추 12개국117)을 제외하고는 몇 나라밖에 남아 있지 않았다. 전국시기에 남겨진 제후국은 겨우 6~7개뿐이었고 이때에 이르러서는 마침내 진국秦國에 병탄되었다.

---

117) 춘추시기에 비교적 강대했던 12개의 제후국, 나누어 보면 진晉, 제齊, 초楚, 진秦, 연燕, 노魯, 송宋, 정鄭, 조曹, 진陳, 채蔡, 위衛이다.

08 | 진국秦國

　　진시황제秦始皇帝 정정政은 본래 한단邯鄲에서 태어났다. 소양왕昭襄王 재위在位 시에 효문왕孝文王 영주嬴柱가 태자였고 그의 하나뿐인 서자庶子 영자초嬴子楚는 조국趙國에 인질人質로 가 있었다. 이때 양적陽翟 지방地方의 대상인大商人인 여불위呂不韋가 마침 조국趙國에서 영자초를 보고 "이것은 희귀한 상품商品이다. 사놓고 증식增殖될 때까지 기다릴 필요가 있겠다!"118)했다. 이에 진국秦國으로 가 태자 영주嬴柱의 비妃인 화양華陽부인의 언니를 통해 영자초가 초국楚國의 왕위王位를 이어받을 수 있도록 화양부인을 설득했다.

　　들리는 바에 의하면 여불위가 자신을 받아들여 이미 임신한 한단의 미희美姬(조희趙姬)를 영자초에게 주었고, 나중에 그녀가 영정嬴政을 낳았다는 것이다. 그렇다면 영정은 실재로는 여씨呂氏의 후손後孫인 것이다. 진국의 소양왕이 죽고 효문왕孝文王 영주嬴柱가 즉위한 지 3일 만에 또 죽자 이에 영자초가 진왕秦王이 되었다. 그가 장양왕莊襄王이다. 그는 재위 4년 만에 죽었다. 이때 영정은 이미 13세였으며 마침내 그가 진왕에 등극했다. 그의 모친은 태후太后가 되었다.

　　여불위는 장양왕 때에 이미 상국相國이 되었고, 진왕 영정이 즉위한 후에는 문신후文信侯에 봉해졌다. 태후가 또 여불위와 사통私通을 시작했다. 진왕 영정의 나이가 점점 들어가며 여불위와 태후와의 관계를 알

---

118) 기화가거奇貨可居, 농단壟斷

아차리게 되자 여불위는 자살했다.119) 이후 진왕은 태후를 폐위廢位해 별궁別宮에 유치留置했으나 객경客卿 모초茅焦의 죽음을 무릅쓴 간언諫言으로 진왕과 그의 모친은 다시 화해해 처음과 같이 회복되었다.

진국의 종실 대신들이 논의하길 "기타제후국의 사인士人들이 진국에서 관직을 맡는 것은 실제 그들 나라 군주君主를 위해 유세誘說할 뿐이지 결코 진심으로 진국을 위하는 것이 아닙니다. 그러니 진국은 마땅히 그들 모두를 쫓아버려야 합니다." 했다. 이에 진국에서 대규모로 외국 사인들을 쫓아내기 시작했다. 이때 객경 이사李斯가 상서上書했다. "과거 진목공秦穆公은 서융西戎에서 유여由餘를 얻었고, 초국의 완宛에서는 백리해百里奚를 얻었습니다. 송국宋國으로부터 건숙蹇叔을 맞아들였고, 또 진국晉國으로부터는 비표丕豹와 공손지公孫枝를 얻었습니다. 그들 모두가 인재였으며 또한 모두가 전심전력全心全力으로 목공을 보좌했습니다. 이에 진 목공은 20개의 국가를 섬멸하고 서융의 패주霸主가 되었습니다. 효공孝公은 상앙商鞅을 등용해 변법變法을 추진하였고 진국을 강대하게

---

119) 조희趙姬가 태후가 되었지만 여불위와의 관계는 여느 부부들과 같았다. 여불위가 나이 들어가며 젊은 조희의 춘정春情을 감당하지 못하게 되자 시정잡배市井雜輩인 노애嫪毐(lào ǎi)를 자신의 문객으로 불러들여 죄를 짓도록 만든다. 이어 부형腐刑(거세형去勢刑)의 죄를 주며 환관의 신분으로 위장하도록 만든 다음, 입궁시켜 조희의 성노리개로 만든다. 조희는 만족해했으며 건장하고 대음인大陰人(생식기生殖器가 큰 사람)인 노애도 여어득수如魚得水한 것 같았다. 오래지 않아 그들 사이에 자식이 생기자 그때마다 신령神靈을 핑계로 거주지를 옮겨가며 사람들의 이목을 피한다. 이후 어떤 사람이 노애는 환관이 아니며 늘 태후와 사통하고 심지어 두 아들까지 두고 있으나 숨기고 있다고 고발했다. 이후 나이가 들어가면서 짐작을 하고 있었던 시황은 마침 노애의 반란과 함께 상국 여불위를 면직하며 압박하기 시작하자 이에 불안감을 느낀 여불위는 음독자살로 그 파란만장한 생을 마감한다. 반란에 실패한 노애도 거열형車裂刑으로 사지四肢가 찢긴다.

했으며 제후들 모두가 진국에 복종하도록 하여 지금의 강대함에 이르게 했습니다. 혜왕惠王이 장의張儀의 계책을 채택해 산동 여섯 나라의 합종合縱을 와해瓦解시켰으며 아울러 이러한 국가들로 하여금 진국의 뜻에 복종하도록 했습니다. 소양왕昭襄王은 범수范雎를 임용하여 진국 왕실의 권력을 공고鞏固히 했습니다. 이 네 분의 선군先君들은 모두 외국에 인재들을 임용한 것입니다. 이 모두가 이들의 공으로서 이들이 진국에 무슨 부담을 주었습니까!

태산이 높고 웅장한 까닭은 바로 미세한 토양이라도 버리지 않았기 때문이요, 하해河海가 넓고 광활한 까닭 또한 어떠한 작고 가는 물줄기라도 흘러 들어오는 것을 가리지 않았기 때문에 깊어진 것입니다![120] 지금 진국이 눈앞에서 이와 같이 하는 것은 자신의 백성을 포기하고 도리어 적국을 도와주는 것이며 이러한 외국 인재들로 하여금 다른 나라를 위해 일하도록 힘을 보태주는 것입니다. 이것은 마치 강도에게 병기를 빌려주고 도적에게 식량을 도와주는 것과 같습니다." 했다. 이에 진왕이 이사의 건의를 좇아 그의 관직을 회복시키고 외국 인사를 축출하라는 명령을 폐지했다.

이사는 초나라 사람으로 일찍이 순경荀卿에게 배웠다. 진나라가 최종적으로 이사의 계략計略을 채택採擇해 천하를 병탄倂呑했다. 이때 한비자韓非子란 자가 있었다. 형명刑名(법가사상法家思想)에 정통했다. 일찍이 한국韓國의 사절로 진국에 출사해 진왕에게 상서上書한 적이 있었다. 이 때문에 진왕이 그의 학식을 매우 칭찬하자 이사의 질투심嫉妬心을 유발誘發했다. 이사의 이간離間이 적중되자 한비자韓非子는 치죄治罪되었다. 이

---

120) 태산불양토양太山不讓土壤, 고대故大 하해부택세류河海不擇細流, 고심故深

에 이사는 한비자에게 독약을 보내 자살自殺하도록 명했다.

진왕 영정17년, 진장秦將 내사등內史騰이 한국韓國을 멸망시켰다. 19년, 진장 왕전王翦이 조국趙國을 멸망시켰다. 23년, 진장 왕분王賁이 위국魏國을 멸망시켰다. 24년, 왕전이 초국楚國을 멸망시켰다. 25년, 왕분이 연국燕國을 멸망시키고, 26년에는 왕분이 또 제국齊國을 멸망시켰다.

진왕이 비로소 천하를 병탄하고 스스로를 덕행德行과 공업功業이 삼황三皇과 오제五帝를 능가한다고 여겼다. 이에 '왕'이라 칭하지 않고 '황제'라 칭했다. 또한 '명命'을 '제制'로, '영令'을 '조詔'로, 황제를 자칭 '짐朕'이라 했다. 그가 또 명령했다. "과거에 군왕이 죽으면 사람들은 그의 생전의 행위와 업적으로 그의 시호諡號로 삼는다. 이와 같이 하는 것은 실재로 아들이 부친을 평가하는 것이며 대신이 군왕을 평가하는 것으로 너무 도리가 없는 짓이다. 지금 이후부터 추가로 시호를 만드는 것을 폐지하라. 짐이 바로 시황제始皇帝이다. 이후에는 순서에 근거해 2세, 3세, 천만세에 이르러도 무궁히 전승되어 내려가도록 하라!" 했다.

이에 천하의 병기兵器를 수집해 함양咸陽에 모아, 모두 녹여서 종거鐘鐻(고대의 악기)를 만들었다. 그리고 12개의 큰 동인銅人을 주조鑄造했다. 각 동인의 무게는 일천석一千石이었다. 그리고 천하의 부호富豪들 12만 호를 함양으로 옮기게 한 후 통제했다.

한국인韓國人 장량張良의 집안은 5대代를 이어 한국의 대신을 지냈다. 한국이 멸망한 후, 줄곧 원수 갚을 생각을 하고 있었다. 진시황이 순행巡幸할 때 박랑사博浪沙일대에 이르자 장량은 역사力士를 보내 철추鐵鎚로 진시황을 격살擊殺하도록 했다. 그러나 철추가 빗나가 황제의 다음 마차를 타격했다. 진시황이 크게 놀라 자객刺客을 체포하도록 했으나 잡지 못했다. 이에 현상금을 걸어 전국에 대규모 수색搜索을 진행했다.

진시황 34년, 승상丞相 이사李斯가 상서上書했다. "과거 제후들이 분쟁하던 시대에는 각국 모두는 유세객遊說客들을 우대優待했지만 지금은 천하가 이미 안정되어 국가의 법령法令이 하나에서 나옵니다. 백성들은 농공農工에 힘쓰고 사인士人들은 법령을 학습하려 합니다. 그러나 어떤 사인들은 당대의 사상이나 문화를 학습하려하지 않고 오직 고대문화만 전문적으로 학습하여 우리들의 지금의 사상과 제도를 비판하여 백성들을 혼란하게 만들며 어찌할 바를 모르게 합니다. 이에 조정의 법령이 반포頒布되어 내려가면 이러한 사람들이 곧 자신의 각도로 논의하고 평가합니다. 그래서 그들은 실제 마음속으로는 결코 인정하지 않으면서 사람들을 초치招致해 논의를 진행하고 심지어 사람들로 하여금 비평批評하거나 혹은 조정의 법령을 비방誹謗하게 만듭니다. 이러한 정황情況에 비추어 신이 감히 청하옵니다. 사관史官을 시켜 진 나라의 역사서를 제외한 사서史書 전부를 소각燒却케 하시고, 박사관博士官들이 소장所藏한 것만 뺀《시경詩經》,《상서尙書》와 기타 제자서적諸子書籍 모두를 지방 관원들에게 교부해 소각하도록 하십시오.121) 그리고 백성들 중에 '시경'이나 '상서'를 담론談論하는 자가 있으면 기시棄市122)에 처하고, 옛 것을 빌려와 현 시국時局을 풍자諷刺하는 자는 멸족滅族하고, 다만 의약이나 점복占卜과 식목植木에 관한 서적만 예외로 하십시오. 만약 법령을 학습 하고자 하는 자가 있다면 관원들에게 배우도록 하면 됩니다." 했다. 진시황이 이사의 의견에 동의했다.

진시황 35년, 방사方士 후생侯生과 노생盧生이 함께 진시황을 비방誹謗

---

121) 분서焚書
122) 사람이 많은 공개된 장소에서 참수斬首해 시신은 길거리에 내버려두는 형벌刑罰

하고 달아났다. 진시황이 매우 분노하며 "노생 등은 내가 매우 존중해주었고 그들에 대한 포상도 후厚히 해주었다. 그런데 그들이 도대체 나를 비방할 줄은 생각지도 못했다. 내가 사람을 보내 거기에 있는 함양咸陽의 제생諸生(문인文人)들에게 물어보니 그들이 허망하고 알맹이 없는 말로 백성들을 속인다는 것을123) 알게 되었다." 했다. 이에 조정에서 어사御史를 보내 심문을 진행하고 제생들끼리 서로 검거하고 폭로케 했다. 그리고 이 모든 사건에 연루連累된 자 460여 명 모두를 함양에서 구덩이에 파묻었다.124) 진시황의 맏아들 부소扶蘇가 "제생은 모두가 공자를 존경하고 모범으로 여기며 아울러 공자의 저작들을 외우며 익히고 있습니다. 만약 준엄한 형법으로 그들을 압제한다면 천하가 이로 인해 불안해질까 두렵습니다." 했다. 이에 진시황이 대노해 부소로 하여금 북쪽 상군上郡에서 몽념군蒙恬軍을 감찰하도록 보냈다.

　시황제는 함양의 인구가 너무 많고 진국의 역대 선왕들의 궁전은 너무 작다고 여겼다. 이에 위수 남쪽의 상림원上林園 가운데에 백관을 조현朝見할 수 있는 영궁營宮을 짓도록 했다. 먼저 건축된 것이 '아방궁阿房宮'이라 불리는 전전前殿이었다. 동서가 500보步, 남북이 50장丈이고, 위로는 만 명이 앉을 수 있고 아래는 5장丈 정도의 기旗를 세울 수 있었다. 주위엔 말을 달릴 수 있는 각도閣道를 만들어 전전殿 아래에서부터 곧 남산에 이르게 했다. 남산 봉우리에는 성궐城闕을 만들어 표시했고 아울러 복도複道로 만들어 편히 왕래하도록 했으며 아방에서부터 위수를 넘어 함양성에 연결되도록 했다. 이는 북극성을 통하여 은하수를 건너 영실

---

123) 혹세무민惑世誣民
124) 갱유坑儒

성실성星(비마좌飛馬座)에 이르는 천도天圖를 본뜬 것이었다. 아방궁이 아직 완성되지 않았으나 완성되면 다시 좋은 이름으로 바꾸려 했다. 하지만 세상 사람들은 '아방궁'이라 불렀다.

시황제는 사람됨이 깐깐하고 고집이 셌다. 국가의 일은 물론 대소사도 모두 직접 결재決裁했다. 심지어 매일 고정된 업무량을 정해놓고 모든 공문서의 무게를 저울로 달았을 정도로 완성되지 않으면 휴식을 취하지 않았다. 그 자신의 권세에 대한 탐욕이 이 정도에 까지 이르게 된 것이었다.

진시황 37년, 시황이 또 각지를 순행巡行하기 시작했다. 승상 이사와 시황제의 작은 아들 호해胡亥 및 환관宦官 조고趙高 등이 모시고 동행했다. 시황은 순행 중 사구沙丘의 평대平臺에 이르러 붕어했으나 당시 군신들은 황제의 사망 소식을 결코 발표하지 않기로 결정했다. 조고와 이사는 거짓으로 황제의 유조遺詔를 접수했다고 속였다. 이에 호해로 하여금 황제로 즉위하도록 하고 부소에게는 자진하도록 했다. 그들은 장차 시황의 유체遺體를 밀폐密閉해 창문이 있는 온량거輼輬車에 방치해두었으며 아울러 약 120근斤의 절인 물고기를 함께 실어 시신屍身에서 나는 냄새를 흐리게 하려고 했다. 어가御駕가 함양咸陽에 이르러서야 비로소 발상發喪과 동시에 호해胡亥가 즉위卽位했다. 바로 2세 황제이다.

진국의 2세 황제의 이름은 호해이다. 즉위 원년에 동쪽의 각 군현을 순행할 때 조고에게 말하길 "나는 눈과 귀가 바라는 바대로 다해, 내 뜻대로 즐거움을 다하다가 삶을 마감하고 싶소!" 했다. 그러자 조고가 "폐하께서는 다만 엄준嚴峻한 형법刑法으로 시황제의 옛 신하들을 모두 제거하시고 이와 동시에 신을 믿고 임명하시면 곧 죽을 때까지 베개를 높이 베고 뜻대로 하실 수 있을 것입니다.[125]" 했다. 호해가 그렇다고 여기고 법을 더욱 잔혹하고 심각하게 적용해 공자公子나 대신들 거의 모두를 죽음에 이르게 했다.

양성인陽城人 진승陳勝이란 자가 있었다. 자字는 섭涉이다. 어릴 때 다른 사람에게 고용雇傭되어 농사를 짓고 있었다. 하루는 그가 하던 일을 멈추고 밭둑가에서 사색思索에 빠져 감개무량感慨無量하게 말했다. "참으로 부귀富貴해지면 우리 서로 잊지 맙시다!" 하자 품팔이하던 사람들이 모두 웃으며 "네가 품팔이해서 어떻게 부귀해지겠는가." 했다. 그러자 진승이 크게 한숨 쉬며 "아! 제비나 참새 같은 작은 새들이 어찌 기러기나 고니같이 높이 날아다니는 새들의 지향志向을 알리오!"126) 했다. 이때 (호해가 조고와 함께 대신들을 잔인하게 살해하고 장차 백성들의 사정이 점점 엄중嚴重해지던 시기에) 진승은 오광吳廣과 함께 기현蘄縣에서 군사를 일으켰다.

당시 조정에서는 빈민貧民들을 징발徵發해 어양漁陽을 지키게 했다. 진승과 오광은 이 부대部隊의 소小 부대장이었다. 마침 큰 비를 만나 길이 막히게 되자 그들은 부대원들을 불러놓고 "여러분들은 규정된 시간을 어겼으므로 법률에 따른다면 당연히 참수斬首당할 것이오. 대장부가 죽지 않으면 모르겠지만 죽는다면 위대한 이름을 남겨야 하오. 그렇다면 왕후장상王侯將相인들 설마 태어 날 때부터 왕후장상의 종자種子가 따로 있었겠소!"127) 했다. 모두들 그 둘을 따라 봉기했다. 이에 진승은 거짓으로 '공자公子 부소扶蘇와 항연項燕의 부대'라 하며 자칭 '대초국大楚國'이

---

125) 고침사지高枕肆志

126) 연작안지燕雀安知, 홍혹지지鴻鵠(hú 胡)之志, 과녁: 곡鵠, 고니: 혹鵠(hú 胡) 으로 읽는다.

127) 왕후장상王侯將相, 영유종호寧有種乎

라 부르고 자신은 장군으로 오광은 도위都尉라 했다. 이때 대량大梁의 장이張耳와 진여陣餘가 군영軍營의 대문에 도착해 진승에게 절하자 진승이 기뻐하며 스스로를 '왕'이라 하고 국호는 '장초張楚'로 정했다. 각 군현의 백성들이 진국의 법률에 고초苦楚를 깊게 받은 관계로 모두 서로 다투어 각 군의 군현 장관들을 죽이고 진승에게 호응했다.

패현인沛縣人 유방劉邦이 패현에서 기병起兵했다. 패현의 부로父老들이 서로 다투어 현령縣令을 죽이고 유방을 영접했다. 그를 '패공沛公'128)이라 했다. 패현의 연주리掾主吏 소하蕭何와 조참曹參이 패현의 자제병子弟兵들을 모집해 3,000명이 되었다.

항량項梁이란 자는 바로 초국楚國의 장군 항연項燕의 아들이다. 일찍이 살인을 해, 그의 형의 아들 항적項籍과 함께 원수怨讎의 보복報復을 피해 오중吳中에 이르렀다. 항적項籍의 자字는 우羽이다. 어릴 때 글자를 익히는데 학습에 성취가 없자 배우지 않았다. 다시 검술劍術을 익혔지만 또 학습에 성취成就가 없었다. 이에 항량項梁이 화를 내자 항적이 "글자를 익히는 것은 다만 이름만 쓸 줄 알면 족할 뿐입니다. 검술도 오직 한 사람을 필적匹敵할 수밖에 없으니 배우기에 족하지 않습니다. 저는 만인을 필적할 수 있는 기량을 배웠으면 합니다." 했다. 항량이 곧 항적에게 병법을 가르쳤다. 회계군수會稽郡守 은통殷通이 기병해 진승에게 호응할 생각으로 항량을 장군에 임명했다. 이에 항량은 항적에게 은통을 참살斬殺하도록 명하고 은통의 인수印綬를 찼다. 마침내 거병해 오중吳中의 병마兵馬 8,000명을 얻고 항적이 부장副將이 되었다. 그때의 나이가 24세였다.

---

128) 유방이 진국秦國을 멸망시킨 B.C.206년까지는 '패공沛公'이라 부르고, 이후 항우가 유방을 한중 땅에 봉할 때는 '한왕漢王'이라 불렀으며 항우를 멸하고 즉위한 다음에는 '고조高祖'라 불렀다.

조고와 승상 이사 사이에 틈이 벌어져 있었다. 어느 날 조고가 2세를 모시고 연회를 하는데 궁녀들이 앞에서 춤추고 있었다. 이때 조고가 사람을 보내 이사에게 "일을 아뢸 수 있겠습니다." 했다. 이에 이사가 2세 황제에게 아뢰자 "승상은 내가 일찍이 매우 한가한 시간이 있었을 때는 품주稟奏하러 오지 않고 있다가 지금 막 연회를 시작하니 바로 다가오는가." 하며 화를 냈다. 이때 조고가 나서 "승상의 장남 이유李由가 바로 삼천군三川郡의 군수인데 도적盜賊과 내통內通하고 있습니다. 게다가 승상은 밖에서의 권력은 폐하보다 중합니다!" 했다. 2세가 심각하게 여기고 이사를 형리刑吏의 심문審問에 넘겼다. 이사에게 다섯 가지 형태의 악독한 형벌이 차례로 가해져 마지막엔 함양시咸陽市에서 요절腰折나게 되었다. 이사李斯가 옥문獄門을 나서며 고개를 돌려 아들에게 "나는 너와 같이 다시 누렁이를 끌고 상채上蔡(이사의 고향)의 동문을 나와 교활한 토끼를 쫓으며 지내려 했는데 어찌 다시 가능한 일이겠느냐!" 했다. 마침내 부자가 함께 통곡을 했다. 그 후, 삼족三族이 멸문滅門되었다.

환관宦官 출신 승상 조고가 진조秦朝의 권력을 독단할 생각을 했다. 그러나 군신들이 자신의 말을 듣지 않을까 우려해 먼저 시험을 하나 해보기로 했다. 그는 사슴 한 마리를 끌고 와 2세에게 주면서 "말馬입니다." 하자 2세가 웃으며 "승상이 틀렸소! 사슴鹿을 가리켜 말이라 하다니!"[129] 하고는 곧 주위의 대신들에게 물었다. 대신들 중에 어떤 사람은 말을 했고, 어떤 사람은 침묵하며 말을 하지 않고 있었다. 조고가 몰래 사슴이라 말한 사람들에게 위해를 가하자 이후부터 모든 군신들이 모두 조고를 두려워해 감히 그가 틀렸다고 말하는 사람이 없었다.

---

129) 지록위마指鹿爲馬, 이록위마以鹿爲馬, 원록화마苑鹿化馬

이보다 앞서 조고가 함곡관函谷關 동쪽의 도적들은 거의 능력이 없다고 몇 차례 말했다가 진군秦軍이 실패를 거듭하자 2세의 분노가 자신에게 미칠까 두려워했다. 이에 그의 사위 염락閻樂에게 명해 망이궁望夷宮에서 진秦 2세를 시해弑害하도록 했다. 그리고 2세의 조카인 공자 영嬰을 진왕으로 세웠다. 영이 즉위한 후, 곧 조고의 삼족은 멸족되었다.

처음에 초회왕楚懷王이 제후들과 약속하기를, 먼저 진입해 관중關中130)을 평정한 사람을 '관중의 왕'으로 부르기로 했다. 당시에 진군이 강대했으므로 제장들이 먼저 함곡관에 들어가는 것이 유리하다고 생각하는 사람은 아무도 없었다. 오직 항우만은 진군이 항량을 죽인 것에 대해 원망과 분노를 누그러뜨리지 않고 있어 유방과 함께 먼저 함곡관에 들어가는 것에 동의했다. 회왕 휘하에 노장들 모두가 "항우의 사람됨이 민첩하고 용맹하나 교활하고 잔인합니다. 하지만 패공만은 도량이 넓고 어른다운 기풍이 있어 들여보내도 되겠습니다." 했다. 이에 회왕이 유방을 함곡관으로 파견했다.

고양高陽 사람 역이기酈食其가 패공 휘하의 기사騎士에게 "내가 들으니 패공은 오만하며 사람들을 업신여긴다지만 멀리 내다보는 탁월한 식견131)은 충분히 있는 것 같소! 이 때문에 내가 사귀며 따르고자 하는 것이오!" 했다. 그러자 기사가 "패공은 유자儒者를 좋아하지 않소! 매번 손님 중에 유관儒冠을 쓰고 나타나는 사람이 있으면 패공은 번번이 그의 모자를 벗겨 그 속에 오줌을 눕니다. 그러니 당신은 유생儒生의 신분으로는 그에게 유세遊說할 수 없을 겁니다." 했다. 역이기가 기사에게 다만 들어

---

130) 옛 진지秦地로서 동쪽엔 함곡관函谷關, 서쪽엔 산관散關이 있다. 이 때문에 관중이라 불렀다.

131) 원견탁식遠見卓識, 선견지명先見之明

가 유방에게 알려주기만 하도록 원하며 "사람들은 모두 역이기를 미친 사람이라 하지만 역이기 자신은 미치지 않았다 합니다." 했다.

패공이 고양의 역관驛館에 도착하자 역이기를 불러 들어오게 했다. 패공이 마침 의자에 걸터앉아 2명의 여자들로 하여금 자신의 발을 씻기도록 하며 역이기를 보았다. 역이기가 길게 읍揖은 했으나 꿇어 절하지는 않고 말하길 "족하足下께서 반드시 무도한 진국을 토벌하실 생각이라면 이렇게 오만 무례하게 장자長者를 접견하면 안 됩니다!" 했다. 이에 유방이 곧 세족洗足을 멈추고 일어나 복장을 정리하고, 역이기에게 위에 올라와 앉도록 청하며 그를 향해 사과했다. 역이기가 유방을 위해 유세하여 진류陳留를 항복시켰다. 나중엔 역이기를 늘 세객으로 삼았다.

장량張良이 패공을 따라 서쪽으로 진군했다. 패공이 진군을 패퇴시키고 함곡관으로 들어갔다. 패상霸上에 이르자 진왕秦王 자영子嬰이 흰색 수레에 백색의 말을 끌며 끈으로 자신의 목을 묶은 채 궁문宮門을 나와 지도정軹道亭 옆에서 유방에게 항복했다. 진국은 시황제부터 26년 만에 천하를 통일했고 2세를 지나 3세에 이르러 곧 멸망했다. 황제라 칭한 것은 다만 15년뿐이었다.

09 | 한漢, 서한西漢

한태조漢太祖 고황제高皇帝는 요堯의 후손後孫이다. 성姓은 유劉, 이름은 방邦, 자字는 계季이다. 패현沛縣 풍읍豐邑 중양리重陽里사람이다. 모친母親이 큰 못가 언덕에서 쉬다가 자신이 신령神靈한 것과 만나 서로 교합交合하는 꿈을 꾸었다. 때맞춰 날씨가 어두워지며 천둥과 함께 큰비가 퍼붓자 유방의 부친 유태공劉太公이 모친을 마중하러 나갔다. 이때 교룡蛟龍이 그녀의 몸 위에 엎드려 있는 것을 보았다. 모친이 집에 돌아온 후, 유방을 낳았다. 유방의 콧대는 높았고, 이마는 튀어 나왔으며[132] 구레나룻의 수염조차도 매우 아름다웠다. 그의 왼쪽 다리엔 72개의 검은 점이 있었다. 유방의 사람됨이 관후寬厚하고 인자仁慈했으며 다른 사람들을 자상하게 잘 보살폈고 도량이 넓었다. 그는 뜻이 원대했고 가족을 부양하기 위한 생산 활동에는 종사하지 않았다. 장성한 후, 사상泗上의 정장亭長이 되었다.

유방이 함양에서 요역徭役에 종사할 때 한번은 진시황의 출순出巡에 특별히 백성들이 둘러볼 수 있게 한 적이 있었다. 유방이 이것을 본 다음 매우 감개무량感慨無量해 하며 "아! 대장부는 이와 같이 해야만 비로소 이 삶을 저버리지 않는 것이로구나." 했다.

---

132) 융준용안隆準龍顏: 콧마루(準頭)가 우뚝한 것(隆)이 마치 임금의 얼굴(龍顏)을 닮았다는 뜻으로 미화한 말. 봉목장준蜂目長準(진시황秦始皇), 융준일각隆準日角(광무제光武帝 유수劉秀), 용봉지자龍鳳之姿, 천일지표天日之表(당태종唐太宗 이세민李世民), 용행호보龍行虎步(송태종宋太宗 조광의趙匡義), 모두 제왕의 상을 말한다.

선보현單父縣에 여공呂公이라 불리는 사람이 있었다. 남의 관상을 잘 보았다. 한번은 유방의 상모狀貌를 보고 매우 놀라워하며 "내가 매우 많은 사람들의 관상을 봐주었지만 여태껏 이렇게 존귀한 상은 보지 못했습니다. 부디 몸조심 하십시오. 바라건대, 나에게 친딸이 하나 있는데 그녀를 데려다가 집안에서 청소하고 윗사람들 부름에 응대應對할 수 있는 133) 처첩妻妾 정도라도 써주셨으면 합니다." 했다. 그 후 여공은 그녀를 유방에게 시집보냈다. 그녀가 바로 나중에 한조漢朝의 여후呂后이다.

진시황이 일찍이 "내가 동남부에 천자의 기운에 속하는 것이 있는 것을 발견했다." 했다. 이에 그는 천자의 기운을 진압할 생각으로 늘 동남쪽으로 순유巡遊했다. 유방은 혹시 자신이 연관聯關될 까 두려워해 곧 망산芒山과 탕산碭山 사이의 험악한 산수山水중으로 화禍를 피하려 숨었다. 가끔 여후呂后와 다른 사람들이 그를 찾으러 가면 한 번에 그를 쉽게 찾을 수 있었다. 유방이 매우 의아하게 생각하고 그녀에게 물으면 여후가 "당신이 있는 곳 위에는 늘 상서로운 기운이 있어 그 기운을 따라가면 쉽게 찾을 수 있기 때문에 늘 그렇게 해서 찾았다!" 했다. 유방이 듣고 매우 좋아했다. 패현의 많은 청년들이 이 일을 알고부터 유방에게 의탁依託할 생각을 가졌다. 유방이 정장亭長일 때 일찍이 대 껍질을 엮어서 만든 모자를 쓰고 다녔다. 후에 그가 귀한 사람이 되자 보통 그런 모자를 쓰고 다니는 사람들의 모자를 '유씨관劉氏冠'이라 불렀다.

유방이 패현의 민부民夫들을 데리고 여산으로 압송押送하고 있었다. 민부들의 많은 수가 달아났다. 유방이 잠시 생각해보니 여산에 이르기 전에 모두 달아날 것 같았다. 이에 가다가 풍서豐西에 이르자 그는 일부

---

133) 쇄소응대灑掃應對

러 머물러, 술 마시며 민부들 모두가 야음을 틈타 달아나도록 했다. 그리고 "여러분! 모두 달아나시오! 지금 이 시간 후면 나 역시 멀리 달아나겠소!" 하자 민부 중, 십여 명의 장사壯士들이 그와 함께 따라 가길 원했다.

유방이 술기운을 띠고 밤중에 작은 길을 따라 큰 연못을 지나가고 있었다. 이때 큰 뱀이 길에 누워 있는 것을 발견하고 검을 뽑아 이 뱀을 두 동강 내었다. 뒤에 오던 사람이 뱀을 동강낸 장소를 지나다 한 노파가 울고 있는 것을 보고 그녀에게 물었다. 그녀가 말하길 "내 아들은 바로 백제白帝의 아들인데, 오늘 적제赤帝의 아들이 그를 죽였다!" 하고 홀연히 사라졌다. 뒤에 오던 사람이 이 일을 유방에게 알리니 유방은 마음속으로 매우 흡족해하며 자부심自負心을 더했다. 이에 그를 따르던 사람들도 점점 그를 두려워하기 시작했다.

진섭陳涉이 군사를 일으킨 후, 유방 역시 패현에서 반진反秦의 군사를 일으켰다. 각지의 제후들이 호응했다. 그의 군기軍旗는 모두 붉은색이었다(적제赤帝의 아들이라는 의미). 초회왕이 패공을 보내 진을 격파하고 함곡관에 들어가자 진왕 자영이 투항했다. 유방이 진군에게 승리를 거둔 후, 군사를 돌려 패상霸上에 주둔했다. 그리고 진국의 전 백성과 영웅호걸들을 소집하면서 선포했다. "백성들이 진의 가혹한 법으로 고생한지 오래되었습니다! 나와 제후들이 먼저 함곡관에 들어가는 제후에게 '왕'이라 칭하기로 약정했으므로 이 약정에 따라 내가 관중왕關中王이 되어야 하는 것입니다!" 했다. 유방은 백성들을 위한 3가지의 법률 즉 '살인한 사람은 죽음에 처하고, 다른 사람을 해치거나 또는 도둑질한 사람은 상응한 죄에 따라 벌을 주어야 한다.'는 것을 제정했다.134) 이것을 제외한 나머지 진국의 가학적加虐的인 법률은 모두 폐지했다. 그러자 진국의 백성들 모두가 매우 좋아했다.

항우가 제후의 군대를 거느리고 함곡관에 들어가려고 서쪽을 향했다. 그러자 누군가 유방에게 관문을 지키고 항우로 하여금 들어올 수 없도록 하라고 권했다. 항우가 도착해 관문이 닫혀 있는 것을 보고 매우 화를 내며 군사들로 하여금 돌파하도록 했다. 이에 희수戲水까지 진격해 들어가 곧 유방을 공격하려 준비했다.

당시 항우의 군대는 40만이었지만 100만이라 불렸다. 홍문鴻門에 주둔하고 있었다. 유방의 군대는 10만이었으나 20만이라 불렸다. 패상霸上에 주둔하고 있었다. 범증范增이 항우에게 "유방이 산동에 있을 때는 재화財貨를 탐하고 미녀를 좋아했습니다. 지금 함곡관에 들어온 후에는 재화도 탐하지 않고 또한 미녀도 좋아하지 않습니다. 이렇게 보면 그의 포부가 작지 않음을 알 수 있습니다. 제가 사람을 보내 그쪽의 운기雲氣를 살펴보게 하니 '모두 용형龍形으로 오색을 띠고 있다.' 했습니다. 이것은 바로 천자의 운기에 속하는 것입니다. 바라건대 공께서 신속히 그를 공격하시어 좋은 기회를 잃지 말기를 바랍니다."[135) 했다.

항우의 계부季父 항백項伯은 평소에 장량張良과 사이가 좋았다. 그래서 이 소식을 재빨리 유방의 주둔지에 있는 장량에게 알렸다. 그리고 그와 함께 떠날 것을 권했다. 그러자 장량이 "내가 줄곧 패공을 따라 다녔는데 지금 위급한 정황이 발생했다고 내 스스로 달아나는 것은 결코 의로운 행동이 아닙니다." 했다. 이에 장량이 유방의 병영兵營에 들어가 사정을 모두 그에게 고하고 항백을 맞아 서로 상면하게 했다. 유방이 직접

---

134) 약법삼장約法三章
135) 물실호기勿失好機

술잔을 들고 항백을 행해 축수祝壽한 다음 아울러 그와 아이들의 혼인婚姻을 약속했다. 그리고 유방은 "내가 함곡관에 들어간 후 추호秋毫136)와 같이 세소細小한 물건조차도 함부로 가까이 한 것이 없습니다. 관민들의 호구를 기록하고 각종 창고를 봉함한 것은 바로 항장군項將軍을 기다렸기 때문이며 관문을 막은 것도 도적을 대비한 것이었습니다. 청컨대 당신이 장군께 상세히 보고하여 내가 절대로 장군의 은혜를 저버리지 않았다는 것을137) 알려주십시오." 했다. 항백이 응답하고 나서 "패공께서는 내일 아침 조금 일찍 와서 항장군에게 청죄請罪하십시오." 했다.

항백이 군영으로 돌아가 유방과의 이야기를 모두 항우에게 보고했다. 아울러 "어떤 사람이 큰 공을 세웠는데 그것을 공격하는 것은 도의道義에 맞지 않으며 차라리 잘 대해주는 것이 낫습니다!" 했다.

유방이 100기騎의 군사를 이끌고 홍문관으로 왔다.138) 항우를 배견拜見하고 그를 향해 사죄하면서 "신臣이 장군과 함께 전심전력全心全力으로 진국秦國을 공격했습니다. 장군이 하북河北에서 작전 할 때, 신은 하남河南에서 싸웠습니다. 뜻하지 않게 먼저 함곡관에 들어가 진국을 깨뜨림으로서 다시 장군과 여기에서 만나게 되었습니다. 지금 소인小人들의 말들로 인해 장군과 신, 사이에 틈이 생기게 하고 있습니다." 했다. 그러자 항우가 "이것은 바로 패공의 좌사마左司馬 조무상曹無傷의 말 때문이오!" 했다.

---

136) 추호秋毫: 가을철에 털을 갈아서 가늘어진 짐승의 털. 몹시 작고 미세한 것을 뜻함. 사호絲毫

137) 배은망덕背恩忘德, 망은부의忘恩負義, 축구서종蓄狗噬踵. 반反: 보원이덕報怨以德

138) 홍문지연鴻門之宴

항우가 유방을 머무르게 하며 함께 음주했다. 범증이 수차례 항우에게 눈짓을 하고 또 차고 있던 옥결玉玦을 3번이나 들어 뜻을 표했으나 항우는 침묵을 지키며 반응하지 않았다. 범증이 일어나 나가서 항장項莊으로 하여금 먼저 들어가 축수祝壽하도록 했다. 그런 다음 검무劍舞를 추며 흥을 돋우다가 기회를 보아 유방을 살해하도록 했다. 항백도 상황을 보고 검을 뽑아 춤추며 늘 몸으로 유방을 가리자 항장이 찌를 방법이 없었다.

장량이 밖으로 나와 형세가 위급하다는 것을 번쾌樊噲에게 알렸다. 그러자 번쾌가 방패를 가지고 재빨리 들어가 눈을 부릅뜨고 항우를 노려보았다. 머리카락은 곤두서고 두 눈은 찢어질듯 했다.[139] 이에 항우가 "진정한 장사로다! 그에게 한 잔 주어라." 하자 어떤 사람이 그에게 큰 잔으로 한 잔 주었다. 그러자 항우가 "그에게 돼지 다리도 주어라!" 했다. 삶지 않은 날것이었다. 번쾌가 선채로 술을 다 마시고 검을 뽑아 고기를 잘라 씹었다. 항우가 "다시 한 잔 더하겠는가." 하자 번쾌가 "신은 죽음조차도 피하지 않는데 어찌 치주卮酒정도를 피하겠소. 패공이 먼저 진국을 격파하고 함양에 들어갔소. 이같이 노고勞苦와 공功이 높은데도 불구하고 상을 주지는 못할망정 도리어 소인들이 도발하는 참언讒言을 믿고 공功있는 사람을 살해하려는 것은 바로 망한 진나라를 잇고자 하는 것일 뿐이오. 나는 절대 장군께서 이렇게 하지는 않았으리라 생각하오." 했다. 이에 항우가 "앉으시오!" 하자 번쾌가 장량을 따라 앉았다. 잠시 후, 유방이 몸을 일으켜 측소廁所로 가며 번쾌를 불러내 샛길을 따라 황급히 패상으로 돌아갔다.

---

139) 발지자열髮指眦裂

장량이 항우에게 사과하며 "패공이 술을 이기지 못할 정도로 마셔 장군께 고할 수 없었습니다. 그래서 삼가 신하인 저 장량으로 하여금 백벽白璧 한 쌍을 받들어 재배再拜한 다음 족하足下에게 보내고, 옥두玉斗 한 쌍은 재배하고 아부亞父(범증)에게 헌상獻上하라"일렀습니다. 그러자 항우가 "패공은 어디 있소!" 했다. 장량이 "들으니 장군께서 자신을 책하려는 뜻이 있다는 것을 아시고 곧 몸을 빼내 홀로 떠났습니다. 이미 군영에 도착했을 겁니다." 했다. 아부가 듣고 검을 빼들고 옥두를 쳐부수었다. 그리고 "이런 풋내기들 하고 큰일을 모의할 수 없구나![140] 천하를 빼앗는 장군은 반드시 패공일 것이다!" 했다. 유방은 군영으로 돌아가자마자 조무상을 죽였다.

며칠 후, 항우가 군대를 거느리고 서쪽으로 들어가 함양성咸陽城을 도륙屠戮하고 진조秦朝의 항왕降王 자영을 죽였다. 궁전을 불사르니 큰불은 3개월이 지나도 모두 꺼지지 않았다. 또한 진시황의 분묘를 파헤쳐 진조의 재보財寶와 미녀들을 겁탈劫奪하고 동쪽으로 회군했다. 그러자 진국의 백성들 모두가 매우 실망했다.[141]

한생韓生이 항우에게 "관중은 험한 산과 물이 두르고 있어 천연의 병풍으로서 사면이 모두 요새이며 또한 토지가 비옥肥沃해 도성으로 만들어 패업霸業을 이룰 수 있는 곳입니다." 했다. 항우가 진조의 궁실은 모두 화재로 파괴되어 견딜 수 없는 지경에 이르렀고 또 생각하니 동쪽의 고향으로 돌아가고픈 생각에 "부귀해지고 나서 고향으로 돌아가지 않는 것은 예컨대 비단으로 수놓은 옷을 입고 한 밤중에 걸어가는 것과 같을

---

140) 수자부족여모豎子不足與謀, 부족여모不足與謀
141) 대실소大失所望, 진인대실망秦人大失望

뿐이오!" 했다.[142] 한생이 "사람들이 모두 초楚나라 사람들을 쓸모없는 사람들이라 하더니 원숭이가 사람의 모자를 쓴 것과 같이 과연 그러하구나."[143] 했다. 항우가 듣고 곧 한생을 솥에 던져 삶아 죽였다.

항우가 초회왕楚懷王에게 사람을 보내 보고하자, 회왕이 "이전에 약속한 것에 따라(먼저 진秦을 함락하고 함양에 들어간 사람을 왕으로 한다) 처리하라 했다." 그러자 항우가 매우 화를 내며 "회왕은 바로 우리들 항가項家 가문에서 옹립擁立한 사람이다. 그가 무슨 공로가 있다고 약속한 것에 따른다며 어찌 이렇게 독단적으로 처리 할 수 있는가!" 했다. 이에 항우는 회왕에게 한갓 이름뿐인 존호尊號인 의제義帝라 부르고 그를 강남으로 옮겨 침현郴縣을 도성都城으로 삼도록 했다. 그런 다음 항우는 천하를 분봉分封해 수하의 여러 장군들을 왕으로 삼고 그 자신은 '서초패왕西楚霸王'이 되었다. 또 말하길 "파巴, 촉蜀도 역시 관중 땅에 속한다." 하며 유방을 한왕漢王에 봉하고 파촉, 한중을 통솔하게 했다. 관중은 세 부분으로 나누어 세 명의 진조秦朝에서 항복한 장군을 왕으로 임명해 한군漢軍이 중원中原으로 진입하는 길을 막았다.

유방이 매우 분노하며 항우를 공격하고자 했다. 소하蕭何가 간하길 "원컨대 대왕께서 한중의 왕으로 불리고자 한다면 백성들을 양육하고 어질고 덕있는 인재들을 초빙하십시오! 이와 같이 파촉을 근거지로 삼은 연후에 다시 관중 삼진三秦의 땅을 평정할 수 있습니다. 이 말은 곧 천하를 도모할 수 있다는 말입니다." 했다. 이에 유방은 (항우의)임명을 받아들이고 소하를 승상丞相에 봉했다.

---

142) 금의야행錦衣夜行, 금수야행錦繡夜行
143) 목후이관沐猴而冠

한고조漢高祖 원년, 오성五星(金, 木, 水, 火, 土)이 동쪽 정숙井宿에 모였다. 당초 회음후淮陰侯 한신韓信이 가정 형편이 빈한貧寒하여 성 아래에서 낚시하며 살았다. 어떤 빨래하는 아낙네가 한신이 배고파하는 것을 보고 곧 한신에게 먹을 것을 주었다. 한신이 감동하며 그 아낙네에게 "내가 다음에 반드시 후厚히 보답하리다."[144]하자 아낙이 화를 내며 "대장부로서 자신도 부양할 수 없는 너 같은 공자公子를 불쌍히 여겨 겨우 먹을 것을 주었다만 설마 너의 보답을 바랐겠느냐" 했다.

회음의 도살업자屠殺業者중에 한신을 모욕하는 젊은 사람이 대중 앞에서 "네가 비록 덩치는 크고 칼을 차고 다니는 것을 좋아하지만 사실은 겁쟁이 일 뿐이다! 또 네가 죽음을 두려워하지 않는다면 칼을 잡고 나를 한번 찔러봐라! 만약 죽음이 두렵다면 곧 내 바짓가랑이 밑으로 기어서 지나가라!" 했다. 한신이 자세히 그를 한 번 훑어보고 몸을 꾸부려 땅에 엎드려서 그의 바짓가랑이 밑을 기어나갔다.[145] 길에 가득한 사람들이 모두 한신을 비웃으며 겁쟁이라 여겼다.

나중에 항량이 항진抗秦의 군사들을 이끌고 회하淮河를 건너 서쪽을 향해 진군하고 있을 때 한신도 그를 따라가고 있었다. 그가 몇 번 항우에게 계책을 올렸으나 모두 채택되지 않았다. 그러자 그는 한군漢軍에 귀순해 치속도위治粟都尉가 되었다. 그는 여러 번 소하와 이야기를 나누었다. 소하는 그를 기재奇才라 여겼다. 한왕이 남정南鄭에 도착했을 때 장사들 모두 동쪽으로 돌아갈 생각이 간절해 많은 사람들이 길에서 달

144) 나중에 한왕이 된 한신이 이 아낙네에게 곤궁했던 시절, 자신에게 밥 한 사발을 준 것에 대해 천금千金으로 돌려주었다. 일반천금一飯千金, 일반지은一飯之恩

145) 과하지욕袴下之辱

아났다. 한신도 소하가 한왕에게 여러 번 자신을 천거했으나 한왕은 줄곧 자신을 중임하지 않는다고 짐작하고 달아났다.

소하가 한신이 달아났다는 소식을 듣자 이 일에 대한 보고가 한왕에게 도착하기도 전에 직접 지름길로 쫓아갔다. 사람들은 "승상 소하가 달아났다."고 근거 없는 말을 유방에게 보고했다. 유방은 매우 분노하여 마치 좌우측 손을 잃어버린 것 같았다. 시간이 지나 소하가 돌아와 한왕을 알현하자 한왕은 "당신이 달아났다니 어떻게 된 것이오!" 하며 욕하자 소하가 "제가 직접 한신을 추적하러 갔습니다." 했다. 유방이 "제장諸將이 열 몇 명 달아나도 당신은 전혀 추적하지 않았는데 도리어 한신을 추적하러 갔다는 것은 거짓말이 아니오!" 했다. 그러자 소하가 "그런 장령들은 쉽게 얻을 수 있습니다만 한신 같은 인재는 나라에 둘도 없습니다.146) 대왕께서 만약 한중왕漢中王이 되려 하신다면 반드시 그를 등용하지 않아도 되지만 만약 천하를 다투려 하신다면 한신을 제외하고는 큰 계책을 헤아릴 수가 없습니다." 했다.

한왕이 답하길 "나 역시 동쪽으로 돌아갈 생각뿐인데 어찌 이런 울울하고 쓸쓸한 곳에 오래 있을 수 있겠소." 했다. 소하가 "대왕께서 만약 동쪽으로 돌아갈 결심을 하셨다면 반드시 한신을 중용하셔야 그는 비로소 머물려 할 것입니다. 그렇지 않으면 한신은 끝내 달아나려 할 것입니다." 하자 한왕은 "내가 그대의 체면을 봐서 그를 장군으로 삼겠소." 했다. 소하가 "한신은 반드시 머무르지 않을 것입니다." 하자 한왕이 "그러면 그를 대장군으로 삼을까요?" 했다. 소하가 "괜찮습니다. 하지만 대왕께선 평소에 오만하고 무례해 장군을 임명해 놓고도 어린아이와 같이

---

146) 국토무쌍國土無雙, 천하무쌍天下無雙

부릅니다. 이런 것이 바로 한신을 떠나게 하는 원인이 됩니다." 했다. 이에 하나의 높은 제단을 설치해놓고 예를 갖추어 의식을 준비하자 장령들 모두 이 소식을 듣고 좋아하며 자신이 대장군이 될 것이라 여기고 있었다. 예식이 거행되길 기다릴 때 비로소 한신을 발견하고 전군 모두가 크게 놀라워했다.

한고조 2년, 항적이 사람을 보내 의제義帝를 강물에 빠뜨려 죽였다.

이보다 앞서 양무인陽武人 진평陳平이 가정형편이 곤궁했으나 독서를 좋아했다. 뒤에 향리의 사제社祭를 지낼 때 진평이 사제를 주재主宰하며 매우 공평하게 제사고기를 나누었다. 마을 어른들이 "잘됐다! 진가의 아이가 사제를 주재하게 되어서!" 하자 진평이 "아! 만약 나에게 천하를 주재하라고 한다면 이 제사고기를 나누듯이 천하를 공평하게 할 텐데!" 했다. 처음에 그가 위왕구魏王咎를 섬기다 중용되지 못하자 곧 떠났다. 또 항우를 섬기다 죄를 짓고 달아났다. 나중에 위무지魏無知의 추천으로 한왕을 만나 도위都尉, 참승參乘, 전호군典護軍에 임명되었다. 주발周勃이 한왕에게 말하길 "진평이 비록 관옥冠玉 같은 미남이지만 그 속이 차있다고 할 수 없습니다. 신이 들으니 진평은 집에 있을 때 그의 형수와 사통했고, 위왕을 섬기다가 (자신의 의견이)수용되지 않자 달아나 항우에게 귀순했으며 또 수용되지 않자 다시 달아나 대왕에게 귀순한 것입니다. 만약 지금 대왕께서 그에게 군중의 장령들을 감찰하도록 하신다면 진평은 제장들에게 뇌물을 받을 것이니 대왕께서는 살펴보시길 바랍니다." 했다.

이에 한왕이 그를 추천한 위무지를 꾸짖자 위무지가 "신이 말씀드린 것은 그의 재능이었습니다. 그러나 대왕께서 물으시는 것은 그의 품행입니다. 지금 만약 어떤 사람에게 미생尾生147)과 효기孝己148)의 품행이 있다고 한들 성패에 무슨 영향을 미치겠습니까! 폐하께서는 한가롭게 어찌 그런 사람을 등용하려하십니까!"했다. 이에 항왕이 진평을 호군護軍 중위中尉에 임명하고 장령전부를 감찰하도록 했으나 제장들은 감히 다시 말하지 못했다.

한왕이 낙양 신성新城에 이르자 삼노三老의 동공董公들이 한왕을 가로 막으며 말하길 "도덕을 순응하는 자 창성하고, 도덕을 거역하는 자 패망합니다.149) 출병함에 있어 적당한 명분이 없다면 승리할 수 없는 것과 같이 분명히 토벌하려는 적이 도둑놈이라는 것을 밝혀야 적을 비로소 토벌할 수 있는 것입니다. 항우는 도덕을 준수하지 않고 그의 군주를 시살해 강물에 던져버린 천하의 도둑입니다.150) 무릇 인仁은 용맹勇猛에 기대어 표현하지 않고, 의義는 무력武力에 기대어 표현하지 않습니다. 이 때문에 대왕께서는 마땅히 삼군을 통솔하여 의제義帝를 위한 상복喪服을 입으시고 두루 제후들에게 고한 후, 항우를 토벌하러 가야합니다."했다. 이에 한왕이 의제를 발상發喪하고 천하의 제후들을 향해 "천하 각지의 제후들이 모두 의제를 옹립했으나 지금 항우가 의제를 시살했다. 과인이 관중의 병력을 모두 데리고 삼하三河의 호걸들을 끌어들여 남쪽 강한江漢에 배를 띄워 제후들과 함께 의제를 시살한 초를 격파하고자 한

---

147) 미생지신尾生之信: 미생이 한 여자와 다리 밑에서 만나기로 약속했다. 여자는 오지 않고 마침 소나기가와 물이 불어났다. 그렇지만 약속을 지킨다며 그 자리를 지키다 다리 기둥을 안고 익사했다. 쓸데없는 명분에 사로잡혀 소중한 목숨을 버리는 우둔한 자의 표본과 같은 이야기이다.

148) 효기孝己: 은殷 고종高宗 무정武丁의 아들이다. 어질고 효성이 지극했으나 계모의 참언讒言으로 내침을 당하여 마침내 죽었다. 나중에 효자의 전범典範이 되었다.

149) 순덕자창順德者昌, 역덕자망逆德者亡, 순천자흥順天者興, 역천자망逆天者亡

150) 대역무도大逆無道

다."고 통고했다.

한고조 5년, 한왕이 항우를 추격해 고릉固陵 일대에 이르렀으나 한신, 팽월은 기한이 지나도 오지 않았다. 장량이 이 한왕에게 권하여 초지楚地와 양지梁地를 두 장군에게 상으로 나누어주어 두 장군을 흡인吸引할 수 있도록 했다. 한왕이 건의를 따르자 과연 한신과 팽월, 두 사람이 병력을 대동하고 나타났다. 경포黥布도 대군과 함께 모였다.

항우의 부대가 물러나 해하垓下에 이르자 병력은 줄어들었고 식량은 다되어갔다. 한신이 이 기회를 이용해 초군을 공격하자 항우가 패하여 물러나 영루營壘로 들어갔다. 한군이 수 겹으로 초군의 잔병들을 포위했다. 항우가 밤중에 사면의 한군 군영에서 초나라의 민요가 울려 퍼지는 소리를[151] 듣고 몹시 놀라며[152] "한군이 이미 완전히 초나라 땅을 점령했다더냐? 무엇 때문에 초국인들이 이렇게 많으냐!" 했다. 항우가 밤중에 막사에서 일어나 술 마시며 우미인虞美人에게 춤추도록 명했다. 이때 항우는 서글프고 분한 마음이 북받쳐 오르는 것을 견디지 못하고 몇 줄기 눈물을 떨어뜨리며 읊조렸다.[153]

힘은 산을 뽑을 만하고 (역발산혜力拔山兮)

기상氣像은 세상을 덮을 것 같은데 (기개세氣蓋世)[154]

시운이 불리한지 (시불리혜時不利兮)

오추마烏騅馬가 가려 하지 않는구나 (추불서騅不逝)

151) 사면초가四面楚歌
152) 대경실색大驚失色, 대경실성大驚失性
153) 비분강개悲憤慷慨, 강개비가慷慨悲歌, 만회비분滿懷悲憤
154) 발산개세拔山蓋世, 발산강정拔山扛鼎

오추마가 가려 하지 않으니 (추불서혜騅不逝兮)

어찌 하겠는가 (가내하可奈何)

우희虞姬여, 우희虞姬여! (우혜우혜虞兮虞兮)

어찌할꼬! 너를 어찌할꼬! (내약하奈若何)

추마騅馬는 항우가 바로 평일에 타고 다녔던 준마駿馬이다. 좌우左右의 시자侍子들도 모두 눈물을 떨구었으나 감히 한 사람도 머리를 들고 그를 바라다보지 못했다.

부하 장수 800여 명이 말을 타고 항우의 뒤에 있었다. 어둠을 이용해 거듭된 포위망을 뚫고 남쪽을 향해 나는 듯 달아났다. 항우가 회하准河를 건너 미로迷路에 들어서며 큰 연못가운데 빠져 머뭇거렸다. 이 때문에 한병漢兵들이 그들을 쫓아왔다. 항우는 또 기병을 데리고 달아나 동성東城에 이르렀다. 아직도 28명이 남아 있었다. 항우가 스스로 탈출할 수 없음을 깨닫고 기병들에게 말했다. "내가 군사를 일으킨 지 이미 8년에 이르렀다. 직접 70여 회 싸움을 치렀으나 여태껏 실패한 적이 없었다. 그러나 오늘 여기에서 이 지경을 당하고보니 이것은 하늘이 나를 망하게 하려는 것이지 절대 작전에 실패한 것은 아니다.[155] 오늘 진실로 죽음을 결심함으로써 제군들을 위해 싸움을 마무리하고자 한다. 반드시 포위망을 뚫고 적장을 죽여 제군들에게 그것을 (작전이 실패한 것이 아니라는 것) 알려주고 싶다." 했다. 모두 항우의 말과 같이 되었다.

이제야 항우가 동쪽 오강烏江을 건널 생각을 했다. 오강의 정장亭長이 배를 언덕에 대고 기다리며 "강동江東은 비록 땅은 협소狹小해도 왕이라

---

155) 자화자찬自畵自讚, 자분승수自分勝手, 공치사功致辭

불리기엔 충분한 땅입니다. 바라건대 대왕께선 속히 강을 건너소서!"했다. 항우가 탄식하며 "나 항적項籍은 강동의 자제子弟 8,000명과 더불어 강을 건너 서쪽으로 원정遠征길에 나섰소. 그러나 지금 한 사람도 돌아오지 못했소. 설사 강동의 어른들과 형제들이 나를 아껴 왕으로 섬긴다 하더라도156) 내가 또 무슨 면목으로 그들을 보겠소. 나 항적은 설마 마음에 부끄럼도 없는 인간인줄 알았소!"하며 칼을 뽑아 스스로를 찔렀다. 이에 초지楚地 모두는 평정되었지만 노현魯縣만이 항복하지 않아 한왕이 군사를 데리고 가 노현을 도륙낼 생각을 했다. 대군이 성 아래에 이르자 거듭 책 읽고 경經외우는 것 같은 소리가 들렸다. 그들은 예의를 엄히 지키며 군주를 위해 절개를 지키는 것을 고려하고 있었다. 이에 곧 항우의 머리를 가져와 그들에게 보여주니 노현의 어른들이 비로소 항복했다.

돌아오는 도중에 한왕은 군사를 돌려 신속히 제왕齊王 한신의 병영에 진입했다. 이에 그의 군권을 박탈하고 한신을 초왕에, 팽월을 양왕에 세우고 유방은 곧 황제皇帝에 즉위했다.

황제 유방이 낙양의 남궁南宮에서 군신들을 환대하는 연회를 베풀면서 "열후列侯와 각 장군들은 나를 속이지 말고 모두 진심으로 말해주시오! 내가 천하를 얻을 수 있었던 까닭은 무엇 때문이며 항우가 천하를 잃었던 까닭은 무엇 때문인가!"했다. 그러자 고기高起와 왕릉王陵이 말하길 "폐하께서는 사람을 보내 성지城地를 공략하고 점령한 것에 대해, 공이 있는 사람들에게는 상으로 나누어 주었고 이익 또한 함께 향유享有했습니다. 하지만 항우는 그렇지 않았습니다. 공이 있는 사람은 모함謀

---

156) 권토중래卷(捲)土重來

陷했고, 현능賢能한 사람은 의심했으며157) 전쟁에 이긴 사람에게 재물로 상賞주지 않았고, 적국을 점령해도 토지를 분봉分封해주지도 않았습니다." 했다.

이에 유방이 "그대들은 아직 하나는 알고 둘은 모르오! 큰 장막 속에서 모의하고 책략을 꾸며 천리 밖에서 승부를 결정짓는 일은 내가 장량만 못하고, 국가를 평정하고 백성들을 안무按撫하고 군량을 공급하고, 양식이 끊어지지 않게 하는 일은 내가 소하蕭何만 못하고, 수많은 병사를 모집해 전쟁을 하면 반드시 승리하고, 점령하려고 생각하면 반드시 점령하는 일은 내가 한신韓信만 못하오. 이 세 사람이 모두 인걸이오! 내가 그들을 중용했던 것이 바로 내가 천하를 얻을 수 있었던 이유일 것이요. 그러나 항우는 오직 하나 있는 범증范增의 보좌마저도 도리어 중용하지 않았던 것이 바로 나에게 사로잡힌 이유일 것이오!" 하자 여러 대신들이 모두 진실로 탄복했다.

유후留侯 장량이 칭병稱病하며 사직辭職하고 물러나 벽곡辟穀의 술術158)을 배웠다. 그가 말하길 "우리 집은 대대로 한국韓國의 재상을 지냈다. 한국이 멸망한 다음 나는 한국을 대신해 진秦에게 원수를 갚았다. 지금 이 세 치 혀를 놀려 제왕의 사부師傅가 되었고 만호후萬戶侯에 봉해지고 열후列侯의 위치에 올라 있다. 이것은 일개 평민에게는 지고무상至高無上한 예우禮遇이다. 그러나 내가 정녕 바라는 것은 인간사의 일을 버리고 적송자赤松子(옛날 전설에 나오는 신선)를 따라 노닐고 싶은 것이다." 했다.

---

157) 투현질능妬賢嫉能. 반反: 호현낙선好賢樂善
158) 오곡五穀을 먹지 않는 도교道敎의 일종의 수련술修煉術

장량이 젊었을 때 하비下邳의 흙다리 위에서 우연히 한 노인을 만났다. 노인이 신발을 벗어 다리 아래로 던지더니 그에게 "젊은이! 내려가 신발을 좀 가져다주게!" 했다. 장량은 화가 나 노인을 때려줄까 하다가 그가 연세도 많고 불쌍하게 여겨져 곧 참고 신발을 주워다주었다. 노인이 다리를 내밀어 신발을 신으며 "이 젊은이는 가르치면 재목을 만들 수 있겠는데!159)하며 닷새 후 여기에서 나와 만나세!" 했다. 닷새 후, 장량이 약속에 맞춰 나가니 노인이 이미 그 자리에 와있었다. 노인이 매우 화를 내며 "자네는 어른과의 약속에 이렇게 늦게 나오면 어떻게 하는가!" 했다. 다시 닷새 후에 만나기를 약속했다. 장량이 서둘러 나갔지만 노인은 역시 먼저 도착해 노발대발怒發大發했다. 다시 닷새 후에 만나기로 약속했다. 장량은 이번엔 날이 새기도 전에 도착했다. 잠시 후 노인이 도착했다. 매우 즐거워하며 장량에게 책을 한 권 건네며 "자네가 이 책을 읽으면 제왕의 사부師傅가 될 수 있을 것이네. 아울러 이후에 제齊나라의 북쪽 곡성산谷城山 아래에서 황석黃石(누런 돌)을 본다면 바로 나를 본 것일세!" 했다.

날이 밝아 사물을 분간할 때쯤 장량이 이 책을 펴보았다. 바로《태공병법太公兵法》이었다.160) 장량이 놀라움을 금치 못하고 밤을 낮 삼아 익히고 외웠다.161) 이후, 유방을 보좌해 천하를 평정했다. 공신의 분봉을

---

159) 유자가교孺子可敎

160) 진한시기秦漢時期의 은사隱士인 황석공黃石公은 이상노인圯上老人, 하비신인下邳神人이라고 불린다. 장량이 진시황 시해에 실패하고 하비에 숨어들었을 때, 마침 그곳에 은거하고 있었던 황석공이 그에게 3번을 시험한 끝에 준 책이다. 그러나 이 책은 강태공姜太公이 지었다는《태공병법太公兵法》이나《황석공삼략黃石公三略》도 아닌《소서素書》라 하기도 한다.

161) 주야장천晝夜長川(= 주구장창)

받을 때 유방은 장량으로 하여금 제나라의 토지 3만 호를 골라서 자신의 봉지로 삼도록 했다. 그러자 장량이 사양하며 "신이 맨 처음 폐하陛下와 유현留縣에서 서로 만난 것은 하늘이 바로 신을 폐하에게 보내신 것이니 유현만 해도 만족합니다!" 했다. 후에 장량이 곡성을 지나는데 과연 황석을 보았다. 이에 사당祠堂을 건조해 정중히 봉사奉祀했다.

한고조 6년, 어떤 사람이 초왕 한신이 모반을 획책한다고 고변告變했다. 여러 장군들이 모두 "재빨리 군대를 보내 이 녀석을 생매장시키십시오." 했다. 이에 유방이 진평陳平에게 묻자 "병력을 보내 공격하는 것은 비교적 위험이 큽니다!" 하며 "옛날에는 천자가 각 지역을 순수巡狩하며 제후들과 회견했습니다. 폐하께서 다음번 나가실 때 거짓으로 운몽雲夢으로 순유巡遊한다 하시고 진현陳縣에서 제후들과 회견하십시오. 그리고 이 기회를 이용해 한신을 사로잡는다면 한 역사力士로도 능히 처리 할 수 있는 일에 불과합니다." 했다. 유방이 그의 계책을 좇았다. 곧 사자를 보내 제후들에게는 진현에서 어가御駕를 맞이하라고 통지하고 자신은 운몽으로 순유하려 했다. 진현에 이르자 한신이 유방을 배알拜謁했다. 그때 유방은 무사들에게 한신을 묶어 마차 뒤에 싣도록 명했다. 그러자 한신이 탄식歎息하며 "과연 사람들이 말하는 바와 같이 교활한 토끼가 죽으면 달리던 사냥개는 삶기고,162) 날으는 새가 다 사라지면 좋은 활도 사라지고,163) 적국敵國이 모두 패퇴되면 모신謀臣을 죽인다 했던가!164) 지금 천하가 이미 평정되었으니 나는 진작 팽살烹殺 당했어야 했다." 하였다. 그는 묶인 채 서울로 압송押送되었다. 최후에 유방은 그를 사면赦

---

162) 교토사주구팽狡兎死走狗烹, 토사구팽兎死狗烹

163) 고조진양궁장高鳥盡良弓藏, 조진궁장鳥盡弓藏

164) 적국파敵國破, 모신망謀臣亡

免해 회음후淮陰侯로 낮추었다.

일찍이 유방이 한신에게 물은 적이 있었다. "여러 장군들이 모두 병력을 다소 거느리고 있는데 나 같은 사람은 병력을 얼마나 거느릴 수 있겠소?" 하자 한신이 "폐하는 10만에 불과합니다." 했다. 유방이 다시 "그대는 얼마나 거느릴 수 있소?" 하자 한신은 "많으면 많을수록 좋습니다."[165] 했다. 그러자 유방이 크게 웃으며 "그렇게 많으면 많을수록 좋다면서 어찌 나에게 사로 잡혔는가!" 하니 한신이 "폐하는 병사들을 잘 거느리지는 못하지만 장군들은 잘 거느립니다. 이것이 바로 제가 폐하에게 사로잡힌 이유입니다. 하물며 폐하는 바로 하늘에서 부여받은 것으로 인력으로 미칠 바가 아닙니다." 했다.

공신功臣들에게 분봉해주고 나니 찬후酇侯 소하蕭何가 받은 식읍食邑이 가장 많았다. 공신들 모두 "우리들은 직접 갑옷을 입고 병기兵器를 잡고 싸우기를, 많게는 백여 차례가 넘고 적어도 수십 번은 싸웠습니다. 그러나 소하는 말이 땀범벅이 되게 쫓아 다닌 것과 같은 혁혁한 공로功勞도[166] 없이 오직 글재주 하나에 기대어 논란論難을 불러일으키는데도[167] 도리어 우리들 윗자리를 차지하니 이것은 무슨 경우입니까!" 했다. 그러자 고조가 "여러분들은 사냥을 아는가! 짐승을 쫓아 재빨리 덮쳐 죽이는 것은 사냥개이지만 흔적을 발견하면 사냥개에게 짐승이 있는 곳을 향하게 하는 것은 바로 사냥꾼이네! 여러분은 오직 분주히 달려가 짐승을 잡아오는 것뿐이니 사냥개의 공로에 불과한 것이지 그러나 소하는 능히 흔적을 발견해 방향을 지시하는 사냥꾼의 공로가 있다 할 수 있을

---

165) 다다익선多多益善
166) 한마지로汗馬之勞, 한마지공汗馬之功, 견마지로犬馬之勞
167) 문묵논의文墨論議, 무필농문舞筆弄文, 무문곡필舞文曲筆

것이네!" 했다.168) 군신들이 듣고 다시 어떤 말도 감히 하지 못했다.

한漢 효혜황제孝惠皇帝의 이름은 유영劉盈이며 모친은 여태후呂太后이다. 혜제惠帝 즉위 원년에 여후呂后는 짐주鴆酒라는 맹독물질로 조왕趙王 여의如意169)를 죽였다. 그리고 그의 모친인 척부인戚夫人의 손발을 절단하고, 눈은 파내고, 귀는 지져 귀머거리로 만들었다. 또 약을 먹여 벙어리로 만든 다음, 그녀를 측간에 버려두고 인체人彘(사람 돼지)라 불렀다. 그리고 여후는 혜제를 불러 이 인체를 보게 했다. 혜제가 본 후, 너무 놀라고 겁을 먹어 크게 울기 시작하면서부터 병이 들었다. 거의 일 년여 병석病席에서 일어나지 못했다.

한문제漢文帝 3년, 장석지張釋之가 정위廷尉가 되었다. 문제文帝가 외출外出중에 중위교中渭橋라는 다리를 지나갈 때 어떤 사람이 다리 아래를 지나다 어가御駕의 말을 놀라게 했다. 문제가 그를 체포하도록 명하여 정위廷尉의 심판에 넘겨졌다. 장석지가 "어가御駕의 앞길을 방해한 죄에 해당되니 마땅히 벌금형罰金刑입니다." 하자 문제가 매우 화를 냈다. 이에 장석지가 "법률에 이와 같이 규정되어 있는 것으로도 충분한데 더욱 무거운 벌로 바꾼다면 이 법률은 국민들의 신뢰를 잃어버립니다. 정위는 바로 천하의 공평한 전범典範입니다. 하루아침에 법 적용이 기울어진다면 전국의 크고 작은 법률을 적용할 시에 가벼울 수도 무거울 수도 있게 되어 다시 공평해질 수 없습니다. 그러면 백성들은 손과 발을 어디에 둘지 모르게 됩니다." 했다. 문제는 오랫동안 생각하고 "정위의 판결이 맞다." 했다.

---

168) 발종지시發踪指示, 막후조종幕後操縱
169) 고조가 항우와의 전쟁 중에 총애한 척희戚嬉와의 사이에서 낳은 아들

그 후 어떤 사람이 한고조漢高祖의 사당祠堂에서 옥잔을 훔치다 체포되어 정위에게 넘어왔을 때, 그는 사형에 처해야 한다고 주청奏請했다. 이때 문제가 매우 화를 내며 "이 사람이 선제의 사당에서 훔친 기물器物이 내 생각에는 그를 멸족滅族에 처해야 한다고 생각했지만 정위는 도리어 법률에 비추어 타당하다고 주청하니 이것은 내가 종묘를 받들어 모시는 본뜻이 아니지 않는가!" 했다. 이에 정위 장석지가 말하길 "종묘의 기물을 도둑질한 것은 멸족으로 판단되지만 만약 우매愚昧한 백성이 고조高祖의 장릉長陵에서 한 웅큼의 흙을 취했다면 폐하는 또 얼마나 중한 형벌에 처해야 한다고 생각하십니까!" 했다. 이에 문제가 곧 정위의 판결을 존중했다.

한문제漢文帝 후원後元 6년, 흉노匈奴가 상군上郡과 운중군雲中郡에 침입했다. 문제가 장군 주아부周亞夫에게 명하여 세류細柳에 진을 치도록 하고 유예劉禮를 패상霸上에, 서려徐厲는 극문棘門에 주둔시켜 흉노를 방비케 했다. 문제가 직접 부대를 위문하려 패상과 극문의 군영에 도착하자 모두 지체遲滯 없이 군영으로 달려 들어갔고 대장 이하 모두가 문제의 출입을 환송했다. 이어 문제가 세류의 군영에 도착해 직접 말을 몰고 군영으로 들어가려 했으나 들어갈 수 없었다. 선도자가 "천자가 곧 도착한다!" 하자 군문을 관장하는 도위都尉가 "군중에서는 오직 장군의 명령만 듣지 천자의 명령이라도 들을 수 없습니다." 하며 문을 열어주지 않았다. 문제가 부득이 사자를 보내 황제의 부절符節을 장군 주아부에게 주어 조명詔命을 반포頒布하게 한 다음 비로소 주아부가 영을 전해 영문營門을 열어 주도록 했다. 이때 수문守門의 군사가 문제의 마부를 향해 "장군이 규정하길 군영중에서는 채찍을 갈겨 말을 달리게 하면 안 된다." 했다. 문제가 마부에게 말고삐를 잡고 천천히 가라고 명하고 군영중에 이르러 군대를 위로하는 의식을 마치자 바로 떠났다. 대신들이 모두 놀라자 문제가 "아! 이 사람이 바로 진정한 장군이다. 앞에 패상과 극문의 군대들은 어린애들 장난 같구나!" 했다.

효무황제孝武皇帝의 이름은 유철劉徹이다. 즉위한 원년을 처음으로 '건원建元'이라 했다. 연호는 바로 여기에서부터 시작됐다.

그는 현량賢良, 방정方正, 직언直言, 극간極諫한 인재의 추천을 요구했다. 이 때문에 책문策問(과거科擧 시문試問의 하나)하기도 하고 그들에게 묻기도 했다. 이때 광천廣川사람 동중서董仲舒가 대답하길 "만사에 근면하고 노력할 뿐입니다. 학문에 힘을 다해 부지런히 노력한다면 견문이 넓어져 지혜로움이 더욱 밝아질 것이요, 부지런히 '도道'에 힘쓴다면 덕행德行이 나날이 향상되어 큰 공과 업적을 이룰 것입니다." 했다. 그는 또 "황제께서 바른 마음가짐으로 조정을 바르게 다스린다면 조정이 바르게 되고, 조정이 바르게 되면 조정의 모든 관속들이 바르게 되고, 조정의 관속들이 바르게 되면 모든 백성이 바르게 되고, 모든 백성이 바르게 되면 천지사방이 바르게 되고, 천지사방이 바르게 되면 천지사방의 먼 곳과 가까운 곳이 정도로써 통일되지 않음이 없어짐으로 곧 천지간에 사악한 기운이 없어지는 것입니다. 이로써 음陰과 양陽이 화해하고, 풍風과 우雨는 순조로워지며 모든 군생群生들이 조화調和로와 만백성들이 번식하고, 여러 행복을 상징하는 물건이나 길상吉祥의 일들이 모두 출현하는 것입니다. 이것이 바로 왕도王道의 가장 높은 경계입니다. 폐하의 품행이 고상하고 은택이 심후하며 두뇌도 총명하시고 심지心智가 선량하여 백성들을 애호하고 현사를 존중한다 하나 도덕의 교화가 확립되어 있지 않으면 백성들 또한 바른 길로 가지 않습니다. 비유컨대 금슬琴瑟의 소리가 조화롭지 않다면 심히 오래된 것은 풀어내어 반드시 새것으로 바꾸어야 다시 연주할 수 있는 것과 같습니다. 통치 중에 장애를 만나면 엄중한 것은 반드시 정책을 고치고 바로잡아야 비로소 국가를 잘 다스릴 수 있는 것입니다. 한조漢朝가 천하를 얻은 이래로 늘 잘 다스리고자 했으나 잘 다스려지지 않았던 것은 바로 개혁의 시기에 개혁을 실행하지 못했기 때문입니다." 했다.

동중서가 "현사들을 길러내는 것은 '태학太學'을 세우는 것보다 큰 것이 없으며, 태학이라는 것은 현사의 관건關鍵이요, 교화를 추진하는 근본입니다. 바라건대 폐하께서는 태학을 세우시고 박식한 스승을 두어 천하의 현사들을 길러내야 할 것입니다. 또 군수와 현령들은 백성의 모범이 되어 황제의 인덕이 잘 전해져 아래 백성들이 잘 감화되게 하여야 할 것입니다. 마땅히 열후列侯의 왕과 군수등은 그들이 관할하는 관리나 백성들 가운데 재능 있는 사람들을 선발해 매년 조정에 새 사람을 천거薦擧하도록 하여야 합니다." 했다.

또 말하길 《춘추春秋》에서 숭상했던 천하통일은 바로 천지간에 영원한 원칙이며 바로 고금의 일관된 도의道義입니다. 예컨대 지금 스승이 전하는 도가 같지 않고 사람들의 논의도 각기 다릅니다. 신이 어리석으나 무릇 유가儒家의 '육례六禮'의 범위에 속하지 아니하는 것들과 공자학파孔子學派의 학설에 부합되지 않는 것들의 모든 이론을 금지한 연후에 정령政令을 통일하고 법도法度를 명확히 하여야만 신민臣民들이 무엇을 쫓아야 할지를 알 것이라 생각하고 있습니다." 했다. 무제武帝가 그의 말이 옳다고 여겨 그에게 강도국江都國의 승상丞相에 임명任命했다.

무제武帝가 부들로 수레를 묶어 흔들림이 비교적 적고 편안히 앉아서 탈 수 있는 마차에 비단과 옥으로 휘감은 수많은 예물과 함께 사자를 보내 노국魯國 출신 신공申公을 맞이해오게 했다. 신공이 장안에 들어온 이

후, 무제는 그에게 국가의 치란治亂의 도리를 물었다. 신공이 이미 팔십이 넘은 노구老軀로 "천하를 다스리는 것은 말을 잘하는 것으로써 하는 것이 아니며, 오직 어떻게 노력하고 실천할 것인가를 돌아볼 뿐입니다." 했다.

무제가 관리나 민간인 중에 정무에 밝은 자나 고대 성왕聖王의 술術을 잘 숙지熟知하고 있는 사람들을 장안으로 불러들여 조정에서 직무에 임하게 명했다. 그리고 여기에 응모하는 자와 함께 각지에서 서울로 동행하는 관원들의 식사를 각 현에서 순차적으로 제공하도록 했다. 임치臨淄 사람 공손홍公孫弘이 무제의 책문策問에 답하기를 "군주가 위에서의 언행이 덕의와 부합되어야 백성이 밑에서 잘 화합할 수 있습니다. 따라서 마음이 화和하면 기氣가 화和하고, 기氣가 화和하면 형形이 화和하며, 형形이 화和하면 소리가 화和하고, 그러면 온 천지가 온화穩和해집니다." 했다. 이후 그를 일등으로 발탁해 대조금마문待詔金馬門의 직위를 주었다.

제齊나라 사람 원고轅固(원고생轅固生)도 90여 세에 이르렀으나 현량賢良에 선발되어 장안에 들어갔다. 공손홍이 눈동자를 삐딱하게 한 채로 두려운 듯 원고를 바로 보지 못했다. 이에 원고가 "공손선생公孫先生! 반드시 정학正學(유학儒學)에 근거하여 사실을 논해야지! 유학을 왜곡歪曲해 당세에 영합迎合하려하면 안 돼오!170) 했다.

원봉元封 3년(B.C.108년), 무제가 군대를 동원해 서역西域에 있는 누란국樓蘭國을 공격했다. 누란왕을 포로로 잡고 아울러 차사국車師國을 격파했다. 이해 조선국朝鮮國이 투항投降하자 무제가 거기에 낙랑樂浪, 임둔臨屯, 현토玄菟, 진번군眞蕃郡을 설치했다.171) 같은 해 흉노가 변경을 침입

---

170) 곡학아세曲學阿世

해 들어오자 파병하여 삭방朔方(북방北方)에 주둔駐屯시켰다.

한소제漢昭帝 시원始元 6년, 소무蘇武가 흉노에서 귀국歸國했다. 소무가 막 북해로 쫓겨났을 때, 어떤 때는 구멍을 파서 들쥐를 잡거나 풀씨를 따먹고 목숨을 연명했다. 자나깨나 손에는 한조漢朝의 부절符節[172]을 쥐고 있었다. (먼저 투항했던) 이릉李陵이[173] 소무에게 말했다. "인생이란 아침 이슬같이 잠깐이오.[174] 어떻게 이 같은 고생을 견디려 하오. 나는 위율衛律과 함께 흉노에 항복해 지금 이같이 부귀영화를 누리고 있소!" 했다. 위율도 누차 소무에게 항복을 권했으나 소무는 끝내 듣지 않았다. 한조의 사자가 흉노에 이르렀다. 흉노인들은 소무가 이미 죽었다고 속였다. 한조의 사자가 그들이 속인다는 것을 알고 말하길 "천자天子가 상림원에서 사냥할 때 마침 큰 기러기 한 마리를 맞혔소! 그런데 다리에

---

171) 한漢은 위만조선을 멸망시킨 B.C.108년에 위만조선의 영역과 복속되었던 지역에 낙랑군樂浪郡, 임둔군臨屯郡, 진번군眞番郡을 설치하고 그 이듬해에 현토군玄菟郡을 설치했다. 진번군과 임둔군은 B.C.82년에 낙랑군과 현토군에 합쳐지고 현토군은 B.C.75년에 서북지역으로 축출되었다. 낙랑군은 B.C.313년에 고구려 미천왕에 의해 축출·소멸되었다.

172) 외교관의 신분증身分證

173) 이에 앞서 한무제漢武帝는 흉노에게 어쩔 수 없이 항복하게 된 장군 이릉을 변호했다는 이유로 사마천司馬遷에게 궁형宮刑을 내렸다. 이에 사마천은 친구에게 자신이 처한 비참한 심경을 피력하며 사람들은 지금 자신이 형장의 이슬로 사라진다 해도 마치 아홉 마리의 소에서 터럭하나 빠진 정도(구우일모九牛一毛)로밖에 생각하지 않겠지만, 자신은 이런 수치를 참고 살아남아서 해야 될 사명이 있음을 상기하며 마침내《사기史記》를 완성하였다. *구우일모九牛一毛, 창해일속滄海一粟, 태창일속太倉一粟. 반反: 불계기수不計其數, 항하사수恒河沙數

174) 인생조로人生朝露, 부운조로浮雲朝露, 부생약몽浮生若夢, 일장춘몽一場春夢, 남가일몽南柯一夢, 한단지몽邯鄲之夢, (노생지몽盧生之夢, 황량지몽黃粱之夢, 일취지몽一炊之夢), 역려과객逆旅過客, 설니홍조雪泥鴻爪, 화무십일홍花無十日紅

묶여 있는 백서帛書에175) '소무는 호택湖澤지방에 있습니다.'라고 적혀 있었소!"했다. 그러자 흉노인들이 더 이상 속이지 못하고 소무를 돌려 보냈다. 소무는 19년간이나 억류抑留되어 있었다. 출사出使할 때 건강했던 몸이 돌아올 때는 수염과 두발이 모두 백발이었다. 귀국 후 소무는 전속국典屬國에 임명되었다.

한선제漢宣帝 지절地節 3년, 거록巨鹿 출신 노온서路溫舒가 상서했다. "진국秦國이 망한 열 가지 이유 중에 아직도 한 가지가 있는데 그것은 법法을 관장管掌하는 자들이 너무 가혹했다는 것입니다. 속담에 '땅바닥에 금을 그어 감옥監獄이라 해도 사람들이 감히 들어가지 않으려 하고 나무로 깎아 만든 옥리獄吏라도 사람들이 서로 마주하려 하지 않는다.' 했습니다. 이것은 정말 비통한 말로써 원컨대 법제를 생략하고 형벌을 관대하게 하신다면 천하는 곧 태평해질 것입니다." 했다.

지절地節 4년, 곽가霍家가 모반謀反했다. 구족九族이 주살誅殺되고 그들을 고발한 사람들 모두는 열후列侯에 봉封해졌다. 처음에 곽씨 일가가 교만, 방종하자 무릉인茂陵人 서복徐福이 상소上疏했다. "마땅히 수시로 단속團束, 절제節制는 하되 그들로 하여금 멸망에는 이르지 않도록 해주십시오." 했다. 세 번이나 상소上疏했으나 듣지 않았다. 지금에 이르러 어떤 사람이 서복을 위해 상소하기를 "어떤 손님이 주인집을 방문해보니 주인집의 굴뚝이 똑 바로 서 있었고 그 굴뚝 옆에는 땔나무가 쌓여 있었습니다. 그는 곧 주인에게 건의하길 '굴뚝은 굽게 고치고 땔나무는 옮겨 놓으시오!'176)했으나 주인은 듣지 않았습니다. 나중에 결국 불이 났지

---

175) 안서雁書, 서신書信

176) 곡돌사신曲突徙薪, 유비무환有備無患. 반反: 망양보뢰亡羊補牢, 만시지탄晩時之歎, 사후약방문死後藥方文

만 다행히도 이웃과 함께 불을 끌 수 있었습니다. 그러자 주인이 소를 잡아 술을 내고 이웃들에게 감사해했습니다. 이때 어떤 사람이 주인에게 당신이 만약 전에 손님의 건의를 들었더라면 소 잡고 술낼 필요도 없었고 또 불도 나지 않았을 것 아니오! 만약 지금 공功을 논論한다면서 어떻게 당신에게 굴뚝을 고치고 땔감을 옮겨놓으라는 사람에게는 상賞을 주지 않고 도리어 불을 끄다가 이마를 태우고 눈썹을 그을린 사람에게는 상객上客대우를 해주는 거요!"라 했습니다. 황제가 서복에게 비단을 내리고 그를 낭중郎中에 임명했다.

원강元康 2년, 선제宣帝가 흉노匈奴가 쇠약해진 틈을 타고 흉노의 우측 요지를 공격해 다시는 서역西域을 침범하지 못하게 하려했다. 이때 승상 위상魏相이 간하길 "위란危亂을 구해내고 흉포함을 제거해버리는 것을 '의병義兵'이라 하며 병兵이 인의仁義를 행하면 곧 천하에 왕이라 불릴 수 있습니다. 만약 적의 침입을 받아 부득이 하게 일어나 응전하게 되면 '응병應兵'이라 하고 군대가 부득이 하게 응전해도 승리를 거둘 수 있습니다. 조그마하고 작은 원한이나 분을 참지 못하고 병兵을 일으키는 것을 '분병忿兵'이라 하며 군대가 분노하면 왕왕 실패합니다. 다른 나라의 영토나 재부를 탐하여 일으키는 것을 '탐병貪病'이라 하며 군대가 탐욕스러우면 곧 다른 사람에 의해 파괴될 것입니다. 국가의 강대함을 믿고 국민이 많음을 자랑삼아 눈앞의 적에게 위세威勢를 보이고자 하는 것을 '교병驕兵'이라 하며 군대가 교만하면 장차 멸망할 것입니다. 지금 흉노가 아직 우리의 변경을 침입하지 않았는데도 만약 우리가 흉노의 요지로 침입해 들어간다면 신은 어리석어 실재로 이번 출병出兵의 명의名義가 어디에 있는지 알지 못하겠습니다." 했다. 이에 선제가 위상의 건의를 좇아 출병을 단념했다.

원강元康 3년, 태자태부太子太傅 소광疏廣이 그의 조카 태자소부太子少傅 소수疏受와 함께 사직하고 귀향歸鄕하길 주청奏請했다. 선제가 그들의 청을 받아들이고 또 규정 외의 황금을 주었다. 공경대부公卿大夫와 옛날 친구들이 모두 동도문東都門 밖에서 장막을 설치하고 송별연送別宴을 하는데 전송객錢送客과 그들이 타고 온 수레나 마차 행렬이 수백량數百輛에 달할 만큼 많았다. 도로에서 구경하는 사람들이 모두 "어질구나! 두 대부여!" 했다. 그들이 고향으로 돌아온 후, 날마다 가인家人들에게 명해 황금을 바꾸어 큰 자리를 마련하게 했다. 그러나 친척, 친구, 손님과 함께 즐기면서도 오히려 직계 자손들에게는 생계를 마련해주지 않았다. 그러면서 소광은 "만약 현능賢能한 사람이 재산이 너무 많으면 그들의 의지를 손상시키기 쉽고 어리석은 사람이 재산이 너무 많으면 그들의 과오를 더하기 쉬운 것이오. 게다가 부유한 사람은 많은 사람들이 원망하는 표적이 되는 것이오. 나는 그들의 과오過誤를 늘려 사람들로 하여금 그들에게 원망을 품게 하고 싶지는 않소!" 했다.

신작神爵 3년, 승상丞相 위상魏相이 죽자 어사대부御史大夫 병길丙吉이 그 직책을 이었다. 병길은 늘 관대했고 예의와 겸양함을 좋아했다. 일찍이 그가 성을 나와 한 무리의 사람들이 서로 싸우는 것을 보고도 그 세밀한 정황을 묻지 않았으나 한 마리의 소가 숨을 헐떡거리며 오는 것을 보고는 곧 소몰이에게 다가가 이 소는 어디서 오는 길이냐고 측근에게 물어보게 했다. 그러자 어떤 사람이 요령을 모르는 질문이라며 조롱했다. 이에 병길이 "백성들이 싸우는 것은 바로 경조윤京兆尹이 마땅히 금지해야 할 사안事案이므로 당연히 내가 물어볼 사안이 아니다. 그러나 바야흐로 봄이 와 아직 덥지 않은 계절임에도 소가 헐떡거리는 것은 일상적인 기후가 정상이 아니라는 것이다. 이것은 음양陰陽의 조화調和를 관장하는 삼공三公의 직책상 당연히 근심해야 할 것이다." 했다. 사람들은 병길을 사물의 큰 줄거리를 아는 사람이라고 여겼다.

감로甘露 원년元年, 황패黃霸가 죽은 후, 우정국于定國이 승상에 임명되었다. 그의 부친 우공于公은 처음에 옥리獄吏로 있었다. 그때 동해군東海郡에 한 효부孝婦가 과부寡婦가 된 후, 개가改嫁하지 않고 시어머니를 봉양하며 살고 있었다. 그의 시어머니는 자신의 연로年老함 때문에 그녀가 개가하지 못하고 있다고 여겨 스스로 목을 매었다. 그러자 시누이가 효부가 노파를 핍박逼迫해 죽음에 이르게 했다고 관에 고발했다. 효부는 자신의 무고를 분명히 밝혀내지 못하고 부득이 죄를 인정하게 되었다. 우공이 그녀를 변론했지만 살려낼 수 없었다. 효부가 죽은 후, 동해군에는 가뭄이 3년 동안 들었다. 신임 태수가 온 다음, 우공이 태수에게 이러한 사연을 이야기하자 그가 곧 효부의 무덤에 가서 제사하고 나서야 비로소 동해군에 비가 내리기 시작했다. 우공이 옥리일 때 일을 처리함에 음덕陰德이 있었다. 그는 가인家人을 시켜 자신의 집 문각門閣을 크고 넓게 해 사마거駟馬車도 쉽게 드나들 수 있게 했다. 그러면서 그는 "나의 후세에는 반드시 흥성하는 자가 있을 것이다!" 했다. 우정국이 지절地節 원년에 정위廷尉가 되었고 조정에서는 그를 칭하여 "장석지張釋之가 정위가 되고 천하에 원한을 입은 백성이 없네!" 했다. 이 때문에 황패가 죽은 후 우정국이 어사대부御史大夫에서 황패를 대신해 승상이 되었다.

한원제漢元帝 경녕竟寧 원년元年, 흉노 호한야선우呼韓邪單于가 내조來朝해 한조漢朝의 사위가 되고자 한다고 했다. 이에 후궁後宮의 궁녀宮女 왕장王嬙을 호한야선우에게 주었다.177) 왕장의 자字는 소군昭君이다.

---

177) 소군출새(昭君出塞: 소군이 변방으로 시집가다) 원제가 재위하고 전국의 궁녀를 차출하라는 명을 내리자 선발된 궁녀는 수천 명이었다. 황제가 일일이

한성제漢成帝 영시永始 원년元年, 태후 동생의 아들인 왕망王莽을 신도후新都侯에 봉했다. 또 조비연趙飛燕[178]을 황후로 세우고, 그의 동생 조합덕趙合德도 첩여婕妤로 삼았다.

한평제漢平帝의 이름은 기자箕子이다. 나중에 개명하여 간(衍: 즐길 간)이라 불렀다. 바로 중산中山 효왕孝王 유흥劉興의 아들이며 원제元帝의 손자이다. 애제哀帝가 서거 후 계위繼位했다.

원시元始 4년, 평제平帝가 왕망의 딸을 황후로 삼고 왕망에게는 재형宰衡이란 칭호를 주었다. 이것은 각 제후왕諸侯王보다 높은 것이었다.

원시 5년, 납일臘日[179], 왕망이 황제에게 초주椒酒[180]를 올렸다. 속에 독약을 넣은 것이다. 한 평제가 붕어했다. 재위 6년에 한 번 개원改元했

─────

다 면접할 수 없게 되자 황실 화공 모연수毛延壽에게 초상화를 그려 올리게 한다. 그러자 모두 뇌물을 주며 이쁘게 그려주도록 했으나 왕소군은 뇌물을 쓸 형편이 되지 않았다. 당연히 소군은 원제를 구경도 못한 채 몇 년간 쓸쓸히 지내야 했다. 이때 앞서 화친하러 와 있던 흉노의 호한야선우의 제안에 원제는 기꺼이 발군拔群의 자색姿色인 소군을 내준 것이다. 시집가는 날, 그를 첫 대면한 원제가 그 진실을 알았다. 이에 모연수를 참斬하고 후회했지만 흉노와의 화친에는 큰 영향을 주었다. 후일 "호지무화초胡地無花草, 춘래불사춘春來不似春 호지엔 화초가 없으련만, 봄은 왔으나 봄 같지 않구나!"라는 시와 함께 "시집가던 날, 변방으로 날아가던 기러기도 왕소군의 미모에 홀려 날갯짓을 멈추었다가 떨어졌다(낙안落雁)"는 이야기도 지금껏 인구人口에 회자膾炙되고있다.

178) 신체가 가볍고 춤을 잘 춰 마치 나는 제비 같다고 비연飛燕이라 불렀다. 그녀의 여동생 합덕合德과 함께 10여 년간 총애를 독점했다. 자식이 없었다. 때문에 후궁 중에 자식을 낳은 자가 있으면 번번이 모해謀害했다. 전한前漢의 마지막 황제인 평제平帝 때, 서인庶人으로 떨어진 후, 자살했다.
　※환비연수環肥燕瘦: 양옥환楊玉環(양귀비)은 약간 통통한 편이고, 조비연은 살짝 수척한 모습으로 각자 그 장단長短이 있다.
179) 동지冬至 뒤의 셋째 술일戌日
180) 산초를 가라앉혀 만든 술, 고대에는 배주拜酒나 경하용敬賀用으로 사용했다.

다. 원시元始이다. 태황태후가 선제宣帝의 현손玄孫 유영劉嬰을 황태자로 삼고 유자영孺子嬰이라 불렀다. 왕망이 대리代理 섭정攝政하며 가황제假皇帝(임시 황제)라 불렀으나 신하와 백성들은 '섭황제攝皇帝'라 불렀다.

초시初始 원년元年, 왕망王莽이 정식으로 천자에 즉위했다. 국호를 고쳐 '신新'이라 부르고 한漢 태황태후太皇太后를 다시 신실新室 문모文母 태황태후太皇太后로 바꾸었다. 왕망은 왕만王曼의 아들이다. 효원황후孝元皇后의 여덟 형제 중에서 왕만은 일찍 죽었다. 봉후封侯는 없었다. 왕망의 유년은 고아였으나 그의 형제 모두가 장군으로 오후五侯의 아들이 되었다. 이들은 이로 인해 사치한 생활을 하며 날마다 마차를 꾸며 요란스럽게 돌아다니고, 서로 경쟁하듯 방탕한 생활에 열중했다. 그러나 왕망은 공검恭儉, 근신謹身하며 널리 배워 일반 유생儒生들과 똑같은 복장으로 자신의 신분을 낮추었다. 밖에 나가서는 영걸英傑, 준재俊才들과 교유交遊했고, 집안에서는 여러 숙부叔父나 백씨伯氏들을 잘 섬겼다. 완곡婉曲하면서도 생각이 두루 미쳐 빈틈이 없었으며181) 예의도 있고 뜻도 있었다.

왕망이 신도후新徒侯에 봉해졌다. 작위는 점점 높아졌어도 여전히 몸가짐은 겸손했다. 그의 뜬 구름 같은 헛된 명예도 점점 높아져 마침내 그의 숙부들을 넘어서 한조漢朝의 정치적인 대권을 쥐는 데까지 이르게 되었다. 애제哀帝가 죽자 왕망이 평제平帝를 영입해 세웠다. 5년 후, 평제를 시해했다. 왕망이 3년의 섭정攝政 끝에 마침내 제위帝位를 찬탈하고 국호國號를 고쳐 '신新'이라 했다.

---

181) 주도면밀周到綿密, 용의주도用意周到

세조世祖 광무황제光武皇帝의 이름은 유수劉秀이며 자字는 문숙文叔이다. 바로 장사長沙의 정왕定王 유발劉發의 후손이다. 한경제漢景帝가 유발을 낳고 유발이 용릉절후春陵節候 유매劉買를 낳았다. 용릉후가 3대로 이어지면서 봉지封地가 남양南陽의 백수향白水鄕으로 옮겨지자 이 용릉후를 종족宗族으로 삼아 그곳에 안착安着했다. 유매劉買의 막내아들인 유외劉外가 회回를 낳았고 회가 남돈현南頓現 현령縣令 유흠劉歆을 낳았다. 유흠이 남돈에서 유수를 낳았을 때, 한 줄기에 이삭이 아홉 개가 달린 벼가 나타나는 상서祥瑞로운 조짐이 있었다. 이 때문에 아들의 이름을 수秀182)라 했다.

이에 앞서 먼저 운기雲氣를 보고 길흉을 점치는 자가 있었다. 용릉후를 바라보며 "얼마나 좋은 운기인가! 정말 향기롭고도 총총하구나!" 했다. 왕망이 화폐를 바꾸어 '화천貨泉'183)이라 하자 사람들이 자형字形에 근거해 그를 '백수진인白水眞人'이라 불렀다. 유수가 마침내 백수白水에서부터 봉기했다. 유수는 콧마루가 우뚝하고 이마 가운데가 두드러진 것이 마치 해가 솟아오르는 형상이었다(융준일각隆準日角). 《상서尙書》를 배워 그 대의를 통달했다. 그가 일찍이 채소공蔡少公이라는 사람을 찾았

---

182) 수秀는 벼 이삭이 늘어져 빼어났다는 의미의 수穗(禾+惠: 곡식의 혜택惠澤, 이삭)와 통용됨.

183) 왕망王莽은 돈을 화천貨泉이라 했다. 화貨는 인亻과 진眞으로 파자破字하고, 천泉은 백白과 수水로 파자破字해 돈을 백수진인白水眞人이라 했다.

던 적이 있었다. 그때 마침 그가 일종의 미래 예언서인《도참圖讖》을 학습하고 있었다. 그가 유수에게 "그대는 마땅히 천자가 될 것이오!" 했다. 어떤 사람이 "이것은 바로 국사공國師公 유수를 말하는 것이지요!" 하자 유수가 웃으며 "당신이 어떻게 내가 아니라는 것을 알겠소!" 했다.

건무建武 22년, 흉노가 화친을 청해왔다. 광무제가 사자를 보내 흉노의 청을 받아들였다. 호한야선우는 성제成帝가 병사病死한 이후부터 그의 후세들 몇 세대 모두 한조에서 벼슬했다. 평제平帝 때에는 왕망이 조례條例를 반포頒布했다. 말하자면 중원의 대한大漢은 2자의 이름을 사용한 풍습이 없었다며 선우를 풍자하며 그들의 호칭을 고치길 요구한 것이다. 이에 왕망이 한조의 정권을 탈취한 이후에 한조가 선우에게 주었던 옥새玉璽를 '장章'이라 바꾸어 불렀다. 선우가 원한을 품고 수차례 변경의 군현을 침입했다. 건무년建武年 이래로 흉노가 노방盧芳을 도와 한조를 침입했다. 나중에 또 수차례 오환烏桓과 선비鮮卑와 합병해 침입했다. 이때에 이르러 비로소 흉노가 한조와의 화친을 청하게 된 것이다.

중원中元 2년, 광무제光武帝가 붕어했다. 광무제가 군사를 일으킨 때가 28세였고 31세에 그는 황위皇位에 올랐다. 대신大臣 제오륜第五倫이 매번 조서를 읽을 때마다 모두가 감탄했다. "이것은 진실로 성명聖明한 군주君主다! 만약 한 번 만날 수 있다면 반드시 대사大事를 결단할 수 있을 것이다!" 했다. 광무제가 손수 적었던 글자를 제후국에게 주었다. 모두 작은 나무통 위에 10줄을 적어서 자잘한 필체로 문장을 만든 것이었다. 황제는 분명하고도 신중하게 정무에 임했다. 장차 조정의 대권이 한 사람에게 집중되었으나 정세를 자세히 살펴 거동이 규정을 넘어서는 것이 없었다.

광무제가 일찍이 고향인 남양南陽에 행차해 잔치를 베풀며 종실들을 대접했다. 그의 백모伯母들 모두가 "문숙文叔은 평시에 다른 사람들과 사귀는 데 격의가 없었고 오직 정직正直과 온유溫柔함으로 상대를 대해주는 사람이었기에 충분히 황제에 오를 수 있었던 거야!" 하자 광무제가 듣고 웃으며 "내가 천하를 다스리는 것도 유화적有和的인 정책으로 추진해 나갈 뿐입니다." 했다. 광무제가 군에 있었던 시간이 너무 오래되어 정복 전쟁에 염증을 느끼고 있었다. 이 때문에 촉蜀을 평정한 후에는 위급한 정황이 아니면 군사적인 문제를 제기하지 않았다.

북흉노北匈奴가 쇠락해지며 곤란한 지경에 이르렀다. 장궁藏宮, 마무馬武 등이 군대를 동원해 그들을 소멸시켜, 장차 대한大漢 군대의 위엄이 이오伊吾 이북以北에까지 휘날리게 하자고 상소했다. 광무제가 황석공黃石公의 《포상기包桑記》184)를 인용해 "유연柔軟함은 능히 강경强硬함을 이길 수 있고 약소弱小함은 능히 강대强大함을 이길 수 있다."185)했다. 이이후부터 제 장군들이 감히 군대를 동원하자고 하지 않았으며 서역에서 옥을 수입하면서 붙여진 이름인 옥문관玉門關을 폐쇄하고 교통도 끊었다. 이에 공신들을 보전하기 위해 다시 그들을 군사적인 업무에는 투입시키지 않았고 장령將領들도 모두 후작侯爵의 신분을 주어 자신의 저택에 돌아가도록 했다. 광무제는 행정적인 일들은 삼공三公의 책임으로 맡기고 공신功臣들은 행정적인 일을 보지 못하게 했으며 제장諸將들은 공신功臣의 이름으로 편안히 살다 세상을 떠나게 했다.

공신중에 마원馬援이 죽었을 때, 유독 황제는 그에 대한 은총恩寵을 끝

---

184) "뽕나무와 같이 근본이 든든하면 그 가지와 잎은 저절로 번성한다. 땅을 넓히려 노력하는 자는 거칠어지고, 덕을 넓히려 노력하는 자는 강해진다."는 등의 내용.

185) 유능승강柔能勝剛, 약능승강弱能勝强

까지 지속시킬 수 없었다. 마원이 일찍이 "대장부는 마땅히 싸우다 죽어 그 시신은 말가죽에 말려서 고향으로 돌아가야지. 어떻게 아녀자들의 손 위에서 죽음을 맞을 수 있겠느냐!"했다. 교지군交趾郡이 반란을 꾸미자 그가 복파장군伏波將軍이 되어 그들을 평정했다. 무릉武陵에 만민蠻民들이 반란을 꾸밀 때도 그가 또 자청해 나갔다. 황제가 그가 늙었음을 애처롭게 여기자 그는 갑옷을 입고 말에 올라 자신의 좌우를 돌아보며 아직도 얼마든지 싸울 수 있다는 자신감을 보였다.186) 황제가 웃으며 "정말 원기왕성하고 용맹함이 남다른 늙은이일세!" 하며 그를 파견했다. 이에 앞서 황제의 사위 양송梁松이 일찍이 마원을 찾아와 그의 상 아래에 꿇어 앉아 정중히 절을 하자 그는 스스로를 부친의 친구로 여겨 어떤 예의도 갖추지 않았다. 그러자 양송은 마음속으로 불만을 품었다.

마원이 교지군에 있을 때 일찍이 그의 조카에게 편지를 보내 훈계하기를 "내가 너희들에게 하고자 하는 말은 너희들이 다른 사람의 과실過失을 들으면 곧 부모님의 이름을 들은 것과 똑같이 여겨라. 다만 귀로는 들을 수밖에 없겠지만 입으로는 절대 말하지 마라. 다른 사람의 장단점을 논의하고 법령의 시비를 비평하는 행위는 내가 자손 모두에게 바라지 않는다. 용백고龍伯高의 사람됨이 인정은 두텁고 두루 신중했으며 매사에 겸손, 검소했다. 나는 그를 존중하고 있다. 바라건대 너희들이 그를 본받아라. 두계량杜季良의 사람됨은 기상氣像이 호쾌豪快하고 의기義氣가 두터워 협객의 풍모風貌가 있다. 그는 다른 사람의 근심을 나의 근심으로 여기고 다른 사람의 즐거움을 나의 즐거움으로 여긴다. "부친상을 당

---

186) 노당익장老當益壯, 궁당익견窮當益堅: 남자는 나이가 들어가더라도 기상은 더욱 씩씩해야하며, 비록 곤궁함에 처한다 할지라도 지조는 늘 굳건히 가져야 한다. 노익장老益壯

하자 주변 여러 군郡에서 사람들이 모두 모여들었다. 나는 그를 사랑하고 존중한다. 하지만 너희들이 그를 본받으라고 하지는 않겠다. 용백고를 본받지 못하더라도 근신謹愼하면 스스로 삼가는 사람은 될 수 있을 것이다. 이것이 바로 이른바 고니를 새기다 잘못되면 오리비슷하게라도 보일 수 있지만[187] 두계량을 본받다 잘못되면 바로 천하에 경박輕薄한 사람이 된다. 이른바 범을 그리다가 잘못되면 도리어 개가 되는 것과 같은 이치이니[188] 심각히 생각하기 바란다." 했다.

광무제光武帝는 뇌물을 받는 것에 절대 용서하지 않았다. 대사도大司徒 구양흡歐陽歙이 일찍이 뇌물 범죄에 연루되었다. 그가 《상서尙書》를 가르칠 때의 제자들 1,000여 명이 궁문 밖을 지키며 구제를 애원했으나 결국 옥중에서 죽었다.

광무제가 등용한 군신들은 모두 송홍宋弘과 같이 중후하고 순박, 정직하여 아첨을 몰랐다. 황제의 큰 누이 호양공주湖陽公主가 일찍이 과부가되자 황제는 송홍을 마음에 두고 있었다. 송홍이 입조入朝해 광무제를 알현謁見할 때 공주는 병풍 뒤에 앉아서 보고 있었다. 황제가 "속담에 부유해지면 친구를 바꾸고 존귀해지면 본처를 바꾼다는데[189] 이것이 바로 인지상정人之常情이겠지요!" 하며 속마음을 떠보았다. 이에 송홍이 "빈천貧賤할 때 사귄 친구는 잊을 수 없고, 함께 고난을 겪으며 살아온 부부는 버릴 수 없습니다."[190] 했다. 이때 광무제가 머리를 돌려 누이에

---

187) 각혹불성刻鵠不成, 상류목야尙類鶩也, 각혹류목刻鵠類鶩

188) 화호불성畵虎不成, 반류구야反類狗也, 화호류구畵虎類狗

189) 부역교富易交, 귀역처貴易妻

190) 빈천지교불가망貧賤之交不可忘, 조강지처불하당糟糠之妻不下堂, 조강지처糟糠之妻

게 "이 일은 어렵겠다!" 하며 눈짓했다.

호양공주의 가노家奴가 사람을 죽이고 공주의 관사에 피해 있어 관리가 함부로 들어가 그를 잡아들일 수 없었다. 낙양洛陽의 수령守令 동선董宣이 공주가 문을 나설 때까지 기다렸다가 뒤에 탄 살인범 가노를 큰소리로 꾸짖고 호통을 치며 끌어내려 바로 참수斬首해버렸다. 그러자 공주가 궁에 이르러 광무제를 향해 울며 호소하자 광무제가 매우 화를 내며 동선을 몽둥이로 때려죽일 생각으로 불렀다. 동선이 말하길 "공주가 자신의 가노가 살인을 한 것을 놓아두고 폐하께서 다스리지 않는다면 그러면 또 무엇으로 천하를 다스리려 하십니까? 폐하께서 몽둥이로 내려치실 필요 없이 내 스스로 죽겠습니다!" 하며 머리를 기둥에 박아 온 얼굴이 피로 덮였다. 황제가 환관宦官에게 명해 그를 데리고 나가 공주에게 머리를 조아리고 사죄하도록 시켰으나 동선은 두 팔을 땅바닥에 대고 버티며 끝까지 머리를 조아리지 않았다. 황제가 "고집불통이구나!" 하며 그를 데리고 나가도록 명하고 금 30만을 강직剛直한 것에 대한 상금으로 주었다.

황제는 또 고상하고 절개 높은 선비들을 중용했다. 황제가 은사隱士 주당周黨을 불렀다. 주당은 경성京城에 도착한 후에도 굴복屈服하지 아니하고 알현謁見할 때에는 몸만 부복俯伏하고 머리는 땅에 부딪치지 않고 배알拜謁만 했다. 어떤 사람이 상서해 그를 헐뜯자 황제가 "옛부터 현명하고 성스런 군왕 아래에는 반드시 복종하려 하지 않는 사인士人이 있는 것이오." 하며 그에게 비단을 하사해 고향으로 돌려보냈다.

또 처사處士 엄광嚴光이 일찍이 황제와 함께 유학游學했는데 황제가 제齊나라에서 그를 찾았다. 엄광은 양피 옷을 입고 큰 못에서 낚시하며 지냈다. 황제가 그를 경성으로 불렀을 때, 그는 굴복하지 않았다. 황제가 엄광과 함께 한 침상에서 잠을 자는데 한밤중에 엄광이 다리를 펴서 황제의 배 위에 올렸다. 다음날 천문天文을 관측하는 관원인 태사령太史令이 아뢰길 "어젯밤 어떤 객성客星이 아주 흉포하고도 사납게 황성皇星을 범한 것으로 보이는데 별고 없으신지요." 하니 황제가 "친구 엄광과 함께 잠을 잤을 뿐이다." 했다. 황제가 엄광에게 간의대부諫議大夫의 벼슬을 내렸지만 엄광은 받아들이지 않고 경성을 떠나 밭 갈고 낚시하며 부춘산富春山에 은거했다. 한조漢朝 전체에 끊임없이 청렴, 고결한 사인들이 많았던 것은 여기에서부터 시작된 것이었다.

효명황제孝明皇帝의 원래 이름은 유양劉陽이다. 그의 모친은 음陰씨이다. 광무제가 가난하고 미천한 시절에 일찍이 "관직을 맡으려면 집금오執金吾요, 부인을 맞으려면 음려화陰麗華 같은 여자를 맞아야 한다."라고 한 적이 있었다. 뒤에 과연 음려화를 맞았다. 음려화는 유양을 낳았고 그는 어릴 때부터 총명했다. 광무제가 사람을 보내 각 주군州郡에 개간지開墾地나 호구戶口 등을 조사해 정황을 보고 하도록 한 적이 있었다. 황제가 보니 진류군陳留郡 정부의 공식문서 위에 "영천군潁川郡, 홍농군弘農郡은 참견할 수 있으나 하남군河南郡, 남양군南陽郡은 참견 할 수 없을 것이다."라는 글자가 적혀 있었다. 황제가 진류군의 관원에게 그 연유를 묻자 관리가 "이것은 길에서 주워들은 것을 적은 것입니다."해 매우 화를 내었다. 유양이 이때 12세였는데 장막 뒤에서 "그것은 바로 관리들이 군수의 지령을 접수한 것일 것입니다. 그러니 장차 다른 군과 같이 토지를 측량한 정황을 서로 비교해보십시오. 하남군은 수도이니 폐하와 가까운 신료들이 많이 있습니다. 남양군은 폐하의 고향이라 근친들이 많습니다. 그러니 그들이 개간한 밭이나 주택등 모두가 규정을 초과해 표준을 만들 수 없을 것입니다." 했다. 황제는 유양의 말대로 관리에게 묻자 그가 비로소 자백하고 실토했다. 황제가 이에 유양이 기특한 재주가 있음을 알았다. 광무제의 첫 번째 황후인 곽황후郭皇后가 폐위되자 양귀인陽貴人이 황후가 되었다. 유양이 황태자가 되자 이름을 장莊으로 바꾸고 때가 되어 즉위했다.

영평永平 17년, 또 서역도호西域都護, 무기교위戊己校尉를 설치했다. 처음에 경병耿秉이 흉노匈奴를 정벌할 것을 청하면서 "마땅히 무제武帝처럼 서역을 개통開通해 흉노의 오른팔을 끊어놓아야 합니다." 하자 명제明帝가 그의 건의에 따라 경병과 두고竇固를 도위都尉로 삼아 양주凉州에 주둔하게 했다. 그리고 가사마假司馬 반초班超를 서역에 출사出使시켰다. 반초가 선선국鄯善國에 이르자 국왕이 주도면밀周到綿密한 예절로써 그를 접대했다. 그러나 흉노의 사자가 온 다음부터 선선국왕은 잠시 소홀히 대했다. 이에 반초가 관리, 사병 모두 36인을 모아놓고 "호랑이 굴에 들어가지 않고 어떻게 호랑이 새끼를 얻을 수 있겠는가!"[191] 했다.

효화황제孝和皇帝 유조劉肇가 서역西域에 나가있던 반초를 서울로 소환했으나 돌아와 얼마 지나지 않고 죽었다. 반초는 서생書生에서 출발했지만 붓을 던져버리고 무공武功을 세워 만 리 밖 이역異域에서 제후諸侯 노릇을 할 마음이 있었다.[192] 일찍이 한 관상을 잘 보는 사람이 "턱은 제비와 같고 머리는 범과 같아 모습이 위풍당당하다. 날면서 고기를 먹으니 이것이 바로 만 리 제후의 상이다." 했다.

반초가 가사마라는 관직으로 서역에 들어가 장제章帝 때, 서역의 장병장사將兵長史가 되었다. 화제和帝 때에는 서역 도호都護, 기도위騎都尉

191) 불입호혈不入虎穴, 부득호자不得虎子
192) 투필종융投筆從戎

에 임명되어 서역 각국을 평정했다. 반초가 서역에서 생활한 지 30년 만에 결국 정원후定遠侯에 봉해졌다. 이때 반초가 나이 들어 이제는 고향으로 돌아와 옥문관 안에 들어와 살다가 죽기를 애원하자 화제和帝가 허락했다.

임상任尙이 반초를 대신해 도호에 임명되자 반초를 향하여 가르침을 청했다. 반초가 "공은 성질이 급하고 엄격하오. 물이 너무 맑으면 큰 고기가 살지 못하는 것과 같이193) 공은 어떤 것에도 얽매이지 말고 간단하고 쉬운 정책부터 시행해야 할 것이오." 했다. 임상이 개인적으로 다른 사람에게 "나는 반초가 무슨 기이한 비책이 있는 줄 알았는데 그가 오늘 이렇게 말하는 것을 보니 거저 평범할 뿐이네" 했다. 나중에 임상은 서역과의 화평이 끊어지고 반초의 예언과 같이 되었다.

효안황제孝安皇帝의 이름은 유고劉祜이다. 청하왕淸河王 유경劉慶의 아들이며 장제章帝의 손자이다. 유경이 아직 관례冠禮도 치르기 전에 황제가 되자 등태후鄧太后는 계속 조정에서 섭정攝政했으며 등즐鄧騭은 대장군이 되었다. 당시 변경(양주涼州, 병주幷州, 강호羌胡(북적北狄))에는 크고 작은 다툼이 많았다. 등즐은 양주를 포기하고 북부 지방의 변경에 역량을 집중시키려 했다. 낭중郞中 우후虞詡가 안 된다고 여겼다. "관서에는 장수長帥들이 많이 배출되고 관동에는 경상卿相들이 많이 배출되고 열사烈士나 무부武夫들은 양주에서 많이 배출됩니다." 하자 대신들 모두 우후의 의견에 동조했다. 그러자 등즐은 우후에게 악감정을 품고 그를 모함하고자 했다.

마침 조가현朝歌縣의 반도叛徒들이 현지의 관리들을 살해해도 주군州

---

193) 수청무대어水淸無大魚, 수지청즉무어水至淸則無魚, 인지찰즉무도人至察則無徒 물이 너무 맑으면 물고기가 없고, 사람이 지나치게 살피면 무리가 없다.

郡 정부政府로는 그들을 제어制御할 수 없는 지경에 이르렀다. 이에 등즐은 곧 우후에게 조가현령朝歌縣令으로 발령을 내렸다. 우후의 옛 친구들 모두가 그를 위문하자 우후가 "뿌리가 넓게 퍼져 구불구불하고 가지는 서로 헝클어져 있는 나무를 만나지 않으면 예리銳利한 기구器具를 구별해낼 방법이 없다네!" 했다. 이에 우후는 임지에 도착하자마자 장사들을 모집하는데 특히 사람을 상하게 하고 재물을 도적질 해가는 자보다 사람을 죽이고 재물을 약탈해 가는 자들을 우선으로 약 100여 명을 선발했다. 우후는 그들을 변장시켜 반적反賊의 소굴巢窟에 들어가 약탈하도록 부추겼다. 그리고 이들이 일을 벌이는 기회를 이용해 미리 배치된 복병伏兵이 반적 100여 명을 죽이게 했다. 또 가난한 사람 중에 바느질이 가능한 사람들을 모아 반적 소굴에 들어가 품팔이하도록 했다. 그리고 그들로 하여금 도적의 옷을 만들게 한 다음, 옷소매에 색실을 사용해 기호를 만들어 놓았다. 그들이 시장에 나돌아 다닐 때 쉽게 눈에 띄어 즉각 체포逮捕당할 수 있도록 한 것이다. 반적들은 두려움에 떨며 모두 사방으로 흩어지고 마침내 조가현 내의 반적들은 모두 소탕되었다.

등태후는 우후가 장수의 재략才略이 있다고 알고 그를 무도태수武都太守로 임명했다. 수천 명의 강인羌人들이 길에서 부임을 가로막아 우후가 앞으로 나아갈 수 없게 되자 "내가 이미 조정에 구원병을 청해놓았으니 군사들이 오면 그때 출발한다!" 하고 선언했다. 강인들이 이 소식을 듣고 군사를 나누어 주위의 현성縣城을 약탈했다. 우후가 강군羌軍들이 분산되는 틈을 타 밤낮으로 길을 재촉했다. 그리고 그는 사병들에게 한 사람이 각 두 개의 부뚜막을 만들도록 하고 이후 매일 배 씩 더 증가시키도록 명령했다. 어떤 사람이 "손빈은 부뚜막을 감소시키는 계책計策을 썼는데 당신은 부뚜막을 증가시키는 계책을 씁니다. 병법에 '행군은 매일 30리를 초과하면 안 된다'고 했는데 당신은 지금 매일 200리를 행군하고 있는 것은 무슨 까닭이오." 했다. 이에 등후가 "적군은 군사가 많고 아군은 군사가 적으니 천천히 걸어가면 쉽게 따라잡히고 빨리 걸어가면 적군은 아군의 내막을 모르오. 아군의 부뚜막 숫자가 매일 증가되는 것을 보면 곧 주변 군현의 군대들이 앞에 와서 영접하는 것으로 보이고 아군의 인원수가 많아지고 행군이 빨라지면 적군은 감히 쫓아 올수 없게 되오. 손빈은 적에게 약함을 보여주었지만 내가 강함을 적에게 보여주는 것은 서로의 형세가 다르기 때문이오!" 했다.

우후가 군현郡縣에 도착한 다음 보니 군사 3,000명이 남았으나 강군羌軍은 1만여 명이 있었다. 이에 적정赤亭을 포위해 공격한 지 수십 일에 이르렀다. 우후가 강노병强弩兵은 쏘지 말고 소노병小弩兵은 몰래 숨어서 쏘도록 명했다. 그러자 강군이 한군의 궁노 역량이 미약해 쏘아도 자신들에게 미치지 못한다 여기고 곧 병력을 집중해 맹렬히 진격했다. 이에 우후가 20명의 강노수들에게 한 사람씩 집중적으로 쏘도록 하자 명중시키지 않은 것이 없었다. 그러자 강인들이 크게 놀라 두려움에 떨었다. 이때 우후가 재빨리 성을 나와 추살追殺했다. 이튿날 우후는 전군을 집합시켜 군대가 동문으로 나가 북문으로 들어오게 한 후, 옷을 바꿔 입혀 여러차례 순환 왕복하도록 했다. 강인은 한군漢軍이 도대체 얼마나 있는지 몰라 서로 불안하고 두려워했다. 우후가 몰래 성 밖, 물가 얕은 곳에 복병을 두고 강군의 도주로를 지켰다. 강군이 과연 대거 달아나자 한군은 이기회를 타고 습격해 강군을 대패시켰다. 강군은 이로써 괴멸되어 모두 흩어졌다. 등태후鄧太后가 죽었다. 등즐鄧騭이 파면되자 자살했다.

태위太尉 양진楊震이 자살했다. 그는 관서關西 출신으로 당시 사람들이 '관서의 공자孔子 양백기楊伯起(양진의 자字)'라 불렀다. 양진이 문도門徒

들을 가르치고 있는데 어떤 사람이 당하堂下에 전어鱣魚 세 마리를 갖다 놓았다. 관장管長은 이것을 양진이 삼공의 위치에 이를 수 있다는 징표로 여기고 전어를 양진에게 주면서 "선생님은 이제 곧 승진하실 겁니다." 했다. 뒤에 양진은 군수를 지낸 적이 있었다.

한번은 어떤 하급 현령縣令이 황금을 가지고와 양진에게 주면서 "한밤중이라 이 일을 아는 사람이 아무도 없습니다."194) 했다. 그러자 양진이 "하늘이 알고, 땅이 알고, 당신도 알고, 나도 아는데, 어떻게 아는 사람이 없다고 하는가!"195) 했다. 이 현령이 매우 부끄러워하며 곧 가지고 온 황금을 가지고 나갔다. 이후 양진이 삼공의 반열에 오르자 환관宦官과 안제安帝의 유모乳母 왕성王聖이 전권專權을 일삼으며 일만 생기면 모두 양진에게 도움을 구했으나 양진은 일체 응하지 않았다. 또 안제 주위의 시종들이 여러 차례 중상모략하며 음해하자 안제가 양진의 관직官職과 인수印綬를 거두었다. 이에 양진은 임금의 은혜를 입고서도 간신들을 척결剔抉하지 못한 자신의 잘못을 통감痛感하며 마침내 스스로 목숨을 끊었다.

장례葬禮하는 그날, 명망가名望家들이 모두 왔다. 마침 한 길이 넘는 큰 새 한 마리가 양진의 묘 앞에 날아와 구푸리다가, 바라보다가 눈물을 흘린 후 떠났다.

효환황제孝桓皇帝의 이름은 유지劉志이다. 장제章帝의 증손曾孫이다. 열다섯에 즉위했다. 양기梁冀가 효환황제孝桓皇帝의 옹립擁立에 공功이 있어 봉토封土가 더해지고 또 그 자식들과 조카 형제들 모두 후侯에 봉해

---

194) 모야무지暮夜無知, 모야회금暮夜懷金
195) 천지天知, 지지地知, 자지子知, 아지我知, 하위무지何謂無知. 일명 '사지四知'

졌다. 이고李固, 두교杜喬는 청하왕淸河王 유산劉蒜을 옹립할 생각이었는데 이때에 이르러 유산이 폄직貶職(좌천左遷)돼 후작侯爵이 되자 자살하고 이고와 두교도 옥사獄死했다.

전에 낭릉후郞陵侯의 재상 영천潁川사람 순숙荀淑이 어려서부터 박학다식博學多識하고 품행이 고상하여 이고와 이응李膺 등은 모두 그를 으뜸으로 삼았다. 순숙이 낭릉郞陵의 승상丞相이었을 때 정치적인 업적이 현저顯著하여 모두 '신군神君'이라 불렀다. 순숙에게는 아들이 여덟 명 있어 당시 사람들은 '팔용八龍'이라 불렀다. 그의 여섯 번째 아들 순상荀爽은 자字가 자명慈明인데 사람들은 '순자팔용荀子八龍, 자명무쌍慈明無雙(순숙荀淑의 여덟 명의 아들 가운데 자명慈明만한 아들은 세상에 둘이 없구나)'이라 불렀다. 이에 그곳의 현령縣令이 순숙이 거주하고 있던 마을 이름을 '고양리高陽里'라 했다. 순상荀爽이 일찍이 이응을 배알하고 그 기회를 이용해 그의 마차를 몰았다. 돌아온 다음 좋아하며 "오늘 마침내 이군의 마차를 한번 몰아 보았다." 했다.

같은 고을사람 진식陳寔이 순숙과 더불어 명망이 있었다. 일찍이 그가 순숙을 찾았던 적이 있었다. 그의 큰 아들은 진기陳紀, 자는 원방元方이고, 둘째아들은 진심陳諶으로 자는 계방季方이다. 진기는 마차를 몰고 진심은 수행했다. 그리고 그의 손자는 진군陳群이며 자는 장문長文이다. 나이가 아직 어려서 진식이 품에 안고 마차 안에 앉았다. 순숙의 집에 도착하자 '팔용八龍'이 차례로 양옆에서 시봉했다. 순숙의 손자 순욱荀彧은 자가 문약文若이다. 아직 너무 어려서 순숙이 안고 자신의 무릎 위에 놓았다.

이날 천문관天文觀인 태사太史가 황제에게 주청奏請하길 "덕성德星이 출현하여 500리 안에 있는 현인賢人들이 모였습니다." 했다. 진식이 일찍이 태구장太丘長을 지내면서 덕행德行을 닦고 청정한 정치를 했다. 그가 이임 후, 관리나 백성들 모두 그를 생각하게끔 했다. 진기와 진심의 아들이 진식을 향해 그들 부친의 우열優劣, 고하高下를 묻자 진식이 "원방과 계방은 각자 장점이 있어서 원방이 형 되기도 어렵지만, 계방이 아우 되기도 어렵다." 했다.196)

환제桓帝가 의지와 기개가 고상하고 시속時俗의 부침浮沈에 따르지 않으며 독립적으로 일을 행할 수 있는 인재를 추천하도록 주군州郡에 명했다. 탁군涿郡사람 최식崔寔이 추천된 후, 낙양洛陽에 도착해 접대를 책임지는 공거아문公車衙門에 이르렀으나 황제의 시험에는 참가하지 않았다. 고향으로 돌아간 후, 《정론政論》을 지었다.

대체로 "성인聖人은 능히 시사時事의 변화에 따라 변화한다. 하지만 속인俗人의 비애悲哀란 것은 바로 변통變通을 모른다는 데 있다. 그들은 상고시대上古時代에나 통하는 단순한 결승結繩의 방법으로 진조말년秦朝末年의 어지럽고 복잡한 난세亂世를 풀 수 있다고 여기고 옛날 우禹임금 시대에나 추었던 간우干羽의 춤으로 고조高祖가 흉노匈奴의 40만 군사에게 포위包圍된 평성平城을 구할 수 있다고 여긴 시대착오적時代錯誤的인 생각을 한다.

무릇 형벌이라는 것은 난세亂世를 다스리는 약석藥石이며 덕교德教란 것은 태평성세를 다스리는 미식美食, 가효佳肴이다. 덕교德教로써 흉잔凶殘을 제거하려는 것은 미식, 가효로써 질병을 치료하려는 것과 같다. 반면 형벌로써 태평성세를 다스리려는 것은 약물을 사용해 신체를 기르려는 것과 같은 것으로써 모두 적합하지 않은 것이다. 몇 대 전부터 법령

---

196) 난형난제難兄難弟, 막상막하莫上莫下

이 지나치게 관용적이고 은혜를 베풀어 예컨대 마부가 고삐를 내팽개치면 말은 재갈을 벗어버리고 네 필의 우수한 말들은 모두 앞으로 돌진하게 되어 서로 부딪치게 된다. 그러면 앞에 길은 매우 험악하게 기울어져 마차가 전복顚覆될 수 있다. 이에 급히 고삐를 당기고 재갈을 물려 제동制動을 하여야 하는 데도 불구하고 어떻게 아직도 한가하게 한편으론 방울소릴 들으며 한편으론 두려워 말고 앞으로 나가라고 하겠는가, 과거 한문제가 비록 육형肉刑을 폐지했지만 당연히 오른발이 잘려야 하는 사람이 기시棄市당하고, 태형笞刑을 받은 사람이라도 왕왕 죽는 수가 있었다. 이 때문에 문제는 엄혹한 벌로써 치평治平을 이루었지 관용적인 방법으로 태평천하를 이룬 것이 아니었다."이와 같다. 중장통仲長統이 최식의 이 책을 보고 말하길 "무릇 군왕은 반드시 한편을 베껴 자리 곁에 놓아두어야 할 것이다."197)하였다.

강굉姜肱은 팽성인彭城人이다. 두 동생, 강중해姜仲海와 강계강姜季江 모두 부모에게 효순孝順하고 형제간에 우애友愛가 있어 늘 한 이불을 덮고 잤다. 일찍이 강굉과 계강이 길에서 강도를 만난 적이 있었다. 형제 두 사람은 서로 먼저 죽겠다며 다투는 통에 강도는 둘 모두를 풀어주었다. 이에 조정에서 서치徐稺와 강굉에게 정벽征辟198)했으나 모두 나가지 않았다.

진류인陳留人 구향仇香은 이름이 람覽이다. 40세에 포정蒲亭의 정장亭長이 되었다. 진원陳元이라 불리는 한 노 백성이 있었다. 그의 모친이 진원을 불효한다고 고소告訴하자 구향이 직접 진원의 집에 찾아가 진원에게

---

197) 좌우명座右銘
198) 초야草野에 있는 사람을 불러 벼슬을 시킴.

윤리倫理, 도덕道德을 강술講述했다. 진원이 감동해 대오각성大悟覺醒하여 마침내 효자가 되었다.

고성현考城縣의 현령 왕환王奐이 구향을 현縣의 주부主簿로 임명하면서 "공이 진원을 징벌懲罰하지 않고 그를 감화시킨 것은 혹시 참매가 참새를 낚아채는 것과 같은 단호함으로 불효자들을 엄벌에 처해야 함에도 불구하고 벌을 줄 단호한 용기가 부족해서 그런 건 아니오." 하자 구향이 "저는 참매가 참새를 낚아채는 것과 같은 단호함은 난봉鸞鳳이 서로 입 맞춰 우는 것199)만 못하다고 여깁니다." 했다. 그러자 왕환이 "가시덤불 숲은 봉황같이 품위 있는 새가 깃들 만한 곳이 아니며 사방 100리도 안 되는 작은 현부縣府의 관직은 대현大賢의 길이 아니지요."200)하며 구향을 태학太學에 들어가도록 힘을 썼다. 그러나 구향은 늘 스스로를 지켜내며 성실히 자신의 분수를 지키며 살았다.201)

황경黃瓊이 죽고 난 후, 조정에는 삼공三公에 오른 양병楊秉, 유총劉寵 등이 모두 인망人望이 높았다. 유총은 일찍이 회개태수를 역임하며 군을 크게 잘 다스렸다. 유총이 조정에 소환되어 갈 때 5~6명의 노인들이 산곡에서 나와 매 사람이 100전錢씩 가지고 유총에게 주며 "당신은 훌륭한 태수로서 이 고을에 부임한 이래 개가 밤에 짖은 적이 없었고 백성들도 관리들의 소란을 본적이 없었습니다. 지금 들으니 당신이 우리들을 포기하고 떠난다 하니 우리가 비록 노구老軀이지만 서로 부축해가며 당

---

199) 난봉화명鸞鳳和鳴, 금슬화해琴瑟和諧, 화여금슬和如琴瑟, 천작지합天作之合, 종고락지鐘鼓樂之, 경하혼인慶賀婚姻, 백년가약百年佳約, 백년해락百年偕樂, 비익연리比翼連理, 해로동혈偕老同穴, 원앙지계鴛鴦之契, 어수지친魚水之親, 봉황우비鳳凰于飛, 부창부수夫唱婦隨

200) 지극비난봉소서枳棘非鸞鳳所棲, 백리비대현지로百里非大賢之路

201) 안분낙업安分樂業, 안분수기安分守己, 안빈낙도安貧樂道

신을 봉송奉送하러 왔습니다." 하자 유총이 "나의 정치적인 업적이 그렇게 자랑할 만한 것이 있었겠습니까마는 여러 어르신들이 수고하셨지요!" 했다. 이에 한 사람을 뽑아 대전大錢 하나만 받았다. 뒤에 유총이 입조해 사공司空이 되었다.

양병도 조정에서 벼슬을 할 때 사람됨이 정직했다. 하남윤河南尹을 지낼 때에는 일찍이 환관에게 거슬려 죄를 얻었다. 뒤에 태위太尉가 되었다가 임지任地에서 죽었다.

진번陳蕃이 양병의 후임으로 태위가 되자 수차례 이응李膺을 추천해 그를 사례교위司隷校尉가 되게 했다. 환관宦官들은 모두 이응을 두려워해 그를 보면 모두 근신勤愼, 공경恭敬하며 숨소리도 크게 내지 못하고 궁 밖에도 잘 나오질 못했다. 당시 조정의 기강과 법도는 무너져 있었지만 이응 혼자 흔연히 조정의 기강과 무너진 법도를 집행했다. 이 때문에 그의 명성은 나날이 높아져 무릇 책 읽는 선비들 사이에선 그와 접견할 수 있는 사람을 일러 '등용문登龍門'202)이라 했다.

영제靈帝가 유생들을 소집해 오경문자五經文字(시詩, 서書, 역易, 예禮, 춘추春秋)를 교정校正하도록 했다. 채옹蔡邕에게는 고문자古文字(상형문자象形文字), 대전大篆, 예서隷書 등 3종의 서체書體로 돌 비석에 새겨 태학太學문 밖에 세워두도록 했다. 영제는 문학을 좋아해 태학에서 사부辭賦의 창작에 능한 학생을 선발하여 홍도문鴻都門에 모아놓고 영제의 조령詔令203)을 기다리게 했다. 태학을 설치하고 학생들을 선발했으나 모두 지식

---

202) 용문龍門은 황하黃河가 산간 지대에서 평야 지대로 나오는 곳으로서 물살이 매우 험악해 잉어들이 잘 올라갈 수 없는 곳이나 만약 올라가기만 한다면 용이 된다는 것이다. 그래서 올라가면 용이 된다는 문, 즉 '등용문登龍門'이라 했다.

이 얕고 기량이 협착狹窄한 소인배小人輩들뿐이라 군자들은 이들과 함께 함을 부끄럽게 여겼다.

영제가 '서저西邸'란 관사官舍를 개설해 벼슬을 팔았다. 각종 벼슬의 가격은 정해져 있었다. 최열崔烈이란 자가 있어 500만 금을 주고 사도司徒라는 벼슬을 샀다. 그가 그의 아들에게 밖의 사람들이 무슨 이야기를 하더냐고 묻자 아들이 "사람들이 그의 돈에서는 냄새가 나서 싫다는 이야기만 했습니다." 했다.

거록巨鹿사람 장각張角이 '태평도太平道'라는 요술妖術을 무리에게 가르쳤다. 그는 주문을 외운 부적을 물에 넣고 병을 치료하며 그의 제자들을 사방에 보내 끊임없이 사람들을 현혹眩惑시켰다. 10여 년 사이에 무리들이 몇 10만 명에 달했다. 장각은 36방方을 설치해 대방大方은 1만여 명, 소방小方은 6,000~7,000명, 매방마다 각 거수渠帥 한 명을 두었다. 그들은 한꺼번에 각지에서 기병起兵해 머리엔 황색 두건을 두르고 이르는 곳마다 불을 지르고 약탈을 감행했다. 열흘 사이에 천하가 호응呼應했다. 영제가 황보숭皇甫嵩 등을 보내 황건군黃巾軍을 토벌하도록 하자 황보숭과 패국沛國사람 조조曹操가 합군合軍해 황건군을 격파했다.

조조의 부친 조숭曹嵩은 환관宦官 조등曹騰의 양자였다. 어떤 사람은 조조는 하후씨夏候氏의 아들이라고 했다. 조조는 어릴 때부터 영리하고 눈치가 빨랐으며 권모술수權謀術數가 있었다. 의협심義俠心도 있고 호탕하여 어떤 일에도 얽매이지 않았다. 그러나 가업家業은 돌보지 않았다.

여남汝南사람 허소許劭와 그의 사촌형 허정許靖이 높은 명망이 있었다. 당시 두 사람은 함께 현지의 유명 인사들을 평론評論했는데 매달 배열

203) 천자나 제후, 황후, 태자가 발하는 명령. 천자의 명령은 조詔라하고, 제후, 황후, 태자의 명령은 령令이라 함

순서를 바꿔가며 평가했다. 여남 사람들은 이것을 '월단평月旦評'이라 했다. 이때 조조가 허소를 찾아가 "나는 어떤 사람이오!" 하고 묻자 허소가 입을 닫고 대답을 하지 않았다. 이에 조조가 위협을 가하자 허소가 비로소 말하길 "그대는 천하가 태평할 때에는 능신能臣이 될 수 있으나 천하가 크게 어지러울 때에는 간웅奸雄이 될 것이오!"[204]하자 조조가 웃으며 나갔다. 이무렵 조조가 황건적을 토벌하면서부터 이름이 세상에 알려지기 시작했다.

영제靈帝가 붕어했다. 재위 22년에 건령建寧, 희평喜平, 광화光和, 중평中平으로 연호年號를 네 번 바꾸었다. 그의 아들 유변劉辨이 즉위하자 하태후何太后가 섭정攝政하고 태후의 오빠 대장군 하진何進이 상서尙書의 일을 주지主持했다. 원소袁紹가 하진에게 환관들을 죽이라고 권하자 태후가 동의하지 않았다. 이에 원소등이 천하의 맹장들을 소집해 그들로 하여금 병력을 데리고 경성에 들어가 하태후를 위협하도록 했다. 곧 동탁의 군대도 불렀으나 군대가 미처 경성에 도달하기 전에 하진은 환관에 의해 피살되었다.

원소가 병력을 데리고 들어가 환관들을 붙잡아 노소를 가리지 않고 모두 죽였다. 총 2,000여 명 이상으로 그 중에는 수염이 없어 오인誤認되어 죽은 자도 있었다. 동탁이 도착한 이후, 사건의 연유를 묻자 유변은 나이 겨우 14세라 말을 했으나 논리나 순차가 없었다. 그러나 황제 이모의 동생 진류왕陳留王은 일일이 답하며 빠뜨리는 것이 없었다. 이에 동탁은 유변을 폐廢하고 진류왕을 황제로 세울 생각을 하게 되었다. 원소가 안 된다고 하자 동탁이 매우 화를 냈다. 이에 원소는 곧 낙양을 빠져

---

204) 치세지능신治世之能臣, 난세지간웅亂世之奸雄

나왔다. 동탁은 유변을 폐하고 진류왕을 세웠다. 그가 효헌황제孝憲皇帝이다.

효헌황제의 이름은 유협劉協이다. 아홉 살에 동탁에 의해 황제에 옹립擁立되었다. 함곡관 동쪽의 주군州郡들은 모두 동탁을 토벌하기위해 분연憤然히 일어나 원소를 맹주로 추대했다. 동탁은 낙양의 궁전과 사당을 불지르고 도성都城을 장안長安으로 옮겼다.

장사長沙 태수太守, 부춘富春사람 손견孫堅이 동탁을 토벌하는 군사를 일으켰다. 군대가 남양南陽에 이르자 수만 명에 달했다. 원술의 군대와 합세했다. 원술袁術과 원소袁紹는 바로 한 조상으로 이전에 태위太尉 원안袁安의 현손玄孫이다. 원씨 가문家門은 4대에 걸쳐 다섯 명의 삼공을 배출한 집안으로 부귀가 다른 삼공의 가문과는 비교가 되지 않았다. 원소는 체격이 건장하고 위엄이 있었으며 천하의 명사들과 사귀길 좋아했다. 명사들 또한 사방팔방에서 찾아와 그와 가깝게 지냈다. 원술도 의협심과 기개가 있는 인물로 이때 함께 군사를 일으켰다. 손견이 동탁의 군대를 격파하자 원술은 손견에게 형주를 공략할 계교計巧를 보냈으나 손견은 도리어 유표劉表의 부장部將 황조黃祖 휘하麾下 보병의 화살에 맞아 죽었다.

사도司徒 왕윤王允 등이 비밀리에 동탁을 죽일 계획을 세웠다. 중랑장中郎將 여포呂布가 체력이 보통 사람을 넘어서는 것을 보자 동탁은 그를 신임하고 좋아했다. 동탁이 일찍이 자기 마음에 들지 않은 일로 인해 창을 뽑아 여포에게 던진 일이 있었다. 여포가 겨우 피해 목숨을 건졌다. 왕윤이 여포와 서로 교제하면서 (자기의 계획을 털어놓아) 여포로 하여금 몰래 서로 협력하기로 약속했다. 어느 날 동탁이 조정에 들어가는데 왕윤이 보낸 용사들이 북액문北掖門에 매복埋伏해 있다가 들어오는 동탁을 찔렀다. 동탁이 수레에서 떨어지자 여포가 크게 고함을 지르며 "황제의 조령詔令을 받들어 적신賊臣을 토벌한다!" 했다. 여포가 동탁을 향해 욕을 다 뱉어내기도 전에 손에 잡은 쇠창으로 그를 찌르려 하며 아울러 사병들에게 그의 머리를 베라고 재촉했다.

이전에 동탁이 자신의 봉지封地인 미현郿縣에 작은 형태의 성을 만들어 놓고 그 속에 30년 동안 충분히 먹을 수 있는 식량과 금, 은, 비단 등 갖가지 기호품嗜好品을 산같이 쌓아두었다. 그리고 그는 "큰일을 이루면 곧 천하를 점거할 것이고 이루지 못하면 이곳을 지키다 죽을 것이다." 했다. 그가 죽은 후, 시체는 끌려나와 대중들 앞에 전시되었다. 동탁은 평소 비만했다. 형장의 관리가 큰 심지를 만들어 그의 배꼽 가운데에 꽂아 두었다. 저녁부터 타들어간 불이 날이 밝아도 꺼지지 않고 며칠간 탔다. 그러자 동탁의 동당同黨들이 거병해 조정의 다른 문벌門閥들을 공격했다.[205] 왕윤은 살해되고 여포는 달아났다.

탁군涿郡의 유비劉備는 자가 현덕玄德이다. 그의 선조는 경제景帝의 아들 중산정왕中山靖王 승勝의 후손이다. 유비는 포부가 원대했다. 말수가 적었고 기쁨과 성냄의 표정을 얼굴에 나타나지 않았다. 하동河東 사람 관우關羽, 탁군 사람 장비張飛와 유비가 서로 사이가 좋았다. 유비가 군사를 일으키자 두 사람이 그를 따랐다.

손견의 아들 손책孫策과 동생 손권孫權이 부춘富春에 머물다가 후에 서성舒城으로 옮겼다. 손견이 죽었을 당시 손책의 나이가 겨우 17세였다. 원술을 찾아가 그의 부친에게 남아 있었던 군사를 얻었다. 손책은 10세 쯤에 벌써 당시의 유명인사와 친분을 쌓기 시작했다. 서성 사람 주

---

205) 동당벌이同黨伐異, 당리당략黨利黨略

유周瑜는 손책과 동갑同甲으로 영민하고 호방했으며 일찍부터 자질이 만들어져 있었다. 이때에 손책을 따라 함께 군사를 일으켰다. 손책이 동쪽 장강長江을 넘어 전선을 옮겨갔으나 그의 공세를 막을 사람이 없었다. 백성들은 장차 손책이 온다는 소식을 듣자 모두 혼비백산魂飛魄散했다. 그러나 손책의 대군은 이르는 곳마다 실오라기 하나도 백성들의 재산을 침범한 것이 없었고 사람을 해치지도 않음을 보자 모두 기뻐했다.

처음에 조조가 스스로 출병해 동탁을 토벌할 때, 형양滎陽에서 교전했다. 군대를 물린 후에는 하내河內에 진陣쳤다. 뒤에 동군東郡 태수太守를 맡고 있으면서 동무양東武陽에서 군都을 다스리고 있었다. 얼마 지나지 않아 조조가 연주兗州에 들어가 주둔하다 아예 그곳을 점령해 스스로를 자사刺史에 봉封하고 나중에 사자使者를 보내 연주목兗州牧을 맡을 수 있도록 상서上書했다. 헌제獻帝가 낙양으로 돌아온 후, 조조는 조정에 들어가 헌제를 허창許昌으로 옮기게 했다.

조조가 여포를 격살擊殺했다. 처음에 여포가 관중에서 달아난 다음 원술에게 붙었다가 다시 원소에게 붙었다. 얼마 후 또 원소를 떠났다. 나중에 조조에게 공격을 당하자 달아나 유비에게 붙었다. 오래 지나지 않아 이번엔 유비를 습격해 하비下邳를 점거했다. 이에 유비는 달아나 조조에게 투항投降했다. 조조는 유비를 소패小沛에 주둔駐屯하도록 보냈다.

여포가 진등陳等을 조조에게 보내 자신이 서주목徐州牧을 맡을 수 있도록 요구했다. 조조가 동의하지 않았다. 진등이 돌아와 여포에게 말하길 "내가 조공을 만나서 '장군을 기르는 것은 사나운 범을 기르는 것과 같아 늘 고기를 배불리 먹여야 합니다. 만약 배부르게 먹이지 못하면 주인을 물어버릴 수 있습니다.' 했더니 조공이 '그렇지 않소. 마치 한 마리의 매를 기르는 것과 같아 배가 고프면 사람에게 붙어 있지만 배가 부르면 곧 바로 날아가 버릴 것이오!'라 했습니다." 하였다.

여포가 또 유비를 공격하자 유비는 달아나 조조에게 귀순했다. 조조가 여포를 공격해 하비성下邳城 아래에 이르렀다. 여포가 연전연패連戰連敗하며 하비성이 포위되자 결국 투항投降했다. 조조가 그를 묶어놓고 말하길 "묶어놓은 범이라도 급히 처리하지 않을 수 없다!" 하며 마침내 끈으로 목을 매달아 죽였다. 유비가 조조를 따라 허창許昌으로 돌아왔다.

원술袁術이 처음에 남양을 점거했다가 나중에 수춘壽春을 점거했다. 참언讖言에 "한漢을 잇는 자, 당연히 도고途高이다."라는 말이 있었다. 그는 자신의 이름이 이에 맞다 하였다.206) 마침내 스스로를 황제라 불렀다. 원술이 황제라 칭한 후, 황음荒淫하고 사치奢侈가 심했다. 오래지 않아 쌓아두었던 재물을 모두 탕진하고 스스로를 유지할 방법이 없자 원소에게 달아나려고 했다. 조조가 유비를 보내 가로막자 원술은 수춘으로 돌아와 피를 토하고 죽었다.

손책이 이미 강동江東을 평정한 다음 허창許昌을 습격하려 했다. 아직 군사를 일으키기 전이었다. 손책이 이전에 죽였던 원오군原吳郡의 태수 허공許貢의 문객門客이 손책이 사냥하러 나가는 틈을 타 매복한 다음 그를 화살로 쏘았다. 손책이 심한 부상을 입었다. 이에 아우 손권을 불러 자신을 대신해 부대를 지휘하도록 했다. 그러면서 "강동의 군대를 거느리고 변방에서 결전하며 천하의 영웅들과 함께 서로 겨루었네. 현재賢才를 선발하고 능신能臣을 임용하는 것은 자네는 나에게 미치지 못하네! 하지만 그들로 하여금 충성을 다하게 하여 강동을 지키게 하는 데는 내

---

206) 원술은 손견으로부터 옥새를 획득 한 후, 197년에 수춘壽春에서 황제라 칭했다. 말하자면 '도途'자와 그의 이름 가운데 '술术'자 그리고 그의 자字인 '공로公路'와는 정확히 부합한다는 것이다.

가 자네만 못하네!" 했다. 죽을 때 나이가 겨우 26세였다.

원소가 기주冀州를 점거하고 정예병 10만과 기병 1만을 선발해 조조의 주둔지인 허창許昌을 공격하려고 하자 모사謀士 저수沮授가 간諫했다. "조조가 천자를 받들어 천하를 호령하고 있는데 지금 거병해 남으로 진군한다는 것은 군신의 도의에 위배됩니다. 그래서 신은 혹시 공이 욕보지 않을까 우려하고 있습니다." 했다. 그러나 조조는 듣지 않았다. 조조와 원소가 관도官渡에서 서로 대치하고 있었다. 조조가 몰래 원소의 치중輜重에 군량기지를 파괴하자 원소군은 크게 궤멸潰滅되었다. 이에 원소는 부끄러움과 분노로 마침내 피를 토하고 죽었다.

거기장군車騎將軍 동승董承이 헌제의 밀조密詔를 받았다고 칭하며 유비와 같이 조조를 죽이려 했다. 하루는 조조가 침착하게 유비에게 말했다. "예컨대 지금 천하의 영웅은 오직 당신과 나뿐이오." 하자 유비가 마침 무엇을 먹고 있다가 수저를 함께 떨어뜨렸다. 때맞춰 하늘에서 천둥이 쳤다. 유비가 이 기회를 타고 "공자孔子가 말하길 '천둥과 폭풍을 만나면 사람들의 안색顏色이 변한다.'는데 정말 이와 같군요!" 했다.

조조가 유비를 보내 원술을 막도록 했다. 이 기회를 타고 서주徐州로 달아난 유비는 마침내 군사를 일으켜 조조에게 반기를 들었다. 조조가 유비를 공격하자 유비는 먼저 달아나 기주冀州에 들렀다가 뒤에 다시 병력을 데리고 여남汝南에 이르렀다. 그 후 또 형주荊州의 유표劉表에게 의탁했다. 유비가 일찍이 유표를 찾아간 적이 있었다. 그때 측간에 갔다 돌아와 슬피 탄식하며 눈물을 흘렸다. 유표가 괴이하게 여기며 그 까닭을 묻자 "제가 평시엔 말안장을 떠나지 않았으므로 넓적다리 안쪽엔 살이 전혀 없었습니다. 하지만 지금 다시 말을 타지 않았더니 넓적다리 안에 살이 붙었습니다. 세월은 흐르는 물과 같고 사람도 빠르게 늙어갈 것

입니다. 그러나 이루어 놓은 공이나 업적은 없으니 바로 이것이 슬플 뿐입니다." 했다.207)

낭야琅邪에 제갈량諸葛亮이 양양襄陽의 융중隆中에 머무르고 있었다. 늘 자신을 관중管仲이나 악의樂毅에 견주었다. 유비가 사마휘司馬徽를 찾아 명사名士를 구하자 그가 말하길 "시무時務(당면한 시대적 급선무急先務)를 잘 아는 자가 바로 준걸俊傑이오! 여기 양양襄陽에 복룡伏龍과 봉추鳳雛라는 두 준걸이 있는데 바로 제갈공명諸葛孔明과 방사원龐士元이오!" 했다. 모사謀士 서서徐庶도 유비에게 "제갈공명이 바로 와룡臥龍이오!" 했다.

유비가 세 번 찾아가 비로소 제갈량을 만났다. 이에 그에게 천하통일의 계책을 묻자 그가 말하길 "조조는 백만 대군을 손에 쥐고 천자를 끼고 천하의 제후들을 호령하고 있습니다. 이것은 당연히 그와 예봉銳鋒을 다툴 수가 없음을 말합니다. 손권이 점거하고 있는 강동은 지세는 험난한 요새와 같고 민심은 충심으로 복종하니 가히 그와 더불어 연맹聯盟할 수는 있지만 도모圖謀할 수는 없습니다. 형주荊州는 바로 사방이 무력을 사용하기에 편한 곳이요, 익주益州는 사방의 지세가 험난하고 거치지만 중간에 기름진 들이 천리나 뻗어 있어 바로 천부天府의 땅입니다. 만약 형주와 익주를 점유하여 그 요처를 지켜나가다가 천하형세의 변화가 생길 때를 기다려, 때가 되었다고 판단되면 그때 형주의 군대를 완성宛城과 낙양洛陽으로 발진發進시키고, 익주에 있던 군대는 진천秦川을 거쳐 중원中原을 향해 발진시킨다면, 백성들이 어찌 소쿠리에 먹을 것을 가득 담고, 호리병에는 술을 가득 담아208)당신을 맞이하러 오지 않겠습니

---

207) 일월여류노장지日月如流老將至 공업불건시이비이功業不建是以悲耳, 비육지
　　 탄髀肉之嘆, 비육부생髀肉復生
208) 단사호장簞食壺漿, 단사표음簞食瓢飮

까!"하자 유비가 "매우 좋습니다!" 했다. 이후부터 제갈량과의 우의가 나날이 깊어졌다. 그는 "나에게 공명이 있는 것은 고기가 물을 만난 것과 같다!"[209] 했다.

조조가 유표를 공격했다. 유표가 죽자 그의 아들 유종劉琮이 형주를 들고 조조에게 투항했다. 유비가 강릉江陵으로 피하자 조조는 군대를 데리고 추격했다. 유비는 다시 하구夏口로 군대를 물렸다. 조조가 강릉을 점거하자 곧 배를 타고 동쪽 오吳로 내려갔다. 제갈량이 유비에게 "손장군에게 구원병을 청하십시오!" 했다.

제갈량이 나아가 강동江東의 손권을 만나보고 설득하자 그가 매우 좋아했다. 이때 조조도 손권에게 서찰을 보내 "지금 내가 80만 수군을 훈련시켜 장군과 함께 오吳의 땅에서 사냥을 하고자 하오!" 했다. 손권이 조조의 편지를 쥐고 부하들에게 보여주자 모두 안색이 두려움으로 변했다. 장소張昭는 조조를 영접迎接하자 하고, 노숙魯肅은 안 된다 하자 손권이 주유周瑜를 불러오도록 했다. 주유가 와서 말하길 "저에게 수만 명의 정예병精銳兵만 주신다면 하구夏口를 향해 나아가 장군을 위하여 조군曹軍을 격퇴시킬 것을 보증합니다." 했다. 그러자 손권이 칼을 뽑아 앞에 놓아둔 책상을 찍으며 "앞으로 제장諸將이나 관리官吏들이 감히 다시 조조를 영접하자는 말을 한다면 곧 이 책상과 똑같이 될 것이오!" 했다.

마침내 손권이 주유에게 3만 명을 거느리고 유비와 함께 조조를 막으라고 지시했다. 주유가 군대를 진격시켜 적벽赤壁에서 조조와 조우遭遇했다. 주유의 부장副將 황개黃蓋가 "조군曹軍은 전선戰船을 모두 묶어 놓아 수미首尾가 서로 연결되어 있습니다. 화공火攻이면 조군을 격파할 수

---

209) 여어득수如魚得水

있겠습니다." 했다. 이에 공격용 쾌속선 10여 척에 마른 풀과 장작을 싣고 그 속에 기름을 부은 다음 겉에는 포장을 둘렀다. 그리고 그 위에 깃대를 꽂아 미리 쾌속선 후미에 매어두었다. 황개가 먼저 사람을 조조에게 보내 편지를 전하며 황개가 투항할 생각이 있다고 속였다. 때맞춰 동남풍이 갑자기 불어왔다. 황개가 열 척의 공격용 쾌속선을 가장 전면에 앞세워 나아가다 강 중간에 이르자 배의 돛대를 올렸다. 그 나머지 배들은 뒤에서 따랐다. 조군의 경계병들은 모두 배를 가리키며 황개가 항복하러 온다고 말했다. 조군과의 거리를 약 2리里 남겨놓고 열 척의 공격용 쾌속선에 불을 동시에 붙였다. 불은 바람을 타고 맹렬히 타올랐다. 배는 마치 화살처럼 앞을 향해 나아가며 조군의 전선戰船 모두를 불태웠다. 때문에 짙은 연기와 함께 맹렬한 불길이 하늘을 가렸다. 조군에 불에 타죽고 물에 빠져 죽는 사람과 말의 숫자는 부지기수不知其數였다. 이때 주유는 때를 기다리고 있다가 가벼운 무장을 한 정예병들을 인솔해 천지를 뒤흔드는 북소리와 함께 앞을 향해 맹렬히 진격했다. 조군은 대패했다.210)

조조가 허창으로 물러난 후, 또 몇 차례 군사를 보내 손권을 공격했으나 모두 성공하지 못했다. 그러자 조조가 탄식하며 "아들을 낳으려면 손중모孫仲謀(손권孫權) 같은 아들을 낳아야 한다. 접때 죽은 유경승劉景升(유표劉表)의 아들은 개, 돼지일 뿐이야!" 했다. 유비가 형주와 강남 이남의 몇 개의 도성을 점령하자 주유가 손권에게 상소해 "유비는 일세의 효웅梟雄이며 게다가 그에게는 웅호熊虎와 같은 맹장猛將, 관우와 장비가 있습니다. 이 세 사람이 강토疆土에 모여 있으면 마치 교룡蛟龍이 구름과

비를 만난 것 같아[211] 끝까지 못 가운데에 머물러 있지만은 않을 것입니다. 그래서 마땅히 유비를 오군吳郡에 안치安置시켜야 할 것입니다." 했다. 그러나 손권은 듣지 않았다.

주유가 마침 북방의 조조를 도모하려고 상의하던 중에 병으로 죽자 노숙魯肅이 그를 이어 오군을 통솔했다. 노숙은 손권에게 형주의 땅을 유비에게 빌려주어 (유비와 협력하여) 조조에게 맞서자고 권하자 손권은 노숙의 건의를 들어주었다.

손권의 장수 여몽呂蒙이 애초에 전혀 공부를 하지 않았었다. 이에 손권이 여몽에게 독서를 권했다. 노숙이 나중에 여몽과 천하대사를 논의할 때가 있었다. 그때 매우 의아하게 말하길 "그대는 이미 이전 오하吳下의 아몽阿蒙(아둔한 아이)이 아니오." 했다. 그러자 여몽이 "선비는 3일만 떨어져 있다 다시보아도 곧 눈을 서로 비비고 봐야 할 만큼 늘 자신을 갈고 닦아 새로워야 하오."[212] 했다.

유비가 처음에 방통龐統을 뇌양耒陽 현령縣令에 임명했다. 방통이 잘 다스리지 못하자 노숙이 서신을 보내 말하길 "방사원龐士元의 재간은 작은 소읍을 다스리게 하기에는 적합하지 않습니다. 그에게 치중治中이나 별가別駕의 직책을 부여해 그의 재간을 발휘하도록 시키십시오." 했다. 유비가 그의 말을 듣고 따랐다. 어떤 사람이 유비에게 익주益州를 취해야 한다고 권하자 유비가 곧 관우는 남아서 형주성을 지키게 하고 자신은 병력을 거느리고 장강長江을 거슬러 파군巴郡에서부터 촉蜀 땅으로 진입해 들어가 유장劉璋을 공격하고 성도成都로 들어갔다. 유비가 익주

---

211) 교룡운우蛟龍雲雨
212) 괄목상대刮目相對

를 접수하자 손권이 사람을 보내 형주를 돌려달라고 했으나 유비는 거절했다. 둘은 서로 다투다가 마침내 형주를 똑같이 나누었다.

유비가 촉에서 시작해서 한중을 취하고 자립해 마침내 한중왕漢中王이 되었다. 한중왕의 장수 관우가 강릉江陵에서부터 군사를 일으켜 번성樊城을 공격하고 양양襄陽을 점령했다. 허창許昌에서부터 남쪽을 향해 가는 도중에 매우 많은 지방이 관우를 호응해 주었다. 관우의 위명威名이 날로 온 중원에 진동震動하자 조조와 군신들이 허도許都를 옮겨 관우의 예봉銳鋒을 피할 생각을 하고 있었다. 이에 사마의司馬懿가 "유비와 손권은 친근한 것같이 보여도 내심 소원疎遠하며 관우가 뜻을 얻는 것을 손권의 내심은 결코 바라는 바가 아닐 것입니다. 그래서 사자使者를 보내 손권이 관우의 후방을 위협하도록 권하고 이에 응한다면 손권에게 강남을 분봉해주겠다고 승낙承諾하십시오." 했다. 조조는 그의 건의를 받아들였다. 당시에 노숙은 이미 죽었고 여몽이 그의 관직을 이어 받아 또 손권에게 관우를 도모하도록 권유했다. 조조의 군대가 와서 번성樊城을 구원했다. 동오東吳의 장수 육손陸遜이 다시 관우의 후방을 습격하자 관우는 낭패狼狽하여 달아났다. 손권의 군대가 관우를 사로잡아 그를 죽였다. 이에 손권은 형주를 평정했다.

처음에 조조는 연주목兗州牧으로서 조정에 들어가 승상丞相을 담임하게 되었다. 후에 또 기주목冀州牧을 겸임했다가 위공魏公에 봉해졌다. 업성鄴城에 동작대銅雀臺를 건조했다. 오래지 않아 위왕魏王에 봉해져 천자의 거마車馬와 복식服飾을 사용하고 출입 시에는 경필警蹕213)을 했다. 그의 아들 조비曹丕도 위왕태자가 되었다. 조조가 죽은 다음 조비가 위왕

213) 임금이 거동 할 때 앞에서 통행을 금지시키는 일

이 되자 스스로 승상과 기주목이 되었다. 그러자 위魏의 군신들이 "위왕은 반드시 한조漢朝를 대체해야 한다." 하자 조비는 헌제獻帝를 핍박해 선양禪讓하게 만들고 그를 산양공山陽公에 봉했다. 헌제는 재위기간 중 연호를 세 번 바꾸었다. 초평初平, 흥평興平, 건안建安이었다. 건안建安 원년元年에서 25년까지는 모두 조조가 정권을 잡고 있었던 때이다. 헌제의 재위 기간은 모두 31년이었으며 선위禪位 후 14년이 지나 졸卒했다. 한조漢朝는 고조高祖 원년부터 한왕漢王이라 불렀다가 5년 후부터 황제皇帝라 불렀다. 이때에 이르기까지 24세의 황제(전한前漢과 후한後漢을 합하여)에 모두 426년이었다.

11 | 삼국三國, 한漢

　소열황제昭烈皇帝의 이름은 유비劉備이며 자字는 현덕玄德이다. 한경제漢景帝의 아들 중산정왕中山靖王 유승劉勝의 후예後裔이다. 유비가 가슴에 큰 뜻을 품어 말 수는 적었으며 기쁨과 슬픔의 표정을 얼굴에 나타내지 않았다. 그는 키가 7척5촌七尺五寸[214]이며 양손을 늘어뜨리면 무릎을 넘었고 귀는 매우 커서 돌아보면 자신의 귀를 볼 수 있었다.

　촉지蜀地의 전언傳言에 "조비曹조가 황위皇位를 찬탈하여 스스로 황제가 되었고, 헌제獻帝는 이미 피살되었다." 했다. 이에 한중왕 유비는 발상發喪을 선포하고 자신도 상복을 입었다. 한 헌제의 상례를 거행하며 시호諡號를 효민황제孝愍皇帝라 했다. 그해 여름 4월, 유비는 무담산武擔山 남쪽에서 제위에 올랐다. 천하에 대사면大赦免을 실시하고 개원改元하여 장무章武라 했다. 제갈량을 승상으로 허정許靖을 사도司徒에 임명했다. 종묘를 건립해 한고조 이하 제위 황제들에 대한 합제合祭를 진행했다. 부인 오씨를 황후로 세우며 아들 유선을 황태자로 삼았다.

　위국魏國의 군주 조비曹조는 패국沛國 초현譙縣 사람이다. 부친 조조曹操가 바로 위왕魏王이다. 조비가 위왕을 계위繼位한 후, 맨 먼저 구품관인법九品官人法의 제도를 설립했다. 주州와 군都에는 모두 구품중정九品中正

---

214) 유비의 신장身長을 현재의 기준으로 환산하면 225cm(1尺=약30cm)이지만, 진한秦漢, 삼국三國시기의 기준(1尺:23.1cm~24.2cm)으로 환산해보면 약 173~182cm(7尺5寸), 항우項羽는 약189~198cm(8尺2寸), 한신韓信은 약 196~206cm(8尺5寸)이다.

의 직위를 설치해 인물의 우열優劣을 구별하고 그 고하를 평정評定했다. 조비가 한 황실을 찬탈해 스스로 황제가 된 다음 조조를 태조太祖 무황제武皇帝로 추존追尊하고 개원改元하여 황초黃初라 했다.

소열제昭烈帝 유비는 관우가 전몰戰歿한 것에 대해 매우 부끄럽게 여겼다. 이에 자신이 장수가 되어 손권을 토벌하려 했다. 손권이 소열제에게 화의를 청했으나 동의하지 않자 손권은 곧 사자使者를 위국에 보내 도움을 요청했다. 위국 조정에서 손권을 오왕吳王에 봉했다. 조비가 오국의 사자 조자趙咨에게 물었다. "오왕은 배워서 아는 바가 좀 있습니까!" 하자 조자가 "왕은 현능한 선비들을 임용하여 천하를 경략經略하는 데 뜻을 두고 있어 한가한 때에는 각종 경사자집經史子集을 두루 읽어 기억하고215) 있습니다. 그러나 서생들처럼 책속에서 글귀를 뽑아내어 그것을 인용하는 것은216) 본받지 않고 있습니다!" 했다. 이에 조비가 다시 "동오는 우리 위국이 두렵고 어렵지 않소!" 하자 조자가 "동오에는 군사가 백만이 있고, 장강長江과 한수漢水가 성을 호위하고 있는데 어떻게 두렵고 어렵겠습니까!" 했다. 또 위문제魏文帝가 "동오엔 당신 같은 인재가 몇이나 있소!" 하자 조자는 "특별히 총명하여 통달通達한 자는 80~90명 됩니다. 예컨대 저 같은 사람은 수레에 실고 말로 되어도217) 그 수를 셀 수 없을 정도로 많습니다!"218)했다.

소열제가 무협巫峽에서부터 이릉夷陵까지 수십 개의 군영을 설치하고 오군과 몇 개월간 대치對峙했다. 오군의 장수 육손陸遜이 촉군의 군영 40

215) 박람강기博覽强記, 박람경전博覽經典
216) 심장적구尋章摘句
217) 거재두량車載斗量: 인재나 물건이 아주 흔함을 비유함
218) 불가승수不可勝數

여 개를 쳐부수자 소열제가 야반夜半 도주逃走했다.

장무章武 3년 여름, 4월에 소열제가 붕어했다. 재위 3년에 연호는 '장무章武' 하나였으며 시호諡號는 소열황제이다. 태자 유선이 즉위하고 제갈량을 무향후武鄕侯에 봉했다. 태자는 바로 후황제後皇帝[219]이다. 후황제의 이름은 유선劉禪이며 자는 공사公嗣이다. 소열황제 유비의 아들이다. 유선이 17세에 즉위하자 곧 연호를 건흥建興으로 고쳤다. 승상 제갈량은 소열제의 유지와 조서를 받들어 정사를 보좌했다.

소열제가 임종臨終 전에 제갈량에게 이르길 "공公의 재능은 바로 조비의 10배이니 충분히 국가를 안정시켜 마침내 천하를 평정하는 대사大事를 완성할 수 있을 것이오. 만약 유선을 보좌할 수 있으면 그를 보좌하고 만약 보좌할 수 없으면 공이 그의 자리를 취해 대신 이어가시오!" 했다.[220] 그러자 제갈량이 눈물을 흘리며 "신하가 어떻게 감히 진충갈력盡忠竭力하며 태자를 보좌하지 않겠습니까마는 충정忠貞의 절의節義를 본받아 죽음으로 사직社稷을 지켜나가겠습니다." 했다. 제갈량이 관직을 간략하게 합치고 법제도 수정한 다음 하교下敎하길 "이른바 관리들은 여러 대중들의 의견을 모아 국가에 이익이 되는 의견을 가려내고 넓혀야 할 것입니다. 만약 작은 간격으로 인하여 서로 소원해 진다면 다른 의견을 얻을 방법이 없어져 결국 우리들 사업은 손실을 입을 것입니다." 했다.

제갈량이 등지鄧芝를 오국에 수호修好 사절로 보냈다. 등지가 오왕을 보고 "촉은 겹으로 험요險要하고 견고한 방어 요새가 있으며 동오 또한 삼강三江의 지리적인 험요함이 있습니다. 양국의 관계는 바로 입술과 이

---

219) 뒤에 위魏에 항복했으므로 시호諡號가 없고 다만 후後의 황제皇帝 즉 후주後主라 칭함.

220) 탁고유명託孤遺命

와 같이 서로 보완적補完的입니다.221) 함께 진격하면 천하를 겸병兼并할 수 있으며 물러선다 하더라도 위국과 함께 세발솥의 다리같이 설 수 있을 것입니다."222)했다. 오국은 곧 위국과의 왕래를 단절하고 전심으로 촉한과 좋은 관계를 유지했다.

조비曹丕가 수군水軍을 거느리고 동오를 공격했다. 동오는 장차 전선戰船을 강위에 길게 늘어 세워놓아 강물이 넘쳐흘렀다. 조비가 강물을 바라보고 탄식하며 "나에게 비록 엄청나게 많은 용맹한 군사가 있더라도 쓸 데가 없구나!"하며 군사를 돌렸다.

남방南方의 만족蠻族이 반란을 일으켜 촉한蜀漢의 승상 제갈량이 가서 평정했다. 남만南蠻에 맹획孟獲이란 자가 있었다. 평소에 남부의 만인들과 한인들이 그를 믿고 따랐다. 제갈량이 맹획을 생포해 그에게 자신의 군영軍營과 진세陣勢를 보여준 후, 그를 풀어주고 그로 하여금 군사를 재정비해 다시 도전하도록 했다. 이렇게 전후 모두 7번이나 풀어주었다가 또 7번 생포했다.223) 그럼에도 제갈량은 흔연히 맹획을 풀어주며 돌아가도록 했다. 그렇지만 맹획은 돌아갈 생각을 버리고 "당신은 하늘과 같은 위엄을 가지고 있습니다! 남방인들은 다시는 배반하지 않을 것입니다." 했다.

조비가 재차再次 수군水軍을 거느리고 오나라 변경으로 다가오다 장강 가운데의 파도가 소용돌이치는 것을 보았다. 탄식을 금치 못하며 "아! 이것이 바로 하늘이 장차 남북을 끊어놓으려는 것인가!" 했다.

조비가 세상을 떠났다. 조비가 참칭僭稱하며 재위한 지 7년이었다. 한

---

221) 순망치한脣亡齒寒, 보거상의輔車相依, 가도멸괵假道滅虢
222) 정족이립鼎足而立, 정족지세鼎足之势, 정족삼분鼎足三分
223) 칠종칠금七縱七擒

번 연호年號를 바꾸어 황초黃初라 했다. 시호는 문황제文皇帝이다. 그의 아들 예叡가 즉위했다. 명제明帝이다. 조예의 모친이 피살된 후, 조비가 일찍이 조예와 함께 사냥을 간 적이 있었다. 한 마리의 어미 사슴이 새끼를 데리고 있는 것을 보고 조비가 어미 사슴을 사살한 다음 조예에게 그 새끼를 쏘도록 했다. 그러자 조예가 울면서 "폐하께서 이미 어미를 죽였는데 제가 어떻게 잔인하게 다시 새끼를 죽이겠습니까!" 하였다. 조비가 측은하게 여겼다. 이쯤, 조예가 태자에 즉위했다.

촉한 승상 제갈량이 제군을 거느리고 북쪽 위국魏國을 쳤다. 출발에 임하여 후주에게 상소하길 "지금 천하가 삼분三分되어 있으나 익주益州의 촉한이 가장 피폐疲弊합니다. 이것은 바로 존망의 때가 다가오고 있다는 것을 말하는 것입니다. 폐하께서는 의당 마음을 비우시고 각 방면의 의견을 청취하여야 할 것이며 충신들의 간언을 막으시면 안 될 것입니다. 궁중宮中과 부중府中은 한 몸입니다. 만약 법률에 저촉된 일을 한 것이 있었거나 혹은 충성을 다해 공을 세운 일이 있었다면 마땅히 유관 부문의 규정에 따라 상이나 벌을 주어 폐하의 명찰明察을 보여주시면 됩니다. 현신賢臣을 가까이 하시고 소인小人을 멀리 하십시오.224) 이것이 바로 전한前漢이 흥성興盛한 원인이며 소인을 가까이 하고 현신을 멀리 한 것이 바로 후한後漢이 패망한 원인입니다. 신이 본시 포의布衣로써 남양南陽에서 몸소 밭을 갈며 구차하지만 난세임에도 성명性命이나 온전히 보전하려고만 했으며 제후들에게는 이름이 알려지길 원치 않았습니다.225) 그러나 선제先帝께서 신을 비루鄙陋하다 여기지 않으시고 외람되

---

224) 친현원녕親賢遠佞
225) 불구문달不求聞達

게도 스스로 몸을 굽혀 신의 초려草廬에 3번이나 찾아오시어226)신에게 당세의 일을 자문諮問하셨습니다. 이로 말미암아 신은 지극히 감격해 선제의 명에 최선을 다할 것을 다짐했습니다. 선제께선 신이 근신謹愼하심을 아시고 임종에 이르러 국가 대사를 신에게 부탁하셨습니다. 신이 선제의 유명을 받은 이래, 아침부터 밤늦게까지227) 우려하며 탄식한 것은 오직 부탁하신 효과效果를 이루지 못해 선제의 명철明哲함을 상하게 할까 하는 두려움 때문이었습니다. 이 때문에 5월에 노수瀘水를 건너 황량한 불모지대不毛地帶로 깊이 들어갔습니다. 예컨대 지금 남방이 이미 평정 되었고 군사력도 충족되었습니다. 마땅히 장군들을 격려하고 삼군三軍을 통솔해 중원을 평정하고 한실漢室을 회복해 다시 구도舊都(낙양洛陽)로 돌아가야 합니다. 이것이 바로 신이 선제께 보답하고 폐하에게 충성하는 직분입니다!" 했다.228) 이에 부대를 통솔하여 마침내 한중漢中에 주둔駐屯했다.

다음해, 제갈량이 대군을 거느리고 기산祁山을 공격했다. 군진軍陣이 정제整齊되었고 군령軍令이 분명하고 엄숙했다. 처음에 위국은 소열제가 붕어한 이후였기에 촉한과는 몇 년간 아무런 기척도 없이 너무나 고요하였다.229) 이 때문에 어떤 책략이나 방비도 없이 지내다가 갑자기 제갈량이 나타났다는 소식을 듣자 위국의 조정과 백성들 모두 두려워했다.

이때 천수군天水郡과 안정군安定郡 등의 군들이 모두 위국을 배반하고

226) 삼고초려三顧草廬
227) 숙흥야매夙興夜寐
228) 전출사표前出謝表
229) 적연부동寂然不動, 적적무문寂寂無聞

제갈량을 호응呼應하자 관중關中은 마치 벼락이라도 떨어진 듯 크게 두려워했다. 위주魏主(명제明帝)가 장안으로 가 장합張郃을 보내 제갈량과 맞싸우도록 했다. 제갈량은 마속馬謖을 보내 대군을 통솔해 장합과 가정街亭에서 격전을 치르도록 했다. 마속이 제갈량의 군령을 위반해 장합에게 대패를 당하자 제갈량은 부득이 한중으로 회군했다. 그리고 오래지 않아 후주에게 표표表를 올리며 "한적漢賊과는 양립兩立할 수 없으며 왕업王業도 반쪽인 촉지蜀地만으론 안정될 수 없사옵니다. 신이 마음과 몸을 다 바쳐 나라 일에 힘쓰는 것은 신이 죽은 다음에서야 그칠 것입니다.230) 승패勝敗, 득실得失은 신이 예견할 바가 아닙니다." 했다.231) 그는 병력을 인솔하여 산관散關에서 출발해 진창陳倉을 포위, 공격했으나 함락시키진 못했다.

오왕 손권이 무창武昌에서 스스로 황제라 칭하고 그의 부친 손견을 무열황제武烈皇帝로 추존追尊했다. 아울러 그의 형 손책은 장사長沙 환왕桓王이라 했다. 오래지 않아 건업建業으로 천도遷都했다.

제갈량의 병이 위독危篤해졌다. 밤늦게 붉고 긴 꼬리를 한 큰 별이 제갈량의 군영軍營 중에 떨어졌다. 오래지 않아 제갈량이 병으로 세상을 떠나자 장사長史 양의楊儀가 군대를 정돈해 물러났다. 백성들이 달려가 사마의司馬懿에게 보고하자 사마의가 곧 한군漢軍을 추격했다.

강유姜維가 양의에게 명해 전기戰旗의 방향을 바꾸고 북을 울려 장차 사마의를 향할 것처럼 하자 사마의가 감히 가까이 다가오지 못했다. 백성들이 그것을 빗대 속된 말로 "죽은 제갈량이 산 중달仲達을 놀라 달아

---

230) 국궁진췌鞠躬盡瘁, 사이후이死而後已, 국궁봉공鞠躬奉公, 멸사봉공滅私奉公
231) 후출사표後出師表

나게 한다."232) 했다. 이것을 들은 사마의가 웃으며 "이것이 바로 내가 제갈량이 살아 있었다면 충분히 짐작할 수 있었겠지만 죽었기 때문에 짐작하지 못했던 것이다." 했다. 제갈량이 일찍이 병법의 원리를 추측, 판단하고 풀어내어 '팔진도八陣圖'를 만들었다. 이때에 이르러 사마의가 제갈량이 주둔한 영루營壘를 살펴보고 감탄하면서 "진실로 천하의 기재奇才로구나!" 했다.

제갈량은 정사政事를 처리함에 있어서도 사사로움에 치우침은 없었다. 마속馬謖이 줄곧 제갈량의 칭찬을 받았지만 명령을 위반해 군대가 패하자 제갈량이 통곡을 하고 눈물을 흘리며 모진 마음으로 마속을 참斬했다.233) 아울러 정성을 다해 그의 가속家屬들을 위로했다. 이평李平, 요립廖立 등 모두 영令을 위반해 제갈량에 의하여 폐출廢黜되어 집에 있었으나 제갈량이 죽었다는 소식을 듣자 모두 통곡하며 눈물을 흘렸고 마침내 상심이 너무 지나침으로 인해 병을 얻어 죽었다.

사서史書234)에는 제갈량을 일러 "성심誠心을 열어 공도公道를 펴며 흉금을 털어놓았다.235) 형벌은 비록 준엄峻嚴했으나 원망하는 자는 없었다. 진실로 치국의 도리를 아는 탁월한 인재였다. 다만 그의 재주를 일러 치국에는 재간才幹이 있었지만 군사를 데리고 작전을 하는 데는 결코 재간이 있다고 말할 수 없다." 했지만 이것은 맞지 않다.

처음에 승상 제갈량이 일찍이 후주에게 표表를 올린 적이 있었다. "신은 성도成都에 뽕나무 800주株와 박전薄田 열다섯 경頃이 있으며 집엔 아

---

232) 사제갈死諸葛, 주생중달走生仲達
233) 읍참마속泣斬馬謖
234) 진수陳壽의《삼국지三國志, 촉지蜀志》
235) 개성포공開誠布公. 반反: 표리부동表裏不同

이들이 의식할 만큼의 여유는 있습니다. 그래서 다른 수입으로 가산을 증식增殖시킬 필요가 없었습니다. 신이 죽어 나가는 날, 집안엔 비단을 남기고 밖으론 재물을 남겨 폐하로 하여금 부담이 되게 하지는 않을 것입니다." 했다. 이때에 이르러 과연 그의 말과 같았다. 제갈량의 시호는 충무忠武였다.

오국吳國황제 손권孫權의 아들 양亮이 친정親政하는데 자주 중서성中書省에 나와 선제先帝 때의 제도와 사례등을 열람閱覽했다. 손양孫亮이 한 번은 신 매실을 먹으려고 환관에게 꿀을 가져오도록 했다. 손양이 가져온 꿀 속에 쥐똥이 있음을 발견하고 곧 창고지기를 불러 물었다. "환관이 너에게 꿀을 달라고 하지 않았더냐!" 하니 창고지기가 "이전에 요구한 적이 있습니다만 제가 감히 줄 수 없었습니다." 했다. 이에 환관이 복종하지 않자 손양이 사람을 시켜 쥐똥을 쪼개도록 했다. 쥐똥은 속이 말라 있었다. 그가 크게 웃으며 "만약 쥐똥이 먼저 꿀 가운데 있었다면 속과 겉이 모두 젖어 있었어야 한다. 그런데 지금 바깥은 젖었고 속은 말라 있는 것은 이것은 필시 환관이 들어가 꺼내간 것이다." 하며 환관에게 따져 묻자 환관이 결국 자백했다. 주위 사람들이 모두 놀라고 두려워했다.

촉한의 강유姜維가 여러 차례 병력을 거느리고 위국魏國을 공격했다. 사마소司馬昭가 그것을 매우 우려해 곧 등애鄧艾와 종회鐘會를 보내 촉한을 공격하도록 했다. 종회가 사곡斜谷, 낙곡駱谷, 자오곡子午谷에서부터 한중漢中을 향해 진격하고 등애는 적도狄道에서부터 감송甘松, 답중沓中으로 달려 들어가며 강유를 견제했다. 강유는 종회가 이미 한중에 들어갔다는 말을 듣고 곧 병력을 대동하고 답중으로 돌아가려했다. 등애가 뒤에서 추격해 큰 싸움이 벌어졌다. 강유가 패주敗走하며 검각劍閣으로 돌아와 종회를 막았다. 등애가 음평陰平에서부터 진군해 무인지경無人之境의 땅 700여 리를 달려가 산을 뚫고 길을 열어 다리를 만들고 각도閣道(잔도棧道)를 가설架設했다. 산이 높고 골도 깊은 매우 험난한 곳에서 236) 등애가 모포로 자신의 몸을 감아 뒤집어 산 아래로 굴러 떨어지자 병사들도 모두 나무나 절벽에 기어올라 마치 생선을 꿰어 엮어가는 것 같이 앞으로 나아갔다.

등애의 대군이 강유江油에 도달하자 촉한의 장군 제갈첨諸葛瞻에게 편지를 보내 투항을 권했다. 그러자 제갈첨은 사자를 죽이고 면죽성綿竹城 밖에 군대를 진열陳列하고 기다렸다. 촉한군은 대패大敗했고, 장군 제갈첨은 전사했다. 아들 제갈상諸葛尙이 "우리 부자는 나라의 두터운 은혜를 입었다. 일찍이 환관宦官 황호黃皓를 죽이지 않았기 때문에 나라와 백성을 패망하게 만들었다. 더 살아남은들 무슨 소용이 있겠느냐!" 하며 말을 몰고 적진으로 뛰어들어 죽었다.

촉한사람들은 뜻밖에 위나라 군대가 뛰어들자 성을 지킬 준비가 전혀 없었다. 후주가 사신을 보내 옥새玉璽를 받들고 등애에게 투항을 전했다. 황자皇子 북지왕北地王 유심劉諶이 분노하며 "만약 우리들이 이치가 궁하고 힘이 모자라 장차 멸화滅禍에 이른다면 마땅히 부자군신이 함께 성을 등지고 한번 싸워서 모두 사직을 위하다 죽으면 될 것입니다. 이같이 할 때에 비로소 지하에서 선제先帝를 보게 될 것인데 뭣 때문에 항복하려 하십니까!" 했으나 후주는 듣지 않았다. 유심이 소열제 유비의 사당에서 통곡하며 눈물 흘리다 돌아와 먼저 처자妻子와 아들, 딸을 죽인 다음 자진했다.

---

236) 산고곡심山高谷深, 심산유곡深山幽谷, 심산벽곡深山僻谷, 천산만학千山萬壑

등애가 성도成都에 이르자 후주가 성을 나와 투항했다. 위국魏國이 후주를 안락공安樂公에 봉했다. 후주가 재위 41년에 네 번 연호를 바꾸었다. 건흥建興, 연희延熙, 경요景耀, 염흥炎興이었다. 이상 고황제高皇帝 원년元年 을미乙未에서부터 후황제後皇帝 염흥炎興 원년 계미癸未에 이르기 까지 모두 26위位의 황제, 총 469년으로 한조漢朝는 멸망했다.

위국魏國 사마소司馬昭가 이에 앞서 이미 구석九錫[237]의 예禮를 받고 뒤에 또 진급進級해 진왕晉王이 되었다. 사마소가 죽은 후 그의 아들 사마염司馬炎이 자리를 이었다. 위국魏國의 황제 조환趙奐이 참위僭位하여 6년간 2번 연호를 바꾸어 경원景元, 함희咸熙라 했다. 사마염이 조환을 핍박해 선위禪位케 하고, 조환을 진류왕陳留王에 봉했다. 나중에 조환이 죽자 진인晉人이 그의 시호를 원황제元皇帝라 했다.

위국魏國은 조비曹丕에서부터 조환에 이르러 모두 5대 46년 만에 멸망했다.

---

237) 천자天子가 제후諸侯나 대신大臣 등, 특별한 공로가 있는 사람에게 하사하는 아홉 가지 예물禮物.

12 │ 서진西晉

　서진西晉 세조무황제世祖武皇帝의 성姓은 사마司馬, 이름은 염炎이다. 하내河內사람이다. 그는 사마소司馬昭의 아들이며 사마의司馬懿의 손자이다. 사마소가 진왕晉王일 때 세자를 세우는 논의를 했다. 논의하던 사람들이 "사마염은 머리털을 늘어뜨리면 가히 땅바닥을 쓸 수 있고 양손을 떨어뜨리면 무릎을 넘어서니 이것은 사람의 신하가 될 상이 아니다."하여 사마염을 세자로 삼았다. 사마소가 죽자 사마염이 진왕에 즉위했다. 사마염이 황제에 오른 후 사마의를 선황제宣皇帝로 추존追尊하고 사마사司馬師를 경황제景皇帝, 사마소를 문황제文皇帝로 아울러 장차 종실의 대다수를 제후왕諸侯王에 봉했다.

　진조晉朝가 오국吳國을 멸망시킬 생각으로 양호羊祜를 형주荊州의 도독都督으로 임명해 제반 군사를 관리하도록 했다. 오국은 육항陸抗을 임명해 제군諸軍을 관리하며 양호에 대항對抗하도록 했다. 양호와 육항은 양국 변경에서 서로 대치하며 사자使者가 늘 명을 받들어 서로 왕래했다. 육항이 양호에게 술 한 동이를 보내자 양호는 조금도 망설이지 않고 마셨다. 육항이 몇 차례 병이 나자 양호가 그에게 좋은 약을 지어 보냈다. 육항은 즉시 마셨다. 그러자 어떤 사람이 "어떻게 독살당할 수도 있는 양호의 술을 받아 마실 수 있는가!" 했다. 양호는 힘을 다해 인덕人德의 정치를 시행해 오나라 사람들이 진晉나라에 많이 귀순歸順하도록 했다. 매번 오나라와의 싸움에는 약정約定한 시간에 개전開戰 했으며 갑자기 습격하지 않았다. 육항도 오나라 변경의 군사들에게 각자 맡은 지역만 지키며 작은 이익을 탐하여 문제를 일으키지 말라고 지시했다.

오왕吳王 손호孫皓가 덕德의 정치를 시행하지 않으면서 오히려 천하를 통일할 생각을 하고 있었다. 그는 술사術士에게 그가 천하를 얻을 수 있는지 여부를 점치게 했다. 그러자 술사가 "경자년庚子年에 청개靑蓋가 낙양에 들어갈 것입니다." 했다. 이 말은 나라의 임금이 투항할 일이 있을 것이라는 것이다. 다만 손호만이 도리어 깨닫지 못하고 제장諸將의 의견을 받아들여 수차례 진조晉朝의 변경을 침입했다. 육항이 몇 차례 나아가 간해도 손호는 모두 듣지 않았다. 육항이 죽은 후 양호가 오나라를 토벌하자고 주청하자 이일을 의논한 사람들 대다수가 찬동하지 않았다. 이에 양호가 탄식하며 "천하에 뜻대로 되지 않는 일이 10에 7, 8이 되는구나!" 했다. 오직 두예杜預와 장화張華만이 그의 계책에 찬동했다.

양호가 병이 나자 입조를 청하고 무제武帝의 면전에서 오吳를 벌하는 계획을 진술했다. 무제가 양호로 하여금 환자로서 수레 위에 누워 각 장령將領들을 지휘하도록 하자 양호가 "오吳나라를 평정하는 데 제가 반드시 가지 않아도 됩니다만 오나라의 평정을 기다린 다음, 혹 성명聖明에 번거로운 일이 생길지 우려됩니다." 했다. 양호가 죽은 후, 무제는 두예를 진남대장군鎭南大將軍에 임명하고 형주荊州의 군사軍事를 감독케 했다. 오왕 손호가 음탕淫蕩하고 포학暴虐함이 나날이 심해지자 두예가 재빨리 그를 토벌하자고 주청奏請했다. 주청장奏請章이 송달될 때, 장화가 마침 무제와 바둑을 두고 있었다. 곧 바둑판을 미루고 공경을 표시하며 두예의 대책을 칭찬했다. 무제가 두예의 청구에 동의했다.

당초 위진魏晉시기에 산도山濤와 혜강嵇康, 완적阮籍, 완적의 조카 완함阮咸, 향수向秀, 왕융王戎, 유영劉怜이 서로 교류하며 '죽림칠현竹林七賢'이라 불렀다. 그들은 모두 노장老莊의 허무설虛無說을 숭상하고 세속의 예의나 제도制度는 경멸輕蔑했으며 밤을 새워 통음痛飲하고 세사世事는 묻지 않았다. 사대부들 모두가 그들을 선모羨慕했으며 아울러 그들을 흉내내 '방달放達'이라 불렀다. 다만 산도만이 시사時事에 관심이 있었다. 이때에 이르러 인재 선발에 대한 관점이 뚜렷이 구별되어 한 사람마다 모두 재량을 품평한 연후에 주청奏請했다. 당시 사람들은 이것을 '산공계사山公啓事'라 했다.

진조晉朝가 발병發兵해 대거大擧 오국吳國을 공격했다. 두예杜預가 강릉江陵에서 출병하고 왕준王濬은 파촉巴蜀에서부터 강을 따라 내려갔다. 오군吳軍은 강변 얕은 여울의 요해처要害處에 쇠사슬을 사용해 강을 가로막았다. 그리고 일 장丈이 넘는 긴 쇠 송곳을 만들어 몰래 강물 속에 던져 놓아 전선戰船을 막는 데 사용했다. 그러자 왕준이 수십 개의 큰 뗏목을 만들어 수영 잘하는 사람들로 하여금 뗏목을 타고 앞으로 나가다가 쇠 송곳을 만나면 쇠 송곳이 뗏목을 찔러 끌려 나오게 했다. 왕준은 또 많은 횃불을 만들어 기름을 불 위에 부어 쇠사슬을 만나면 쇠사슬이 녹아 끊어지도록 했다. 전선戰船에 막히는 곳이 없자 이에 왕준은 장강 상류의 몇 개의 성들을 점령했다. 마침내 두예가 보낸 사람들이 기병騎兵을 거느리고 밤늦게 장강을 건너자 오나라 장수들이 크게 두려워하며 "북방北方에서 온 제군諸軍들은 날아서 강을 넘었는가!" 했다.

두예가 병력을 나누어 왕준과 함께 무창武昌을 공격하자 무창을 지키던 군대가 항복했다. 이에 두예가 "아군我軍의 위세는 이미 진작振作되었다. 비유하자면 칼로 대나무를 쪼개는 것과 같이238) 몇 마디를 쪼갠 다음에 남은 마디는 칼날이 닿자마자 저절로 풀려버려 다시 힘을 쓸 것이

---

238) 파죽지세破竹之勢

없는 것과 같다."239)했다. 이에 그는 여러 부대장에게 전략을 알려주고 바로 진공해 건업建業에 이르도록 했다. 왕준의 8만 병력이 100리나 서로 이어진 배에 올라 닻을 올리고 곧 건업으로 향했다. 그리고 북을 치고 함성을 지르며 석두성石頭城에 들어갔다. 오왕 손호孫皓는 뒤로 손을 묶은 채 관을 수레 위에 실어 왕준을 향해 투항했다. 진조에서 그를 귀명후歸命侯에 봉하니 마침 "경자년庚子年에 낙양에 들어갈 것입니다."라는 예언豫言과 부합符合되었다. 오국은 대제大帝 손권부터 손호에 이르러 모두 4대 황제에 총 52년 후 멸망했다. 거슬러 올라가보면 손책이 강동을 평정한 이래 총 80여 년이었다.

진조晉朝는 위국魏國을 교체한지 16년, 태강太康 원년에 이르러 오국을 멸망시켰다. 또 10년이 지나 무제武帝(사마염司馬炎)가 붕어했다. 일찍이 무제가 막 즉위했을 때, 태극전太極殿 앞에서 꿩의 머리털로 짜서 만든 값 비싼 옷을 태우며 절약을 주장했다. 이후 점점 사치하고 방종하여 나중에 후궁後宮엔 궁녀가 몇 천 명이었다. 무제는 항상 양羊이 끄는 수레를 타고 궁녀들 사이에서 놀았다. 그러자 궁녀들 모두 대나무 잎을 문 위에 꽂아두고 소금물을 땅에 뿌려 그를 기다렸다. (대나무 잎과 소금을 좋아하는) 양을 꾀어 수레를 자기 문 앞으로 이끌게 하려는 것이었다. 양이 어딘가에 이르면 무제는 곧 어딘가에서 음주하고 침실에 들었다. 그는 평상시 군신들과 회담할 때, 여태껏 국가를 경영하는 장기적인 계획을 이야기해본 적이 없었다. 오나라를 평정한 후부터 무제는 천하에 다시 무슨 큰일이 일어나지 않을 것으로 여겨 곧 지방 주군州郡의 군대를 모두 불러들여 해산시켜버렸다. 오직 산도 한 사람만이 이것에 대해 깊

---

239) 영인이해迎刃而解

이 우려했다.

사마륜司馬倫이 상국相國이 되었다. 회남왕淮南王 사마윤司馬允이 군대를 일으켜 사마륜을 쳤다. 실패하자 피살되었다. 사마륜은 또 위위衛尉 석숭石崇을 죽였다. 석숭에게는 매우 총애하는 소첩少妾이 있었다. 이름이 '녹주綠珠'였다. 사마륜의 심복心腹 손수孫秀가 석숭에게 녹주를 달라고 강요했지만 석숭은 주지 않았다. 그러자 손수가 곧 "석숭이 사마윤을 따라 난을 일으켰다."고 모함하며 그를 체포했다. 석숭이 그를 체포하러 온 자에게 "종놈들이 남의 재산을 노리는 것이냐!" 하자 그가 "재산이 화를 불러오는 것을 알면서 뭣 때문에 조금 일찍 풀어놓지 않았느냐!" 했다. 마침내 피살되었다.

사마륜이 스스로 구석九錫을 더했다. 아울러 혜제에게 선양하길 핍박했다. 그의 패거리 모두를 경상卿相에 임용하고 노복奴僕과 사졸들의 관작官爵도 올렸다. 그리고 매 조회 때엔 관모官帽에 초선貂蟬[240] 장식을 한 사람들이 좌석을 채웠다. 당시 사람들이 "담비가 부족하면 개꼬리를 달아라!"[241]하며 풍자했다.

혜제惠帝가 국수를 먹고 중독되어 붕어했다. 어떤 사람이 "동해왕 사마월司馬越이 그를 독살했다."고 말했다. 혜제는 무지몽매無知蒙昧했다. 천하에 대 기근이 발생하자 "그들은 왜 고기죽은 먹지 않는가!" 했다. 또 혜제가 화림원華林園에서 노닐 때 마침 청개구리 우는 소리를 들었다. 그러자 "그들이 관가官家를 위해 우는 것입니까? 아니면 사가私家를 위해 우는 것입니까!" 했다. 그러자 주위의 시종들이 "관가 땅에 있으면 관

---

240) 담비 꼬리와 매미 날개. 고관의 상징
241) 초부족貂不足, 구미속狗尾續

을 위해 우는 것이고, 사가 땅에 있으면 사를 위해 우는 것이지요!" 하며 그를 놀렸다.

유연劉淵이 좌국성左國城에서 흥기興起했다. 유연은 이전의 남흉노南匈奴의 후예後裔였다. 흉노는 한漢, 위魏 이래로 중국을 신하臣下의 예로서 섬기고 있었다. 그의 선조는 자신들이 바로 한조漢朝의 생질甥姪이라 여겨 한조 왕실의 성인 유劉씨로 사칭詐稱했다. 유연의 부친은 유표劉豹이다 그는 바로 흉노의 오부五部 중의 하나인 좌부左部의 수장이었다. 유연은 어려서부터 영특하고 남달라 광범위하게 유가儒家 경전經典과 역사歷史, 전적典籍 등을 학습했다(박람경전博覽經典). 일찍이 말하길 "나는 수하隨何와 육가陸賈는 문재文才는 있더라도 무재武才가 없었기 때문에 (무운武運이 왕성한) 한고조漢高祖를 만났어도 봉후封侯의 공을 세울 수 없었고, 강후絳侯와 관영灌嬰은 문재文才가 없었기 때문에 한문제漢文帝를 만났어도 문화교육을 진흥시키지 못했다. 어찌 애석하지 않은가!" 했다. 이에 그는 글을 익히는 동시에 또 무공도 익혔다.

유연이 성장한 후, 신체가 크고 훌륭했다. 처음에 인질이 되어 낙양에 있었다. 유표 사후에 무제가 유연을 그의 부친을 대신해 흉노 5부를 통솔하도록 임명했다. 뒤에 또 흉노의 북도위에 임명되자 흉노 5부의 호걸들은 대부분 유연에게 귀순했다.

혜제惠帝 때에 이르러 유연은 흉노 5부의 대도독大都督을 맡았다. 성도왕成都王 사마영司馬穎이 표문表文을 올려 유연을 좌현왕左賢王에 봉하도록 하고 오래지 않아 유연으로 하여금 병력을 데리고 업성鄴城을 지키도록 했다. 유연의 아들 총總도 역시 날쌔고 싸움도 잘했다. 보통 사람보다 훨씬 뛰어났다. 광범위하게 유가 경전과 역사 전적을 두루 섭렵涉獵했으며 특히 글을 잘 지었다. 또한 300근이나 나가는 무거운 활을 당길 수 있었다.

　유연의 당조부堂祖父(종조부從祖父) 유선劉宣이 "한조漢朝 멸망 이래로 우리 선우單于는 모두 이름뿐인 무리로 한 치의 땅도 없었다. 그나마 왕후王侯들의 지위도 떨어져 모두 백성들과 똑같았다! 현재 우리들 부락이 비록 쇠약하지만 2만 명이나 되는 사람이 있다. 어찌 우리가 머리를 땅에 대고 남의 심부름이나 하며 종종걸음치는 무리로 평생을 보낼 수 있겠는가! 지금 사마씨司馬氏들은 가까운 혈족끼리 서로 해치고 죽이는 데 혈안이 되어 있다. 이러한 동란은 마치 솥에서 물이 끓는 것과 같다.242) 그러나 우리 좌현왕은 영민英敏할 뿐만 아니라 위무威武도 매우 뛰어나다. 우리 호한야선우呼韓邪單于 때의 영광을 회복할 때가 바로 지금이다!"했다. 이에 서로 모의하여 그를 우두머리를 추천했다.

　유연이 사마영司馬穎을 설득하며 흉노 5부족을 거느리고 돌아와 돕겠다고 청했다. 유연이 좌국성에 돌아온 다음 유선劉宣 등 여러 사람들이 그를 대선우大單于로 추대했다. 20일 사이에 5만 명이 모여들자 이석離石(산서성山西城)에 도읍都邑을 정했다. 호인胡人과 진인晉人들이 점점 많이 귀순했다. 이에 유연은 국가를 건립해 국호를 한漢이라하고 자칭 '한왕漢王'이라 했다.

　유연에게는 '요曜'라는 양자養子가 있었다. 그는 나면서부터 눈썹이 하얗게 희고 눈동자에서 붉은 빛이 났다. 어릴 때부터 총명했으며 담대膽大했다. 또 독서와 글짓기를 좋아했고 활을 잘 쏘아 능히 7촌寸을 뚫을 수 있었다. 유연이 군사를 일으킨 후 유요는 그의 부하 장수가 되었다.

　효회황제孝懷皇帝의 이름은 사마치司馬熾이다. 진혜제晉惠帝 재위 15년

---

242) 정중비등鼎中沸騰

후, 진무제晉武帝의 25명의 아들 형제들 사이에 살육전殺戮戰이 벌어져 이 가운데 겨우 3명만 살아남았는데 사마치가 그중 하나였다. 사마치는 어려서부터 학문을 좋아했다. 이 때문에 황태제皇太弟에 옹립되었고 나중에 황제가 되었다.

한국漢國의 유연이 죽고 그의 아들 유화劉和가 즉위했다. 유총劉聰이 유화를 시해弑害하고 황제에 올랐다.

태부太傅 동해왕東海王 사마월司馬越이 병력을 보내 황궁皇宮의 숙위宿衛를 맡도록 했다. 그가 보낸 사자使者가 우격羽檄[243]을 가진 채 전국의 군대를 소집했다. 그들로 하여금 경성京城을 구원하도록 한 것이다. 사마월은 직접 군대를 데리고 석륵을 토벌하다 도리어 전사했고 석륵의 군대는 사마월의 군대를 패퇴시키고 태위太尉 왕연 등을 포로로 잡았다. 왕연이 "자신은 젊을 때부터 벼슬에 대한 바람이 없었고 또한 조정朝廷의 정사政事에는 참여하지 않았다."며 구명救命을 청했다. 석륵이 "내가 살면서 천하에 많은 곳을 가봤지만 여태껏 이런 종류의 인간은 본 적이 없었소. 그런데도 저들을 세상에 남겨두어야 하겠소!" 하자 어떤 사람이 "저들이 모두 진조晉朝의 왕공王公 대신인데 결국엔 우리들이 쓸 사람은 없을 것입니다." 했다. 석륵이 "비록 그러하나 칼을 사용해 저들을 죽일 순 없다." 하며 그날 밤 사람을 보내 담장을 넘어뜨려 이들을 압사壓死시켰다.

한주漢主 유총劉聰이 호연안呼延晏을 보내 장차 낙양을 공격하도록 했다. 유요, 왕미王弥, 석륵 등이 모두 회동했다. 이에 낙양을 점령해 회제懷帝를 포로로 삼고 평양平陽으로 보내 곧 그를 살해했다. 회제가 재위 6년

243) 몹시 급急한 일이 있을 때, 나는 새처럼 빨리 가라는 뜻으로 새의 깃털을 격서檄書에 꽂은 것.

에 한 번 연호를 바꾸었다. 영가永嘉이다. 진왕秦王이 장안에서 즉위했다. 바로 효민황제孝愍皇帝이다.

효민황제의 이름은 사마업司馬鄴이다. 오왕吳王 사마안司馬晏의 아들이며 무제의 손자이다. 처음에 진왕秦王에 봉해졌다. 낙양이 이미 함락된 후, 순번荀藩이 그를 모시고 달아나 허창許昌에 이르렀다. 당시 그는 겨우 12세였다. 오래 지나지 않아 색침素綝이 그를 영접해 장안으로 들어왔다. 옹주자사雍洲刺史 가필賈疋 등이 그를 받들어 황태자로 삼고 행대行臺를 만들어 그를 거주하게 했다. 강도强盜가 가필을 살해하자 국윤麴允이 옹주를 통솔했다. 회제가 시해되었다는 소식이 전해지자 진왕秦王은 장안長安에서 즉위했다.

한군漢軍이 여러 차례 장안을 침입했으나 국윤, 색림 등이 거듭 그들을 패퇴시켰다. 오래지 않아 한군이 연달아 주변의 여러 고을을 함락시키고 장안을 핍박했다. 한군이 먼저 장안의 외성을 함락하자 국윤, 색림 등이 물러나 내성을 사수하고 있었으나 장안의 내외가 단절된 관계로 성내에 굶주림은 매우 심했다. 그러자 민제愍帝가 성을 나와 항복했다.

한장漢將 유요劉曜가 민제를 평양平陽으로 보냈다. 유총이 군신들에게 연회를 베풀며 민제에게 푸른 속곳 차림으로 돌아다니며 술을 따르고 술잔을 깨끗이 씻도록 명했다. 또 그에게 (그가 외출할 때) 일산日傘을 들게 했다. 그러다 오래지 않아 그를 죽였다. 민제가 재위 4년에 한 번 연호를 고쳐 건흥建興이라 했다. 서진은 무제에서부터 민제에 이르기까지 모두 4대 52년이었다. 낭야왕琅邪王이 건업建業에서 즉위하니 곧 중종원황제中宗元皇帝이다.

13 | 동진東晉

중중원황제中宗元皇帝의 이름은 사마예司馬睿이다. 그는 바로 낭야왕琅 邪王 사마주四馬仙의 손자이다. 선제宣帝 사마의司馬懿가 사마주를 낳았고 사마주는 사마근司馬覲을 낳았다. 어떤 사람이 "사마예의 모친이 실제 낭야왕부琅邪王府의 하급관리 우금牛金과 사통해 낳았던 것이 바로 사마 예다." 했다. 사마예가 사마근을 이어 낭야왕이 되었다. 혜제惠帝와 회제 懷帝는 바로 육촌六寸이다. 회제 때 사마예가 안동장군이 되어 양주揚州 의 여러 군郡들을 모두 감독하며 건읍에 머무르고 있었다. 사마예가 왕 도王導를 주요主要한 모사謀士로 삼아 매 건의 일들 모두를 그에게 가지 고가 자문을 구했다. 당시 사마예의 명성과 평판이 높지 않아 오나라 사 람들이 모두 그를 따르지 않았다. 왕도는 사마예에게 명망과 재주 있는 인사들을 중용할 것을 권했다. 이에 고영顧榮, 하순賀循, 기첨記瞻 등의 사 람들을 임용해 관리를 보좌하도록 하고 옛날 부하들과 새로 교유를 맺 은 인사들을 안무按撫해 강동江東사람들의 신임을 얻었다. 후에 사마예 가 등용한 유양庾亮, 변호卞壺 등 100여 명이 그를 위해 활약하는 것을 보고 사람들은 '백육연百六掾'이라 불렀다.

환이桓彝가 장강을 건너 전란을 피하고자 했다. 강동江東의 사마예의 세력이 미약함을 보고 우려하고 있었다. 나중에 또 왕도王導를 만나고 돌아온 후, 주의周顗에게 "강동 땅에는 당대에 관중管仲이 있어서 나는 우려하지 않소!" 했다. 여러 명사들이 신정新亭에서 연회를 열어 즐기고 있는데 주의가 좌석 중간에 앉아 탄식하며 "이 주위의 풍경은 큰 차별이 없지만 눈을 들어 둘러보니 장강과 황하의 구별만 있을 뿐이구나!" 하자 모두가 듣고 서로 마주하며 눈물을 흘렸다. 이때 왕도가 "우리들은 마땅히 왕실을 위해 죽을힘을 다해 신주神州를 회복해야 할 때인데 어찌 초수楚囚와 같이 마주보며 울고만 있겠습니까!"[244] 했다. 그 후 민제愍帝는 사마예를 좌승상에 임명했다.

낙양洛陽사람 조적祖逖이 어려서부터 원대한 꿈을 품고 있었다. 일찍이 유곤劉琨과 함께 잠을 잔적이 있었다. 한밤중에 닭 우는 소리를 듣고 유곤을 발로 차 깨우며 하는 말이 "이것은 사람들로 하여금 혐오감이 들게 하는 소리가 아니다." 하고 일어나 검무劍舞를 추었다.[245] 장강을 넘어 남쪽에 온 다음 사마예에게 군사를 내어달라고 요청했다. 그러나 사마예는 본래 북벌의 뜻이 없었으므로 곧 조적을 예주자사豫州刺史에 임명하고 그에게 2,000여 명의 병사는 주었지만 병기兵器는 주지 않았다. 이후 조적은 북쪽 장강을 넘어가다 중간쯤에 이르렀을 때, 노를 두드리며 맹세하길[246] "나 조적이 중원中原을 깨끗이 쓸어 없애버리지 못하고 다시 이 강을 건너온다는 것은 바로 이 강물처럼 가면 돌아올 수 없다는 것과 같은 이치이다!" 했다.

민제가 또 사마예를 승상으로 임명하고 조정 내외와 제 군사 전반을

---

244) 초수대읍楚囚對泣, 춘추시대, 진국晋國에 포로로 잡혀있던 초국楚國사람 종의鐘儀, 후에 곤궁에 처한 사람이 대책 없이 마주하며 울고만 있는 경우를 말한다. 속수무책束手無策, 속수대폐束手待斃

245) "한밤중에 닭이 울면 불길하다."고 하는 이야기가 있지만 나라에 동량棟梁이 될 생각을 가진 사람에게는 자강불식自强不息의 시간으로 활용할 수 있다는 의미. 문계기무聞鷄起舞, 심모원려深謀遠慮, 자강불식自强不息. 반反: 자포자기自暴自棄

246) 중류격즙中流擊楫

통솔하게 했다. 장안이 함락된 후 사마예가 군대를 데리고 출발해 야영野營하며 사방으로 북정北征의 격문을 띄웠으나 실제 행하지는 않았다. 군신들이 사마예를 진왕晉王으로 추대推戴했다. 이듬해 황위皇位에 올랐다.

숙종肅宗 명황제明皇帝의 이름은 사마소司馬昭이다. 어려서부터 매우 총명했다. 일찍이 사자使者 한 사람이 장안에 왔다. 원제元帝가 사마소에게 "너는 장안이 가까우냐. 아니면 태양이 가까우냐!" 하고 묻자 그가 "당연히 장안이 가깝습니다. 다만 들으니 장안에서 왔다는 사람은 들었어도 태양에서 왔다는 사람은 듣지 못했습니다." 했다. 원제가 그 대답이 매우 기특하다고 여겼다. 하루는 원제와 군신들이 서로 이야기를 나누다 이 이야기에 이르러 또 그에게 똑같은 문제를 묻자 이번엔 "태양이 가깝습니다." 했다. 원제가 놀라 "어떻게 며칠 전의 대답과 다른가!" 하자 그가 "사람들이 머리만 들면 곧 바로 태양을 바로 볼 수 있지만 장안은 볼 수 없기 때문입니다." 했다. 원제는 그를 더욱 기특하게 여겼다.

사마소가 성장하며 인효仁孝했고 글짓기를 좋아했다. 무예에 정통했으며 어진 선비들을 예의와 겸손으로 예우禮遇했다(예현하사禮賢下士). 또한 마음을 비우고 사심없이[247] 간언諫言을 받아들였다. 유양庾亮, 온교溫嶠 등과 더불어 비록 가난하고 관직도 없었지만 진정한 우의를 나누었다.[248] 왕돈王敦은 석두성에 있을 때 사마소가 용맹함도 있고 지략智略도 있음을 보고 이에 그를 불효하다고 모함해 그를 태자의 자리에서 폐廢하려 했다. 다행히 온교 등의 사람들이 모두 그를 변론해주어 비로

---

247) 허심탄회虛心坦懷
248) 포의지위布衣之位, 포의한사布衣寒士, 무위무관無位無官

소 왕돈의 음모를 좌절시켰다. 그 후 사마소가 황위에 등극했다.

명제明帝가 왕도王導를 사도司徒에 임명하고 더하여 대장군에 봉해 제군을 감독하며 왕돈을 토벌하도록 했다. 왕돈이 재차 반란군을 일으켜 저항할 때 도리어 병으로 쓰러지게 되자 곽박郭璞으로 하여금 자신의 명운을 점쳐보도록 했다. 곽박이 "명공明公께서 거사하신 일에 큰 화禍가 반드시 멀지 않을 것이오." 하자 왕돈은 성질을 내며 "그러면 당신의 수명은 얼마나 남았소!" 했다. 곽박이 "나의 수명은 오늘 정오쯤이면 다할 것이오." 하자 왕돈은 곽박을 바로 참살斬殺해버렸다.

명제가 직접 말을 몰고 왕돈의 군진으로가 몰래 엿보았다. 왕돈이 대낮에 잠을 자고 있는데 꿈에 해가 그의 군영을 돌고 있는 것을 보고 놀라 일어나 "누런 수염의 선비인鮮卑人의 아들이 왔구나!" 했다. 이것은 바로 명제의 모친이 선비인이기 때문이었다. 왕돈이 재빨리 사람을 보내 명제를 추격하도록 했으나 미치지 못했다. 명제가 제군을 거느리고 출정해 남황당南皇堂에 주둔했다. 밤늦게 병력을 모아 진회하秦淮河를 건너 왕돈의 형 왕함王含의 군대를 향해 진격해 승리를 획득했다. 왕돈은 왕함이 실패했다는 소식을 듣고 "나의 형은 나이든 노비奴婢일 뿐이다. 집안은 쇠락하고 대세는 이미 떠났구나." 했다. 그가 병상에서 일어나 스스로 가려고 발버둥쳤으나 곤핍困乏으로 다시 누웠다. 얼마 지나지 않아 왕돈은 곧 병사했다. 이에 왕돈의 일당 모두는 평정되었으며 그의 시체는 파내어져 참수斬首되었다.249) 관원들이 상주上奏해 왕씨 형제들을 탓하자 명제가 "사도 왕도는 대의멸친大義滅親250)이지만 장차 왕실에서는 대대

---

249) 부관참시剖棺斬屍
250) 대의大義를 위해서는 사사로운 정情 뿐만 아니라 혈육의 정도 버림.

손손 용서한다."는 조서詔書를 내렸다. 모두 더 이상 따져 묻지 않았다.

후조後趙의 군주 석륵石勒이 전조前趙의 군대軍隊를 대파하고 군주 유요劉曜를 사로잡았다. 유요와 석륵이 잇따른 싸움에서 서로 지기도 하고 또한 이기기도 했으나 유요가 후조의 금용성金墉城을 공격하자 석륵이 스스로 장수將帥가 되어 구원했다. 그리고 낙양에서 전조의 군대와 악전고투惡戰苦鬪하며 전조의 군대를 거의 궤멸潰滅시켰다. 유요는 싸우기도 전에 술에 취해 달아나다 말에서 떨어져 석륵에게 포로로 잡혔다. 나중에 석륵이 군대를 철수해 돌아온 다음 그를 죽였다. 전조前趙는 멸망했다.

동진東晋의 표기장군驃騎將軍 온교溫嶠가 죽었다. 온교가 맨 처음 유곤에 의해 강동江東에 파견되었다. 그의 모친이 그를 만류挽留했으나 그는 소매를 뿌리치고 떠났다. 온교가 강동에 도착한 다음 다시는 돌아갈 수 없었고 이일은 종신토록 모친에게 한恨이 되었다. 온교가 마음을 다하여 진晋왕실을 보좌해 왕돈王敦과 소준蘇峻의 반란을 평정했음은 모두 온교의 역량力量이었다.

후조後趙의 석륵이 자칭 천왕天王이라 부르다가 오래지 않아 황제라 했다. 석륵이 일찍이 큰 잔치를 베풀어 여러 군신들에게 상을 주며 그들에게 물었다. "나는 옛날의 어느 제왕과 견줄 수 있소!" 하자 어떤 사람이 "한고조漢高祖보다는 강합니다." 했다. 석륵이 크게 웃으며 "사람이 어찌 자기 자신을 모른다 말이오. 경卿의 말은 너무 지나치오." 하며 "내가 만약 한고조를 만났다면 당연히 신하臣下로서 그를 섬겨 한신韓信, 팽월彭越과 함께 어깨를 나란히 했을 것이고 만약 광무제光武帝를 만났다면 그와 함께 천하를 쟁탈하기 위하여 달려가251) 누가 천하를 쟁취했을지는 알 수 없었을 것이오. 대장부가 하는 일은 공명정대公明正大해야 하며 일월의 빛과 같이 그렇게 밝아야 하오. 나는 결코 조맹덕曹孟德(조조曹操)과 사마중달司馬仲達(사마의司馬懿)을 본받아 남의 고아나 과부를 속이고 업신여겨 음험陰險하고 정당하지 않은 방법으로 천하를 쟁취하지는 않았을 것이오." 했다.

석륵은 비록 배우진 못해 책을 볼 수 없었지만 다른 사람으로 하여금 독서하도록 한 것을 자신에게 들려주게 하는 것을 좋아했다. 그는 늘 자신의 견해를 근거로 득실得失과 폐단弊端을 담론談論했고 듣는 사람들은 모두 기쁜 마음으로 복종했다. 한번은 석륵이 다른 사람이 《한서漢書》 읽는 것을 듣다가 역이기酈食其가 유방에게 권하여 전국의 여섯 제후국의 후예들을 책립冊立, 분봉分封할 때에 이르자 놀라면서 말했다. "이런 방법은 마땅히 실책인데 어떻게 결국 천하를 차지할 수 있었는가." 했다. 또 유후留侯 장량張良이 한왕漢王에게 권간勸諫하는 대목에 이르러서는 그야말로 "이 사람이 있어 다행이다." 했다. 뒤에 석륵이 사자使者를 보내 진조晉朝와 수교하려 했으나 진조가 도리어 사자가 가지고온 예물을 강탈하고 불태워버렸다. 석륵이 죽은 후 그의 아들 석홍石弘이 즉위했다.

동진東晉의 환온桓溫이 몰래 역모의 마음을 품고 있었다. 일찍이 베개머리를 어루만지며 "남아南兒가 이 세상에 나와 훌륭한 명성을 후세에 길이 전하지[252) 못한다면 이 또한 더럽고 불명예스러운 이름을 만년이나 남길 것이리라!"[253) 했다. 그는 스스로 먼저 공업을 세운 다음 구석九錫을 받으려 했다. 방두枋頭가 대패하자 그의 명성은 점점 떨어졌다. 그러자 치초郗超가 환온에게 "은殷의 이윤伊尹이나 한漢의 곽광霍光과 같이

---

251) 축록逐鹿, 각축角逐, 각축지세角逐之勢, 호각지세互角之勢
252) 유방백세流芳百世
253) 유취만년遺臭萬年

허수아비 황제를 세워 대권을 독점하고 난 다음, 자신의 위망威望을 세우십시오.”라고 권했다. 이에 환온은 입조해 저태후褚太后에게 고하고 황제 사마혁司馬奕을 폐출廢黜하도록 했다. 사마혁이 재위 6년에 한 번 연호를 바꾸었다. 태화太和이다. 회계왕會稽王이 황제에 옹립되었다. 바로 간문황제簡文皇帝이다.

동진東晉의 조야에서는 전진前秦의 강성함이 큰 부담으로 느껴졌다. 이에 진효무제晉孝武帝는 조서를 반포頒布해 북방을 수비할 수 있는 양장良將을 찾자, 사안謝安이 그의 조카 사현謝玄을 조서에 응하도록 했다. 치초郗超가 그 말을 듣고 감탄하며 “사안의 현명함은 세상의 비평을 상관 하지 아니하고 자신의 친척을 추천한 것이다. 또한 사현의 재능도 확실히 사안의 기대를 저버리지 않을 것이다. 내가 일찍이 사현의 재능을 살펴 본 적이 있었는데 가령 나막신을 신는 것같이 사소한 일조차도 직분을 소홀히 한 적이 없었다.” 했다. 사현이 군대를 통솔해 광릉에 주둔했다. 유뇌지劉牢之 등을 참군參軍으로 삼았다. 수차 출정했으나 싸움에 이기지 않은 적이 없었다. 그들을 ‘북부병北府兵’이라 불렀으며 원근遠近의 적들이 모두 두려워했다.

전진前秦이 군대를 파견해 길을 나누어서 동진東晉의 변경을 침범했다. 여러 고을을 함락陷落하고 양양襄陽 자사刺史 주서朱序를 포로로 잡고 철병撤兵했다. 오래지 않아 부견符堅이 대거 동진東晉을 공격해 들어가기로 의논하자 어떤 사람이 “진국에는 장강의 험난함이 있습니다.” 하자 부견이 “우리나라 군대의 모든 말채찍을 장강의 물속에 던진다면 족히 물 흐름을 막을 수 있다.”[254]했다. 당시 전진의 조야朝野에 모든 사람들

---

254) 투편단류投鞭斷流

이 부견에게 절대 급하게 군사를 일으켜 진晉을 공격하지 말기를 권했지만 모용수慕容垂와 요장姚萇만은 이 혼란한 틈을 이용해 난을 일으킬 생각으로 남정南征을 극력 종용했다. 부견은 이에 장안을 지키는 사병 60여만 명과 기병 27만을 강남江南을 향해 진격하도록 했다.

동진이 이 소식을 듣고 사석謝石을 정토대도독征討大都督, 사현謝玄을 전봉도독前鋒都督에 임명해 8만의 군대를 데리고 나가 진군秦軍을 막도록 했다. 유뢰지劉牢之는 정병 5,000을 데리고 재빨리 낙간洛澗으로가 곧바로 낙하洛河를 건너 진군의 선봉 부대를 격파하고 진장秦將 양성梁成을 참살斬殺했다. 사석등의 사람들은 뒤따르며 군의 통솔 아래 수륙水陸으로 진격해 들어갔다. 전진의 대군이 주둔을 마친 후 부견이 수양성壽陽城에 올라가 바라보니 진군晉軍의 포진布陣이 엄정했다. 또 팔공산八公山 위에 초목이 흔들리는 것을 보고도 모두 진군晉軍이라고 여겨[255] 안색이 침울해지며 매우 두려워했다.

진군秦軍은 비수淝水 가까이 다가가 물가에 포진布陣했다. 사현은 사람을 부견에게 보내 "번거롭겠지만 진陳을 조금만 뒤로 물려 우리 병사들이 강을 건너고 난 다음 승부를 결정지우면 어떻겠소." 하였다. 이에 부견은 진군晉軍이 물을 한 반쯤 건너 올 때를 이용해 일거에 공격해 궤멸시킬 생각으로 대군大軍을 후퇴하도록 지시했다. 결과는 진군秦軍이 한 번 물러나자 걷잡을 수 없는 상황이 벌어져 멈출 수 없게 되었다.

주서朱序가 이 기회를 이용해 군진 뒤에서 "진군秦軍이 패했다. 진군秦軍이 패했다!" 하며 크게 고함을 질렀다. 그러자 진군은 크게 흐트러지

---

255) 초목개병草木皆兵

며 무너졌다.256) 사현등의 사람들이 승세勝勢를 타고 추격해 진군을 대패시켰다. 이에 달아나던 사병들은 바람소리와 학 우는 소리만 들어도 모두 진군이 추격해 오는 소리로 여겼다.257) 부견은 낭패狼狽를 당해 장안長安으로 돌아왔다(비수대전淝水大戰).

모용수가 전진前秦을 배반하고 하내군河內郡에서 기병起兵하며 자칭自稱 연왕燕王이라 했다.

요장姚萇이 전진前秦을 배반하고 북지군北地郡에서 기병하며 자칭 진왕秦王이라 했다. 사서史書상의 후진後秦이다.

동진東晉은 진원제晉元帝부터 시작해 진공제晉恭帝에 이르러 11대 황제, 모두 104년을 지냈다. 서진西晉, 동진東晉 모두 156년 만에 멸망했다.

14│남북조南北朝

남조南朝는 동진東晉에서부터 유송劉宋에 이어졌고 유송은 남제南齊로 이어졌다. 남제는 남양南梁에 전해졌고, 남양은 이어서 남진南陳에 이르렀다. 북조는 여러 나라가 숲에 나무가 서 있듯 즐비해 오다가 최종적으로 북위北魏에 병탄倂呑되었다. 북위는 나중에 서위西魏와 동위東魏로 나뉘었으며 동위는 북제北齊로 이어지고 서위는 후주後周로 이어졌다. 후주는 북제北齊를 병탄倂呑한 다음 수조隋朝에 전해지기에 이르렀다. 수조는 남진南陳을 멸망시킨 후 남북을 통일했다. 지금 남조 각국을 먼저 기술하고 장차 북조의 여러 사건들을 그 가운데 붙여 남북조의 역사를 소개하기로 한다.

송宋

송고조宋古祖 무황제武皇帝의 성은 유씨劉氏, 이름은 유유劉裕이며 팽성인彭城人이다. 전해지길 한漢의 초원왕楚元王 유교劉交의 후손이라 했다. 유유劉裕가 출생하자 곧 모친이 죽고 부친은 타향인 경구京口에 기거하고 있어 유유를 포기하려 했으나 그의 이모가 구원해 젖을 먹이고 양육시켰다. 장성한 다음 용맹하고 건장했다. 큰 뜻을 품고 있었으나 겨우 몇 글자를 알아볼 정도였다. 소명小名은 기노寄奴라 불렸다. 유유가 한번은 외출 중에 길에서 큰 뱀을 만나 때려 상처를 입혔다. 나중에 돌아오다가 보니 여러 아이들이 약을 찧고 있었다. 유유가 "이것은 어디에 사용하려고 하는가."라고 묻자, 아이들이 "우리들의 대왕이 유유에 의해 상해를 입었기 때문에 이것을 그 상처 치료용으로 사용하려 합니다." 했다. 유유가 "그러면 어찌 유유를 죽이러 가지 않는가!" 하니 아이들이 "유유는 바로 왕으로 태어난 자이기에 불사의 몸을 가지고 있습니다." 했다. 유유가 듣고 나서 큰 소리로 꾸짖자 곧 흩어져 보이지 않았다.

처음에 유유가 유뢰지의 휘하에서 참군參軍을 맡았다. 유뢰지가 유유에게 몇 차례 적정敵情을 탐색해 오도록 파견했는데 뜻하지 않게 길에서 수천 명의 적군을 만났다. 유유가 손에 긴 칼을 들고 홀로 전면에 뛰어들자 무리의 사람들도 세勢를 타고 진격해 적군을 대패大敗시켰다. 유유가 이로 말미암아 이름이 알려졌다. 그 후 장상將相을 20여 년 맡았으며 환현桓玄을 주살하고 손은孫恩, 노순盧循의 봉기를 평정했다. 이어 남연南燕과 후진後秦을 멸망시키며 마침내 진공제晉恭帝의 선양禪讓을 받아들여 유송劉宋을 세웠다.

서량西涼의 이고李暠가 죽었다. 시호는 무소왕武昭王이다. 아들 흠歆이 즉위했다. 몇 년 후, 이흠李歆이 북량왕北涼王 저거몽손沮渠蒙遜의 꾐에 빠져 북량과 교전 중에 패전해 죽자 이에 서량은 멸망했다.

유유가 재위 3년 만에 연호를 영초永初로 한 번 고쳤다. 유유가 죽자 태자가 즉위했다. 바로 폐위廢位된 소제少帝 형양왕榮陽王이다. 폐제廢帝 형양왕의 이름은 의부義符이다. 17세에 즉위했다. 거상居喪중에 무례無禮했으며 유희遊戲에 한도가 없었다.

북위北魏 군주君主 탁발사拓跋嗣가 세상을 떠났다. 시호는 명원황제明元皇帝이며 묘호墓號는 태종太宗이다. 그의 아들 탁발도拓跋燾가 즉위했다.

송소제宋少帝 재위 3년에 연호를 경평景平으로 한 번 고쳤다. 서선지徐

羲之, 부량傅亮, 사회謝晦가 그를 폐출廢黜시킨 다음 시살弑殺하고 의도왕宜都王(유유劉裕의 셋째 아들)을 황제로 옹립했다. 바로 태종太宗 문황제文皇帝이다. 송문제宋文帝의 이름은 유의륭劉義隆이다. 평소 좋은 평판評判이 있었다. 소제가 폐위 당한 다음 문제가 영입되며 즉위한 것이다.

동진東晉의 징사徵士(은사隱士) 도잠陶潛이 졸卒했다. 도잠은 자字가 연명淵明, 원량元亮이며 심양인潯陽人이다. 동진의 명장名將 도간陶侃의 증손曾孫이다. 도잠은 어릴 때부터 고상한 취미를 가지고 있었다. 도잠은 일찍이 팽택령彭澤令에 부임한지 80일에 군의 관원이 순시하러 왔다. 이때 아전이 "마땅히 의관을 단정히 하고 관원을 맞이해야 합니다!" 하자 도잠이 탄식하며 "내가 어떻게 오두미五斗米 때문에 향리의 소아小兒들에게 허리를 꺾을 수 있겠느냐!258)" 하며 곧 인수印綬를 내려놓고 관직을 떠났다. 도잠의 작품에 부賦에는 《귀거래사歸去來辭》, 저著에는 《오류선생전五柳先生傳》이 있다. 조정에서 여러 차례 나와 관직을 맡도록 예를 갖추어 불렀으나 모두 응답하지 않았다. 그 스스로 선대가 바로 동진東晉의 신하라 여겨 송고조宋高祖의 제왕의 업業이 점점 융성해진 후부터 다시 벼슬길에 나서지 않았다. 도잠이 죽은 후, 친구들이 시호를 '정절선생靖節先生'이라 했다.

유송劉宋의 사령운謝靈運이 죄를 짓고 피살되었다. 사령운은 산수 유람을 좋아해 늘 몇 백 명의 종자從者들을 데리고 다녔다. 나무를 베어내고 길을 만들자 백성들이 놀라고 두려워했다. 어떤 사람이 상서上書해 그에게 모반謀叛할 마음이 있다고 하자 송문제가 그를 임천臨川 내사內史로 좌천시켰다. 유사有司가 사령운의 죄과罪過를 탄핵彈劾해 그를 체포해

---

258) 오두미五斗米는 동진東晉 때 현령縣令의 한 달치 녹봉祿俸이다. 불위오두미절요不爲五斗米折腰

오도록 사람을 보냈다. 사령운은 기병起兵하며 체포를 거부하고 먼 데로 달아나 시를 지어 말했다.

한이 망하자 장량張良이 분기奮起했고 (한망자방분韓亡子房奮)
진이 황제가 되니 노련魯連이 부끄러워했네 (진제노연치秦帝魯連恥)

후에 관군에게 붙잡혀 광주廣州로 옮겨졌다가 오래지 않아 기시棄市되었다.

북위北魏가 병을 일으켜 북연北燕을 공격하자 북연의 군주 풍홍馮弘이 고려高麗(고구려高句麗, BC.668년 당조唐朝에 의해 멸망되었다)로 달아난 뒤 피살되었다. 북연이 멸망했다.

북위가 북량北涼을 공격해 북량의 수도 고장姑臧이 함락되었다. 저거 목건沮渠牧犍이 투항한 후 피살당했다. 북량이 멸망했다.

유송劉宋과 북위北魏가 해마다 서로 침벌侵伐하자 왕현모王玄謨가 송문제宋文帝에게 대거 북벌을 권했다. 그러자 심경지沈慶之가 간하길 "농사 짓는 일은 당연히 노복奴僕에게 물어보면 될 것이고 베 짜는 일은 비녀婢女에게 물어야 할 것입니다. 예컨대 지금 군사를 일으켜 다른 나라를 토벌하려는 일을 어떻게 일개 백면서생白面書生259)과 의논하려 하십니까?" 했다. 그러나 유송은 끝내 왕현모를 파견해 북벌을 하도록 했다. 왕현모가 곧장 확오碻嗷을 탈취하고 활대滑臺를 포위했다.

이에 앞서 북위北魏 태무제太武帝 탁발도拓跋燾가 송宋이 하남河南의 땅을 탈취하려 한다는 말을 듣고 분노하며 "내가 태어나 탯줄이 아직 마르

---

259) 백면서랑白面書郎: 글만 읽어 세상물정에 어둡고 경험이 부족한 사람.

지 않았을 때부터 하남은 바로 우리 땅이라는 것을 들었다. 지금 날씨가 여전히 더우니 잠시 군사를 거두어 북으로 철수撤收했다가 황하가 얼 때를 기다려 그때 도하渡河해 철기鐵騎로 그들을 유린蹂躪하자!"했다.

겨울이 되자 태무제 탁발도가 스스로 장수가 되어 군사를 거느리고 황하를 건넜다. 백만대군이라 불릴 만큼 대거 남정南征했다. 따르는 군사들의 전고戰鼓소리가 천지를 진동했다. 왕현모가 위군魏軍의 세력이 큰 것을 보고 두려워해 곧 군사를 거두어 철수했다. 북위北魏의 군대가 추격하자 왕현모는 대패해 달아났다. 탁발사拓跋嗣가 병력을 인솔해 남하하다 고보산孤步山에 이르자 도강渡江한다고 큰소리를 쳤다. 건강성建康城내의 문무백관, 백성들 모두가 두려움에 떨며 가산을 꾸려 달아날 준비를 하고 있었다. 송문제가 석두성에 올라 북쪽을 바라보며 탄식하기를 "단도제檀道濟가 아직까지 살아 있었다면 어찌 오랑캐들이 여기까지 왔겠느냐!"했다. 단도제는 송무제宋武帝 때 큰 공을 세운 장군으로 용병을 잘했다. 당초 그는 모함謀陷으로 인해 압송押送되어갈 때, 눈빛이 마치 횃불 같은 모습으로 두건을 땅에 내팽개치며 "이것은 몸소 너의 만리장성을 무너뜨리는 행위이다!"하며 질책했다. 단도제는 결국 피살되었다. 북위北魏의 군신들이 이 말을 듣자 모두 좋아하며 "송宋의 소인배들은 다시 두려워할 것이 없다."했다. 이때 위군이 먼 거리를 신속히 진군해 들어왔지만 가히 막을 사람이 없어 한 번에 궤멸潰滅되었다.

송宋 조정에 어떤 사람이 왕현모를 참살하라고 건의하자 심경지沈慶之가 제지制止하며 "탁발도가 백만의 군대로 천하를 떨게 하는데 어찌 왕현모가 당해낼 수 있겠습니까! 자신들을 방어하는 장군을 죽여 자신의 역량力量을 약하게 하는 것은 좋은 방법이 아닙니다!"했다. 북위 대장군 반사班師가 물러나 곧 북으로 돌아갔으나 살육殺戮과 약탈掠奪은 이루

헤아릴 수가 없었다. 건장한 청년들은 모두 살해되었고 영아嬰兒들도 살해된 후, 그 시신을 창에 꽂아 빙빙 돌리며 가지고 놀았다. 위군魏軍이 지나간 곳은 모두 붉은 땅으로 변했으며 사람의 자취가 끊겼다. 봄이 되어 돌아왔던 제비들도 모두 이전의 둥지를 찾지 못해 어쩔 수 없이 다시 되돌아가 수풀 가운데 새로운 집을 지을 수밖에 없었다. 송문제 즉위 이래 28년간을 '소강小康'이라 불렀다. 이번 북위 남침 이후부터 고을이 쓸쓸하게 되어 문황제文皇帝 원가元嘉의 정치도 쇠락했다.

이에 앞서 북위北魏의 헌문제獻文帝 탁발홍拓拔弘이 태자 탁발굉拓拔宏에게 보위를 물려주고 자신은 태상황제太上皇帝라 칭했다. 그러나 탁발굉이 나이가 어렸기 때문에 탁발홍이 여러 가지 업무를 친히 총괄했다.260) 탁발홍은 총명聰明하고 의젓했다. 그리고 의지가 굳고 용기가 있었으며 말수도 적었다.261) 그렇지만 도가道家와 불가佛家의 학설을 좋아했기 때문에 늘 세상을 떠나 수행修行할 마음을 가지고 있었다. 그의 모친 풍태후馮太后가 이혁李奕을 신임했지만 이혁은 도리어 헌문제에게 피살당했다. 그러자 풍태후가 매우 화를 내며 곧 헌문제를 시살弑殺하고 대권을 장악해 칭제稱制했다.

제齊

제齊 태조太祖 고황제高皇帝의 성은 소蕭, 이름은 도성道成이다. 조상은 산동山東 난릉蘭陵사람으로 한漢나라때 소하蕭何의 후손이라 전한다. 사람됨이 속이 깊고 도량이 넓었으며 박학다재博學多才했다. 그의 어깨 위

---

260) 만기친람萬機親覽
261) 강의목눌剛毅木訥, 강의과단剛毅果斷, 강유상제剛柔相濟

에 해와 달 모양의 붉은 점이 있었다. 송조宋朝에서 오랫동안 군軍에 있었다. 민간民間에 어떤 사람이 "그의 얼굴 상相이 보통 사람과 다른 것이 있다."고 했다. 여러 송제宋帝들이 비록 의심은 있었으나 그를 죽이지는 못했다. 결국 소도성은 유송劉宋을 이어 남제南齊를 건립했다. 그는 성품이 청렴淸廉하고 검소儉素했다. 평소에 늘 "만약 나에게 천하를 10년만 다스리라고 한다면 금값을 흙값과 똑같이 만들어놓겠다!" 했다. 재위 4년 후, 세상을 떠났다. 연호는 한 번 고쳤다. 건원建元이다.

양梁

양梁 고조무황제高祖武皇帝의 성은 소씨蕭氏, 이름은 연衍이다. 바로 제齊의 먼 친척이다. 그의 모친 장씨張氏가 창포菖蒲가 피어 있는 것을 보았으나 동행했던 사람들 눈에는 모두 보이질 않았다. 이에 그녀는 꽃떨기를 따먹고 오래지 않아 소연을 낳았다. 소연의 사람됨이 남달리 슬기롭고 총명해 문학에도 재능이 있었다. 동혼후東昏侯 초년에 소연이 양양襄陽을 진수鎭守하고 있을 때 제국齊國이 장차 어지러워질 것을 예감하고 곧 비밀리에 군비를 갖추어 용맹한 군사를 모집한 수가 거의 1만여 명에 이르렀다. 이에 목재를 벌목伐木해 단계檀溪에 빠뜨려두어 불시不時의 수요需要에 대비했으며 또한 쌓아둔 갈대도 산등성이 같았다. 그의 형 소의蕭懿가 사약賜藥을 받고 죽자 그는 군기軍旗를 세우고 무리를 모아 단계에 빠뜨려두었던 대나무와 목재들을 건져 전선戰船을 만들고 갈대로 지붕을 잇는 등, 이러한 일들을 재빨리 처리했다. 기병한 지 1년여만에 소연은 군대를 이끌고 건강建康을 공격해 들어갔다. 마침내 선양禪讓을 받아 황제에 올랐다.

북위 황제 원각元恪이 세상을 떠났다. 시호諡號는 선무황제宣武皇帝이며 묘호廟號는 세종世宗이다. 그의 아들 후詡가 즉위했다. 나이가 겨우 6세에 불과했으므로 그의 모친 호태후胡太后가 섭정攝政했다. 원후元詡가 성장하면서 말을 타고 돌아다니며 사냥하는 것은 좋아하고 친히 정무政務는 돌보지 않았다. 이때 호태후가 방종放縱, 음란淫亂해지면서 북위의 국정은 혼란해지기 시작했다.

장군 장이張彛의 아들 장중우張仲瑀가 밀봉密封된 상주문上奏文을 올렸다. "무인武人을 제한하고 군기軍紀를 바로 세워야 한다."는 것이다. 그러자 한 무리의 군관軍官들의 항의하는 소리가 길에 가득했다. 이 사람들이 큰길에 방榜을 세워 "약속한 시간에 함께 가서 장씨 일족을 몰살하자!"라 적었다. 그러나 장이 부자는 이 사건을 마음에 두고 있지 않았다. 하지만 약정한 때가 되자 우림군羽林軍과 호분군虎賁軍 등 거의 1,000여 명의 사람들이 상서성부尙書省府의 문 앞에 이르러 욕하며 기와 조각, 돌조각등을 상서성 대문에 던졌다. 조야朝野에 상하가 모두 겁먹고 감히 나가서 그들을 제지하려는 사람이 없었다. 마침내 장이의 집도 불사르고 장이 부자를 끌어내 구타하다 불 가운데 던져버렸다. 중우는 중상을 입고 달아났으나 장이는 타죽었다. 조야朝野의 사람들 모두 두려움에 떨지 않는 사람이 없었다. 이에 호태후가 우림군과 호분군 가운데 흉악한 자 8명을 잡아서 그들을 참수斬首하고 나머지는 다시 추궁하지 않고 전부 대사면大赦免해 그들을 위로했다.

이때 회삭진懷朔鎭의 함사函使 고환高歡이 낙양에 이르러 장이가 피해 입은 사실을 보고 집으로 돌아간 다음 모든 가산家産을 정리해 빈객賓客들과 교유하는 데 다 뿌렸다. 어떤 사람이 그에게 무엇 때문에 이러냐고 묻자 고환이 "숙위宿衛의 친군親軍들이 무리를 지어 대신들의 집을 불태우는데도 조정의 대신들은 도리어 두려워 죄를 묻지도 못하고 있소! 이와 같이 정사政事를 처리하는 국가의 정황을 보면 가히 알 수 있을 것이오! 재화, 보물 어느 것인들 오래 가질 수 있는 것이 있겠소!" 했다. 고환의 선조가 범법犯法으로 인해 북방 변경에 유배되게 되었다. 이 때문에 선비족鮮卑族 풍습을 숙지熟知했다. 고환은 침착하고 생각이 깊었으며 큰 뜻이 있었기에 이후 후경侯景 등과 좋은 우정을 쌓으며 의협義俠으로 향리鄕里에 영웅英雄으로 자처하게 되었다.

북위北魏의 호태후胡太后가 조정에 임臨한 이래 가까운 간녕奸佞, 소인배小人輩들을 중용하자 정사政事는 더욱 느슨해지고 황폐荒廢해졌다. 사방에서 도적盜賊들이 일어나 전쟁이 끊이지 않았고 나라의 경계境界는 점점 줄어들었다. 북위황제 원후가 나이가 들어감에 따라 호태후는 점점 스스로의 행위가 방탕했음을 자각하고 힘을 다해 사실을 덮어 원후가 알지 못하도록 했지만 모자간의 간극間隙은 더욱 깊어졌다. 이때 육주六州의 대도독大都督 수용추장秀容酋長 이주영爾朱榮의 군력軍力이 강성했다. 이에 고환은 이주영에게 군사를 일으켜 황제 주변의 간녕奸佞한 사람들을 말끔히 제거도록 권했다.

북위 황제 원후가 죽자 소문에 호태후가 독살했다고 전해졌다. 시호를 효명황제孝明皇帝라 했다. 이주영이 거병擧兵해 효문황제孝文皇帝의 조카 장락왕長樂王 원자유元子攸를 황제로 세우고 호태후를 황하에 던졌다. 원자유는 이주영을 태원왕太原王에 봉했다. 이주영은 병력을 인솔해 진양晉陽으로 돌아갔다.

북해왕北海王 원호元顥가 남양南梁으로 달아나자 남양은 원호를 북위 황제에 세우고 사람을 보내 그가 낙양으로 돌아갈 수 있도록 호송護送했다. 원자유가 낙양에서 달아난 이후, 이주영은 황하를 건너와 원자유를 구원한 다음 원호를 공격했다. 원호가 패하여 달아났다가 결국 피살되자 원자유가 낙양으로 돌아온 후, 이주영을 천주대장군에 임명했다.

이주영이 반역의 뜻을 몰래 숨기고 있음을 안 위주魏主 원자유가 그를 죽이려고 모의해 장차 그를 궁내에 들어오도록 속였다. 궁내에 들어오자 몸소 그를 살해했다. 이에 이주영의 종제從弟 이주세륭爾朱世隆과 당질堂姪 이주조爾朱兆가 북위 종실의 장광왕 원엽元曄을 황제로 옹립하고 낙양에 들어가 원자유를 시해했다. 그의 시호는 효장황제孝莊皇帝이다.

북위北魏는 도무제道武帝 척발규拓跋珪가 건국에서부터 이때에 이르기까지 12대, 149년을 지내며 분열되어 동위東魏와 서위西魏가 되었다.

양무제梁武帝가 즉위한 이래, 강동江東지역은 오랫동안 전쟁이 없었다. 그는 오직 불법佛法에만 심취해 있었다. 양무제는 수차례 사신불사捨身佛寺(출가出家)하여 중이 되었다. 여러 군신들로 하여금 큰돈을 소비하도록 하고 절에서 나왔다. 후경侯景이 궁궐을 포위했다. 각지에서 올라온 원군援軍들 모두가 후경에게 패하자 부득이 양무제는 사람을 보내 후경과 강화講和해 그를 대승상에 임명했다. 그러나 태성台城은 다섯 달이나 포위되었다가 결국 함락되었다.

후경이 입궐해 양무제를 알현하고 시자들은 그를 삼공三公의 위位에 해당하는 좌석에 앉도록 했다. 양무제는 태연자약泰然自若하게 후경에게 "경卿은 군중軍中에서의 시간이 매우 오래되었소. 이제 힘들게 고생할 필요가 없소." 했다. 후경은 감히 머리를 들어 양무제를 바로 보지 못하고 땀만 흘릴 뿐 응대할 수 없었다. 후경이 물러나 다른 사람에게 "내가 일찍이 다년간 말을 몰고 전쟁하며 칼과 화살을 비 오듯 맞고 다녔으나 조금도 두려운 마음은 들지 않았다. 그런데 오늘 소공蕭公을 보니 비로소 사람으로 하여금 두려움이 들도록 한다. 이 어찌 천자의 위엄은 범접犯接하기 어렵다는 것이 아니겠는가, 나는 이런 사람을 다시는 볼 수 없을 것이다." 했다.

그 후, 양무제는 도리어 후경에게 통제돼 음식도 줄여야 하는 경우를 당하자 울분이 더해져 자리에 누워 일어나질 못했다. 이후 양무제가 꿀을 찾았으나 얻지 못하자 재차 "허허" 하고 세상을 떠났다. 양무제는 재위 48년에 7번 연호를 고쳤다. 나누어 보면 천감天監, 보통普通, 대통大通, 중대통中大通, 대동大同, 중대동中大同, 태청太淸이었다. 향년 86세였다.

진陳

남진南陳 고조高祖 황제의 성은 진陳, 이름은 패선覇先이며 오흥인吳興人이다. 양무제梁武帝 대동大同 연간에 광주廣州 참군參軍을 지낼 때 광주에서 반란이 일어나자 이를 평정한 공으로 장군에 봉해졌다.

오래지 않아 교주交州의 사마司馬가 되었다. 서강西江 도호都護와 고요高要 태수太守를 지내며 모두 7개 군郡의 제 군사를 독려督勵해가며 거듭 난亂을 평정했다. 후경이 태성台城을 함락할 때 진패선은 당시 시흥始興 태수였다. 두루 군중의 호걸들과 결탁하고 기병해 후경을 토벌했다. 진패선이 먼저 강주江州를 공격해 취하고 스스로 강주자사가 된 연후에 병력을 인솔하고 제군을 모아서 마침내 후경의 난을 평정한 것이다. 이후부터 남양南梁에서 장상將相이 되었고 마침내 수선受禪을 받아 진국陳國을 건국했다. 진패선은 즉위 후, 3년 만에 세상을 떠났다. 연호를 한 번 고쳤다. '영정永定'이다.

진후주陳後主 장성양공長城煬公의 이름은 진숙보陳叔寶이다. 그는 태자가 된 이래로 황후皇后나 태자太子를 위한 관원官員인 첨사詹事 강총江摠과 철야徹夜로 술독에 빠져 지냈다. 즉위한 지 얼마 지나지 않아 임춘臨春, 결기結綺, 망선望仙의 누각 3동棟을 지었다. 각 높이는 수십 장丈이고 수십 칸이 이어져 있었으며 누각안은 모두 침향목沈香木과 단목檀木으로 만들었고 아울러 황금黃金, 옥석玉石, 진주珍珠, 비취翡翠로 장식했다. 진주로 만든 발과 기이하고 정묘한 의상과 노리개등은 근고近古 이래 견줄 만한 것이 없었다. 누각 아래에는 돌을 쌓아 산을 만들고 물을 당겨 못을 만들어 후주後主가 그 사이에 손수 기이한 꽃을 심었다. 진후주 자신은 임춘각臨春閣에 거주하고 귀비貴妃 장려화張麗華262)는 결기각結綺閣에 공씨龔氏, 공씨孔氏 두 귀빈貴嬪은 망선각望仙閣에 거주하며 매 누각樓閣 사이에는 모두 복도複道를 놓아 서로 왕래하도록 했다.

강총이 비록 재상宰相을 지냈지만 직접 정무政務는 처리하지 않고 매일 공범孔范 등 문사들과 후정後庭에서 연회만 즐기고 있었다. 이들을 '압객狎客'이라 불렀다. 진후주는 여러 비빈과 강총등 압객들로 하여금 함께 시를 지어 서로 화답하게 했다. 지은 가곡 중에는《옥수후정화玉樹後庭花》등이 있었다. 군신들은 마음껏 마시고 노래 부르며 밤을 새는 것은 보통이었다. 이에 환관宦官과 측근 내외가 서로 결탁해 패거리를 지어 간신奸臣이 되었고 종실宗室의 귀척貴戚들도 제멋대로 날뛰었으며 공공연하게 뇌물이 오갔다. 공범孔范은 공귀빈孔貴嬪과 남매男妹관계를 맺

---

262) 병가兵家집안 출신으로 총명하고 지혜로웠으며 말재주도 있는 절색이었다. 특히 칠흑漆黑같은 머리카락은 무려 7척에 달했다. 후주의 총애가 깊었다. 후주가 지은 대표적인 망국지음亡國之音의 궁체시宮體詩인《옥수후정화》에 화답하며 매관매직賣官賣職과 황음무도荒淫無道한 생활로 취생몽사醉生夢死하였다. 결국 진조陳朝가 멸망하자 후주와 함께 장안長安으로 끌려가 그곳에서 처형되었다.

었다. 그 스스로 문무文武의 재능은 조정에서는 나에게 견줄 만한 자가 없다고 여겼다. 군중軍中에서 장수가 조금이라도 과실이 있으면 즉각 그들의 군권을 박탈했다. 이 때문에 남진南陳의 문무관원文武官員들 모두의 마음이 떠나 최종적으로 멸망에 이른 것이다.

수문제隋文帝가 아들 진왕晉王 양광楊廣을 원수元帥로 삼아 대군을 거느리고 남진南陳을 토벌하도록 했다. 양소楊素, 한금호韓擒虎, 하약필賀若弼도 길을 나누어 출격出擊하며 고경高熲을 원수로 삼았다. 보좌관補佐官 장사長史가 설도형薛道衡에게 "이번에 진陳을 토벌하러 대거 출병하는데 능히 강동江東을 이길 수 있겠소!" 하자 이에 "이길 수 있을 것이오. 일찍이 곽박郭璞이라는 사람이 예언하기를 '강동지역에 나라를 세운 지 300년 후, 다시 중원이 통일될 것'이라 했는데 지금 300년의 시간이 되었소!" 했다.

진후주陳後主가 수군隋軍이 공격해 온다는 소식을 듣고 시위侍位 근신近臣들에게 말하길 "제왕의 기운이 이 땅에 있는데 저들이 어떻게 하겠소." 하자 공범이 부화뇌동附和雷同했다. "장강長江은 바로 천연의 참호塹壕로써 적군이 설마 날아서 넘어오겠습니까! 신은 늘 신의 벼슬이 낮은 것이 불만이었는데 만약 적군이 장강을 넘는다면 신은 반드시 공을 세워 영예롭게 태위공太尉公으로 올라가겠습니다!" 했다. 진후주陳後主는 공범의 말이 옳다고 여겨, 매일 음주가무飮酒歌舞에 시를 짓고 오락娛樂을 그치지 않았다.

하약필賀若弼이 광릉廣陵에서부터 군대를 통솔해 장강을 넘었다. 한금호도 군사를 거느리고 횡강橫江에서부터 밤중에 채석采石을 넘었으나 남진南陳의 수비병들은 모두 술에 취해 있었다. 이에 한금호는 줄곧 신림新林에서부터 주작문朱雀門으로 진입해 들어갔다. 진후주가 달아나 경양전景陽殿 뒤 우물 가운데 들어가 몸을 피했다. 그러나 수군隋軍 사졸이 우물 속을 엿보고 우물 속으로 돌을 던져 넣으려 하자 곧 진후주가 울부짖었다. 이에 우물가에 있었던 사졸이 끈을 묶어 던져 그를 위로 끌어올리려 하자 진후주는 자신과 장려화, 공귀빈을 함께 묶었다. 이후 포로로 압송돼 장안長安으로 끌려갔다.

진후주는 재위 7년에 연호를 두 번 고쳤다. 지덕至德, 정명禎明이다. 남진南陳은 고조 무황제 진패선에서부터 진후주에 이르기까지 5대를 지내며 모두 32년 후, 멸망했다.

15 │ 수隋

　수고조隋高祖 문황제文皇帝 양견楊堅은 바로 홍농인弘農人이다. 전해오길, 동한東漢 때 태위太尉였던 양진楊震의 후손이라 한다. 양견의 부친 양충은 서위西魏와 북주北周에서 벼슬할 때의 공로功勞로 수공隋公에 봉해졌으며 양견은 뒤에 그 부친의 작위를 이어 받았다. 양견이 태어날 때, 보통 사람들과는 크게 다른 것이 있었다. 그의 집 부근, 비구니 암자에 비구니 한 분이 양견을 데려다 키우고 있었다. 하루는 비구니가 외출하기 위해 양견을 데리고 나와 그의 모친에게 안겨주고 나갔다. 그가 떠난 후, 돌연히 그의 머리에서 용각龍角이 돋아 나오고 또 그의 몸에서도 용린龍鱗이 나오는 것이었다. 그러자 그의 모친이 놀라 정신을 잃고 그만 양견을 품속에서 땅에 떨어트리게 되었다. 이때 마침 외출한 비구니의 마음속에서 갑자기 무섭고 떨리는 마음이 한차례 몰려와 황급히 돌아와 보니 양견이 땅에 떨어져 있었다. 그러자 "내 아들이 놀라서 그가 천하를 얻는 데 시간이 늦어지겠구나!" 했다.

　양견이 장성한 후 보통 사람과 얼굴이 달랐다. 어떤 사람이 일찍이 주무제周武帝 우문옹宇文邕에게 "보육여견普六茹堅[263]에게 반역叛逆의 상이 있다." 했다. 양견이 이 말을 들은 다음, 몰래 자신의 빛나는 재능을 깊이

---

263) 양견의 부친인 양충楊忠이 일찍이 선비족인 북주北周에 의해 선비족의 복성復姓인 '보육여普六茹'란 성姓을 하사받은 적이 있었다. 이 때문에 양견楊堅을 '보육여견普六茹堅'이라 한 것이다.

감추고 드러내지 않으며 힘을 길렀다.[264] 이후 양견의 딸이 주선제周宣帝의 황후가 되자 주정제周靜帝 즉위 후, 양견이 태후太后의 부친父親의 신분으로 정권을 잡았다. 마침내 북주北周의 국운國運을 옮겼다. 양견이 즉위 9년 후, 남진南陳을 멸망시키고 천하를 통일했다.

개황開皇 20년, 수 문제는 태자 양용楊勇을 폐廢하여 서인庶人으로 삼았다. 처음에 수문제가 태자 양용으로 하여금 정사政事에 참여해 정책을 결정하도록 했으나 그는 늘 비판적이었다. 양용은 성정性情이 너그럽고 온후했다. 또한 솔직하고 열정적이었으며 교만하고 가식적이지 않았다. 수문제는 타고난 성품이 근검절약勤儉節約했지만 양용의 의복이나 기물들은 모두 사치스러웠다. 이에 문제의 양용에 대한 은총恩寵은 점점 식어갔다. 양용에게는 매우 많은 희첩姬妾들이 있었으나 적비嫡妃가 총애를 얻지 못하고 죽었다. 그러나 서자庶子는 많았다. 독고황후獨孤皇后가 여기에 대해 큰 반감을 가지고 있었다. 이때 진왕晉王 양광楊廣이 태자의 자리를 탈취하기 위해 더욱 자신을 위장했다. 독고황후가 늘 양광과 양견을 칭찬했다. 결국 양용을 폐출하고 양광을 태자로 세웠다.

인수仁壽 4년, 수문제의 병이 더욱 가중되자 태자 양광을 입궁케 했다. 양광이 문제 사후의 방비대책을 미리 예상하고 한 통의 편지를 적어 복야僕射 양소楊素에게 물었다. 양소가 양광에게 회신回信한 편지를 전해받은 궁인宮人이 잘못 전달해 수문제의 침궁寢宮에 보내졌다. 수문제가 그 편지를 읽고 대노했다.

수문제의 총비寵妃 진부인陳夫人이 편한 복장으로 나갔다가 태자 양광에게 희롱을 당했다. 진부인이 극력 저항해 겨우 도망쳐 나왔다. 그녀가

---

264) 도광양회韜光養晦, 준양시회遵養時晦, 화광동진和光同塵, 굴신인욕屈身忍辱, 은인자중隱忍自重. 반反: 경거망동輕擧妄動

문제의 침궁으로 돌아온 후, 문제는 그녀의 표정이 좋지 않음을 느껴 무슨 까닭인지 물었다. 진부인이 "태자가 무례無禮한 행동을 했습니다." 하자 문제가 대노해 탁자를 밀치며 "이 짐승 같은 놈에게 어떻게 국사를 장차 맡기겠느냐. 독고황후가 나를 가지고 놀았구나." 했다. 이에 문제가 양용을 불러들이라고 지시하려 하자 양광이 이 소식을 듣고 태자부 소속 관원인 장형張衡이란 자를 문제의 침궁으로 재빨리 들여보내 문제를 모시는 척하다 기회를 보아 그를 시해弑害하도록 했다. 양광은 뒤이어 또 사람을 보내 양용을 목 졸라 죽였다.

수문제隋文帝는 성품이 근엄謹嚴하고 신중했으며 정사政事에 힘썼다. 비록 돈에는 인색했지만 다만 공이 있는 신하들에게 상을 주는 데는 인색하지 않았다. 백성들을 사랑하고 그들에게 농잠農蠶에 종사하도록 권유했다. 요역徭役의 세금을 감경하고 스스로 근검절약해 천하를 태평하게 했다. 수문제 즉위 초에 천하의 백성이 400만 호萬戶에 미치지 못했지만 그의 집정執政 만년晚年에는 800만 호가 넘어섰다. 다만 수문제 스스로가 정당한 수단으로 천하를 얻지 않았기 때문에 부하들을 무단히 시기猜忌하고 엄밀히 감시했다. 이에 쉽게 참언讒言을 믿었다. 때문에 그의 공신들이나 오래된 친구들은 온전히 생명을 보전한 사람이 없었다. 수 문제 재위 24년에 연호를 두 번 고쳤다. 개황開皇, 인수仁壽이다. 태자가 즉위했다. 바로 수양제隋煬帝이다.

수양제의 이름은 양광楊廣이다. 개황開皇 말년, 태자에 즉위하는 그날 지진地震이 발생했다. 그는 즉위하자마자 낙양에 현인궁顯仁宮을 짓고 장강長江 이남以南과 오령五嶺 이북以北의 광대한 지역에 진기한 목재와 기이한 암석을 징발하고 또 나라 안의 훌륭한 나무나 색다른 풀, 진기한 짐승 등을 모아 황실의 정원을 채우는 데 사용했다.

수양제가 고구려 국왕을 입조入朝해 알현謁見하도록 불렀으나 고구려 국왕이 이에 응하지 않았다.265) 이에 대업大業 7년(611년), 양광이 직접 대장이 되어 군대를 통솔하며 고구려를 정벌하려 했다. 양제가 전국의 사졸들을 탁군涿郡에 집결하도록 하고 하남河南, 회남淮南, 강남江南 등지에서는 전차戰車 5만 승乘을 제조해 갑옷과 투구 등을 싣는 데 이용하도록 했다. 또 하남河南, 하북河北의 백성들은 징발해 군대에 부역負役하여 대군의 필요에 따라 쓰도록 했다. 강회江淮 이남의 사람들에게는 배로 여양黎陽과 낙구洛口의 각종 식량창고에 있는 식량을 탁군에 가져다놓도록 명했다. 이에 수송하는 식량선의 선두와 선미가 서로 잇달아 1,000리나 이어졌으며 길에서 내왕하는 사람들도 몇 십만 명에 달했다. 주야로 쉬지 않고 전선을 향해 군수품이 운송되었고 병으로 죽은 자들이 서로 베개를 나란히 하고 누워 있었다. 천하가 소란스럽고 불안했으며 백성들은 빈궁하고 고단했다. 이에 함께 모이기 시작하면 강도가 되었다.

수양제가 징발한 사방의 군대가 모두 탁군에 집합했다. 병력이 113만에 달했다. 군수품을 운반하는 자는 군대의 숫자보다 그 배에 달했다. 선두와 후미의 길이는 1,000여 리에 뻗쳐 있었다. 황제가 요동遼東에 이르러 성을 공격했으나 함락시키지 못하고 제군諸軍이 대패大敗하고 돌아왔다. 이듬해 재차 군대를 징발해 그가 직접 군대를 통솔해 고구려를

---

265) 이때 고구려와 수의 국경은 요하遼河였다. 이보다 앞서 598년, 고구려는 수隋의 요서遼西를 공격했다. 이에 크게 노한 수문제隋文帝가 수륙군水陸軍 30만으로 고구려를 공격해 왔으나 뜻을 이루지 못하고 돌아갔다. 고구려 영양왕嬰陽王 9년 이었다. 고구려를 입조入朝케 하려는 것은 양제가 즉위하고 몇 해 안 되어 돌궐突厥과 몰래 통하고 있는 고구려의 사절使節을 발견하고 불쾌하게 생각해 입조하지 않으면 군사를 이끌고 가서 치겠다고 위협威脅한 것이었다.

정벌했다.

초공楚公 양현감楊玄感이 조정朝政이 날로 어지러워지는 것을 보고 몰래 모반謀反을 일으키려 했다. 양제가 고구려를 정벌할 때, 양현감은 명을 받들어 여양黎陽에서 군수품을 운송하는 감독의 신분으로 이 기회를 이용해 모반謀反했다. 이에 양제煬帝가 병력을 인솔해 돌아와 양현감을 공격하도록 하였다. 양현감은 낙양에서 병력을 인솔해 동관潼關으로 갔지만 싸움에 패한 후 달아나다 피살被殺되었다. 양제가 다시 탁군으로 돌아와 계속 고구려를 공격했다. 고구려가 사신을 보내 항복을 청하자 비로소 군대를 돌려 장안으로 돌아갔다.

포산공蒲山公 이밀李密이 기병起兵해 모반謀叛했다. 이밀은 젊을 때 자못 재주와 지략이 있었다. 큰 뜻을 품어 재물을 경시하고 인재를 중요하게 여겼다. 일찍이 황소를 몰며《한서漢書》를 소 뿔 위에 걸어놓고 읽었다.[266] 초공楚公 양소楊素가 길을 지나다 이 광경을 보고 이밀이 보통이 아니라 여겼다. 이로 말미암아 이밀은 곧 양소의 아들 양현감과 친밀히 교류하게 되었다. 이밀이 처음에 양현감을 따라 기병했다가 양현감이 거사에 실패하자 급히 성명을 감추고 달아났다. 당시의 사람들 모두 "양씨는 장차 멸망하고 이씨는 흥성興盛할 것이다!" 했다. 또 가요를 부르는데 "도리자桃李子, 황후皇后는 양주揚州로 달아나 화원花園 안에서 전전하네. 터무니없는 말 하지 마오. 누가 그렇다하더라도."라고 불렀다. '도리자桃李子'라는 것은 도망한 사람이 바로 이씨의 아들을 말하는 것이며 "터무니없는 말 하지 마오. 누가 그렇다하더라도."라는 것은 바로 이밀을 가리키는 것이었다. 이밀이 적양翟讓 등의 도적들과 함께 기병해 형

---

266) 우각괘서牛角掛書, 차형손설車螢孫雪, 현량자고懸梁刺股, 한우충동汗牛充棟

양滎陽을 함락시켰다. 기旗를 세우고 군대를 거느리며 서쪽을 향해 진격해 꽤 많은 성城을 설득해 투항시켰으며 수확도 많았다.

당공唐公 이연李淵이 태원太原에서 기병해 여러 군현을 정복하고 장안長安에 들어갔다. 이때가 수隋 대업大業 12년(616년)이었다. 수양제는 이때 강도江都로 돌아와 있었다. 이연이 양광을 태상왕으로 존숭尊崇하고 대왕代王 양유楊侑를 황제로 옹립했다. 수공제隋恭帝이다.

수공제의 이름은 양유楊侑이며 수양제의 손자이다. 나이 13세에 이연에 의해 황제가 되었다. 대업大業 13년을 의령義寧 원년元年으로 바꾸었다. 이연이 대승상을 맡으며 당왕唐王에 봉해졌다. 수양제는 강도江都에서 점점 음락淫樂으로 방종하며 술잔이 입에서 떨어질 날이 없었다. 그는 중원에서 난리가 난 것을 보고도 북쪽으로 돌아갈 생각이 없었다. 그러나 수양제와 함께 갔던 강도江都의 금군禁軍 대부분이 관중인關中人으로 고향생각에 비밀리에 반란을 모의했다. 그들은 허공許公 우문화급宇文化及을 우두머리로 추대하고 밤늦게 군대를 인솔해 궁궐에 들어가 양광을 목 졸라 죽이고 양씨 종실의 노유老幼를 가리지 않고 전부 죽였다. 다만 진왕秦王 양호楊浩만 남겨 황제로 옹립했다. 우문화급이 자신을 대승상에 봉하고 금군禁軍을 인솔해 서쪽을 향해 진군했다.

양왕梁王 소선蕭銑이 강릉江陵에서 황제라 칭했다.

수공제 양유가 즉위한 지 반 년 만에 이연에게 선위禪位했다. 수조隋朝는 고조高祖 양견楊堅에서부터 3세, 모두 37년을 지낸 후 멸망했다.

16 │ 당唐

당고조唐高祖 신요황제神堯皇帝의 성姓은 이李, 이름은 연淵이다. 농서隴西 성기인成紀人이며 서량西凉 무소왕武昭王 이고李暠의 후예이다. 조부 이호李虎가 서위西魏에서 벼슬할 때의 공로로 농서공隴西公에 봉해졌다. 부친 이병李昞은 북주北周에서 벼슬하다 당공唐公에 봉해졌다. 이에 이연이 당공의 작위를 이어받았다. 수양제가 이연을 홍화弘化 유수留守에 임명했다. 이연이 사람들을 관용적으로 대하니 사람들이 그에게 많이 모였다. 양제가 이연의 용모가 기이하고 성씨姓氏가 마침 칭제稱帝의 예언預言과 부합된다고 여겨 그를 시기猜忌하기 시작하자 이연은 매우 두려워했다. 부득이 무절제無節制하게 음주飮酒하고 수뢰受賂하는 등 자신을 더럽혀 자신을 보호하려 했다(화광동진和光同塵). 이후 천하의 도적盜賊들이 봉기蜂起하자 수양제隋煬帝가 이연을 산서山西, 하동河東 무위대사撫慰大使에 임명했다. 그는 황제의 뜻에 따라 재량껏 관원들을 진퇴進退, 상벌賞罰하고 도적을 토벌討伐해 여러 차례 승리를 거두었다. 돌궐突厥이 변경을 침범하자 수양제는 이연을 보내 적을 격퇴하도록 명했다.

이연의 둘째 아들 세민世民은 총명, 용감했다. 일을 처리함에 과단성果斷性이 있었으며 견식見識과 도량度量이 보통사람을 넘었다. 그는 수조隋朝는 이미 어지러운 현상이 나타나고 있다고 판단해 몰래 천하를 안정시킬 수 있는 뜻을 키우고 있었다. 이 무렵 이세민과 진양晉陽의 궁감宮監 배적裵寂, 진양령晉陽令 유문정劉文靜이 서로의 마음을 뭉치고 있었다. 유문정이 세민에게 "지금 수양제가 남순南巡한 틈을 타고 떼로 일어난 도적들이 가히 1만萬을 헤아릴 지경입니다. 이때 만약 진정한 천자天子가 있어 민중을 효과적으로 몰고 갈 수 있다면 천하를 탈취하는 것은 손바닥을 뒤집는 것만큼 쉽습니다.[267] 태원太原의 백성만 해도 가히 10만 대군으로 결집시킬 수 있고 당신이 통솔하는 장수將帥만 해도 수만 명입니다. 이 기회에 허점을 노려 대군이 관중關中을 공격해 들어간다면 천하를 호령하는 데 반년이 지나지 않아 바로 황제의 패업霸業을 성취하기에 충분합니다." 하자 이세민이 웃으며 "문정의 말이 나의 뜻과 정확히 일치하오." 했다. 이에 몰래 부서部署를 늘려 나갔으나 다만 이연은 결코 알지 못했다.

마침 이연 자신이 통솔한 군대가 돌궐의 저항에 부딪쳤다. 전세戰勢가 불리해지자 이연은 그 때문에 죄를 받을까 두려워했다. 세민이 이 기회에 이연에게 말했다. "민심에 순응해 의병義兵을 일으켜 화를 복으로 만들어버립시다!"[268] 하자 이연이 크게 놀라며 "네가 어떻게 감히 이런 말을 할 수 있느냐. 내가 지금 너를 잡아 관부官府에 고발하러 가야겠구나." 했다. 세민이 천천히 "제가 천시天時, 인사人事를 살펴보니 모두 이런 징조徵兆가 있었습니다. 이 때문에 감히 이렇게 말씀드리는 것입니다. 만약 반드시 저를 잡아 죄를 다스리고 싶으시다면 저도 기꺼이 죽음도 마다하지 않겠습니다." 하자 이연이 "내가 어떻게 차마 너를 고발하겠느냐. 너는 이런 말이 새나가지 않도록 조심하여라." 했다.

이튿날 세민이 또 와서 권하길 "사람들 모두 이씨가 마땅히 도참圖讖의 예언豫言과 같이 될 것이라 말을 전하고 있습니다. 이 때문에 이금재

---

267) 여반장如反掌
268) 전화위복轉禍爲福

李金才²⁶⁹⁾는 까닭없이 멸족을 당했습니다. 가령 대인께서 적을 섬멸한 공로가 높더라도 상은 없으면서 신상은 더욱 위험해질 겁니다. 오직 어제 드린 말씀과 같이 하셔야 비로소 화를 제거할 수 있습니다. 이것이 바로 만반의 대책이오니 바라건대 아버님께서는 의심치 마십시오." 했다. 이연이 탄식하며 "내가 밤새도록 너의 말을 생각해보니 너의 말에 매우 일리가 있었다. 오늘 일로 집안도 망치고 자신도 망치게 하는 것도²⁷⁰⁾ 너 때문이며, 이후의 일로 집안을 나라로 만드는 것도 너 때문이다."²⁷¹⁾ 했다.

처음에 배적裵寂이 몰래 진양궁晉陽宮의 궁인宮人을 선발해 이연을 모시도록 했다. 어느 날 배적과 이연이 술자리에서 술이 취할 즈음, 배적이 이연에게 "둘째 세민이 몰래 군사를 모으고 말을 사들여 큰일을 치르려하고 있습니다." 했다. 당시 궁인이 마침 이연을 모시고 있었다. 이연은 이일이 탄로 날까 두려워 궁인을 죽여버렸다. 마침 수양제가 이연이 돌궐을 잘 막지 못한 책임을 물어 그를 압송해 강도江都로 데려오도록 사자에게 명했다. 그러자 이세민과 배적 등 여러 사람들이 재차 이연에게 권하며 "일이 이미 긴박해졌습니다. 청컨대 빨리 결심해주십시오. 진양의 사병과 군마들은 날쌔고 강건하며 진양의 궁중에 쌓인 돈과 물자는 충분합니다. 대왕代王 양유楊侑의 나이는 어리고 관중의 호걸들이 분

---

269) 이혼李渾(~615): 자字, 금재金才. 당시 고구려와의 전쟁으로 전국은 매우 혼란했으며 참언讖言이 난무했다. 이른바 "이씨가 마땅히 천자가 된다.(이씨당위천자李氏當爲天子)"이다. 그때 우문술宇文述이 이혼의 처형이 "도련님이 참언과 같이 되었으면 좋겠다."는 말을 흘려듣고, 양제에게 고변한 것이다. 이에 수양제는 참언을 믿고 이혼과 그의 종족 30여 명을 주살했다.

270) 패가망신敗家亡身

271) 화가위국化家爲國

연히 일어나고 있습니다. 공이 만약 크게 북을 치고 깃발을 흔들며 서쪽을 향해 진군하여 그들을 초무招撫한다면 천하를 얻는 것은 바로 주머니에서 물건을 꺼내는 것만큼 쉽습니다."272) 했다. 이에 이연이 군사를 모으고 말을 사들이며 기병起兵을 선포했다. 원근의 호걸들이 모두 그에게 와서 투항했다. 이연이 거듭 사자를 보내 돌궐을 향해 병력을 빌려줄 것을 요청하자 병력이 더욱 장대壯大해졌다.

이세민이 군대를 통솔해 서하군을 공략攻略한 다음 군의 보좌관 고덕유高德儒를 참살斬殺했다. 며칠 후, 이세민이 그의 죄상을 선포하면서 "그는 야조野鳥를 난봉鸞鳳이라 속였다. 내가 정의正義의 군사를 거느리고 온 것이 바로 그들같이 간사한 소인들을 주살하기 위함이다." 했다. 이세민이 군대를 거느리고 곽읍霍邑, 임분臨汾, 강군絳郡을 함락시키고, 한성韓城을 항복받고 풍익군馮翊郡으로 하여금 투항하도록 했다. 이연이 일부 부대는 남겨 황하 동쪽에 주둔하도록 하고 자신은 대군을 이끌고 서쪽으로 향했다. 그는 큰아들 건성建成은 동관潼關을 지키도록 보내고 세민世民은 위하渭河 유역의 북쪽 지역을 점거하도록 보냈다. 관중關中의 대부분의 도적들은 모두 이연에게 투항했다. 이연이 제군諸軍을 집결시켜 장안長安을 포위해 수도를 함락한 다음 대왕代王 양유를 옹립해 공제恭帝라 했다. 공제가 이연을 대승상大丞相, 당왕唐王에 봉하며 아울러 구석九錫을 주었다. 오래지 않아 이연이 양유의 선양禪讓을 받아들여 칭제稱帝했다. 이에 장자長子 건성을 황태자로 세민을 진왕秦王, 셋째 아들 원길元吉을 제왕齊王으로 삼았다.

수조隋朝의 동도東都 유수留守 월왕越王 양동楊侗은 수양제 양광楊廣의

---

272) 탐낭취물探囊取物

손자다. 그도 역시 낙양에서 칭제했다.

당조唐朝가 맨 처음 진양에서 군사를 일으킨 것은 모두 이세민이 모획謀劃한 것이었다. 고조 이연이 세민을 태자로 삼을 생각을 했으나 세민이 고사固辭해 이 일을 그만두었다. 태자 건성이 주색酒色과 사냥에 빠져 있었고 제왕 원길은 늘 과실過失이 많았다. 그러나 세민의 업적과 명성은 나날이 더해갔다. 건성은 원길과 모의해 세민을 쓰러뜨릴 방안을 모색摸索했다. 이에 여러 비빈妃嬪들에게 고의로 진의眞意를 왜곡歪曲시키고 일을 모함하며 비위를 맞추었으나 세민은 그렇게 하지 않았다. 이 때문에 이연과 가까운 사람들은 모두 건성과 원길에 대해서는 칭찬하고 세민에 대해서는 단점만 말했다.

무덕武德 9년 6월, 태백성太白星(금성金星)이 대낮에 진秦의 영역領域(이세민의 영역)에 나타났다. 건성과 원길은 세민을 죽이려 했다. 진왕부秦王府의 막료와 부하들이 세민에게 주공周公의 일을[273] 본받길 극력 간청하자 비로소 세민이 응답했다. 그리고 세민은 이연을 향해 "건성과 원길 두 형제가 자신을 모해謀害하려는 것이 마치 왕세충王世充과 두건덕竇建德의 원수를 갚으려고 하는 것 같다."며 가만히 말했다. 다음날 세민이 병력을 인솔해 현무문玄武門 밖에 매복埋伏하고 있었다. 이때 태자 이건성과 제왕 이원길이 부왕 이연을 배견拜見하려고 입궁하다가 상황에 변

---

273) 주공지사周公之事: 주무왕周武王이 은殷나라를 정벌해 천하를 통일한 뒤, 은나라 주왕紂王의 아들 무경武庚을 제후왕으로 봉해 은나라의 제사를 받들게 하고 서형庶兄 관숙管叔과 동생 채숙蔡叔 등에게 무경을 감시하도록 했다. 무왕이 죽고 어린 성왕成王이 즉위해 무왕의 동생 주공周公이 섭정하게 되자 관숙 등은 주공이 왕위를 노린다는 유언비어를 퍼뜨리며 무경과 함께 반란을 일으켰다. 이에 주공이 군대를 출동해 동정東征을 단행, 이들을 잡아 처형하고 주나라를 안정시킨 일을 말한다.

화가 있음을 느껴 달아나려 했다. 세민이 건성을 추격해 사살射殺하고 위지경덕尉遲敬德은 원길을 사살했다(형제혁장兄弟鬩墻). 마침내 이연은 어쩔 수 없이 세민을 태자로 삼았다. 그리고 군국대사軍國大事 모두를 그에게 맡겨 처리하게 했으며 그 자신이 결단해서 처리한 연후에 품의稟議만하도록 윤허允許했다(현무지변玄武之變).

당초 동궁東宮의 관속官屬이었던 위징魏徵이 누차 건성에게 세민을 제거할 것을 건의했다. 이번엔 세민이 위징을 불러 그가 형제간을 이간離間시키는 것을 꾸짖었다. 그러나 위징의 행동거지行動擧止는 태연자약泰然自若했으며 결코 굴복하지 않았다. 세민은 이 때문에 그를 예로써 대했다. 왕규王珪도 일찍이 건성을 위해 모의했으나 나중에 그들 모두를 간의대부諫議大夫에 임명했다. 고조가 스스로 태상황太上皇이라 칭하고 태자 세민에게 제위帝位를 물려주었다. 바로 태종문무황제太宗文武皇帝이다.

태종문무황제의 이름은 세민世民이다. 어릴 때 어떤 서생書生이 그를 보고 "용봉龍鳳의 자태姿態와 천일天日의 면상面相을 가지고 있어(용봉지자龍鳳之姿 천일지표天日之表) 성년이 될 때까지 기다리면 반드시 세상을 구제하고 백성을 편안하게 할 수 있을 것!"[274]이라 말했다. 서생이 떠난 후 이연이 사람을 보내 쫓았으나 이미 종적蹤迹이 막연했다. 이에 서생의 말을 받아들여 아들의 이름을 제세안민濟世安民에서 '세민世民'을 이름으로 삼았다. 세민이 방년 18세에 의병을 일으켰다. 이밀李密이 당조唐朝에 투항할 당시, 처음 고조 이연을 보았을 땐 아직도 오만한 기색이 있었으나 진왕秦王 세민을 본 이후에는 감히 머리도 들지 못했다. 퇴조退朝

274) 제세안민濟世安民

후 탄식하며 "이야말로 진정으로 영명英明한 군주다." 했다.

진왕 이세민의 공훈이 탁월히 높았기 때문에 고조는 특별히 '천책상장天策上將'이라는 직책을 만들어 제후왕諸侯王과 삼공三公의 위位에 재위하도록 했다. 진왕은 스스로 개부開府할 수 있도록 했으며 관속官屬을 설치하고 개관해 문학지사文學之士들을 불러 뽑아 쓸 수 있도록 했다. 두여회杜如晦, 방현령房玄齡, 우세남虞世南, 저량褚亮, 요지렴姚志廉, 이현도李玄道, 채윤공蔡允恭, 설원경薛元敬, 안상시顏相時, 소욱蘇勖, 우지녕于志寧, 소세장蘇世長, 설수薛收, 이수소李守素, 육덕명陸德明, 공영달孔穎達, 개문달蓋文達, 허경종許敬宗 등이 문학관 학사가 되었다. 3반으로 나누어 매일 문학관에서 숙직宿直했다. 진왕이 한가한 시간엔 문학관에 와서 대신들과 문장文章이나 전적典籍을 토론했으며 어떤 때는 한밤중에 이를 때도 있었다. 염립본閻立本으로 하여금 이러한 학사들의 초상肖像을 그리게 하고 저량에겐 찬贊을 짓도록 해 '18학사'라 불렀다. 당태종에 의해 선발돼 문학관에 들어간 사대부士大夫들을 당시엔 '등영주登瀛洲'[275]라 불렀다.

태종이 홍문관弘文館을 설치한 뒤 경사자집經史子集 사부서四部書를 모은 것이 모두 20여 만 권이였으며 천하의 문학지사들을 선발해 입관시켰다. 우세남 등의 사람들 모두는 원래 관직을 더해 홍문관 학사를 겸하게 했다. 태종은 공무의 틈에 이러한 학사들을 내전에 이르게하여 그들와 함께 고인古人의 언행들을 변론하거나 혹은 정사를 토의했으며 늘 한밤중에야 끝이 났다. 그리고 3품 이상 대신의 자손들을 선발해 홍문관 학사로 충원充員했다.

---

275) 진시황과 한무제漢武帝가 불로초不老草를 찾아 동남동여童男童女를 보냈다는 전설 속에 삼선산三仙山(봉래蓬萊, 방장方丈, 영주瀛洲) 중에 한 곳이다. 신선이 있는 곳에 오른다는 뜻으로 지극히 명예로운 지위에 오름을 말한다.

어떤 대신大臣이 간사하고 아첨하는 신하를 물리칠 것을 상서上書했다. "황상皇上께서 거짓으로 대노大怒한 척하여 대신들을 시험해 보십시오. 만약 폐하의 노기怒氣를 두려워하지 않고 진실로 솔직하게 간언하는 사람은 정직한 사람이지만 위의威儀가 두려워 폐하에게 아첨하고 순종하는 사람은 바로 간녕奸佞한 소인들입니다." 하자 태종太宗이 "내 자신을 속이면서 어떻게 신하들에게 솔직하라고 하겠는가, 나는 지성으로 천하를 다스려 나갈 뿐이오." 했다.

혹자가 또 중한 형벌로써 도둑을 근절根絶하길 청하자 태종은 "응당 사치를 제거해 소비를 절약하고 요역을 경감해 부세賦稅를 낮추고 청렴한 관리를 선발해 백성으로 하여금 의식이 풍족하게 하면 백성들 스스로가 도둑이 되길 원하지 않는다. 그러고도 엄중한 법을 사용할 필요가 있겠소." 했다. 이같이 다스려 몇 년이 지나자 도불습유道不拾遺했으며 상인이나 여객旅客들도 안전하게 야외에서 노숙露宿할 수 있게 되었다.

태종이 일찍이 말하길 "군주는 국가에 의지하고, 국가는 국민에 의지한다. 백성을 착취해 군주를 봉양하는 것은 자신의 살을 베어 자신의 배를 채우는 것과 같다. 배가 불러오면 자신은 곧 죽게 될 것이다. 만약 군주가 너무 부유하다면 국가는 곧 멸망할 것이다." 했다.

태종이 또 일찍이 시신侍臣들에게 물은 적이 있었다. "들으니 서역西域에 호상胡商은 진귀한 구슬을 얻으면 곧 자신의 몸을 갈라 거기에 숨긴다고 하는데 그런 일이 있는가." 하자 시신이 "확실히 그런 일이 있었습니다." 했다. 태종이 "어떤 관원은 뇌물을 탐하다 법에 저촉抵觸돼 생명을 잃고 어떤 황제는 사치 방종으로 인해 망국에 이른다. 무엇이 이 호상胡商의 웃기는 행위와 다르다 하겠는가." 했다. 이에 위징魏徵이 "옛날 노魯나라 애공哀公이 공자孔子에게 '어떤 건망증健忘症 있는 사람이 이사

를 가는데 그의 처妻를 잊어버리고 떠났습니다.'하자 공자가 '건망증이
더 심한 자가 있으니 걸桀, 주紂는 자기 자신도 모두 잊어버렸습니다.' 했
으니 이 역시 이 일과 똑같은 것입니다." 했다.

장온고張蘊古가《대보잠大寶箴》을 헌상獻上하며 "한 사람의 힘으로 천
하를 다스리려고 해야지 천하의 힘으로 한 사람을 시봉하게 할 수는 없
습니다." 했다. 또 "장엄하고 화려한 구중궁궐九重宮闕이라도 거주하는
바는 용슬容膝(무릎을 움직일 정도의 작은 공간)에 불과할 뿐이지만 혼군
昏君은 이런 이치를 알지 못하고 미옥美玉으로 정자亭子와 누각樓閣을 꾸
밉니다. 눈앞에 각종 산해진미山海珍味가 차려져 있더라도 먹는 것은 겨
우 입에 맞는 일부분뿐이지만 폭군은 도리어 기상천외奇想天外하게 술
지게미를 쌓아 산을 만들고 못을 파서 술을 채웁니다." 했다. 또 "천자는
어리석고 우매하게 보여 기만당할 필요도 없고 너무 세밀히 살펴 밝혀
낼 필요도 없습니다. 비록 면류관 위의 구슬이 눈을 가린다 하더라도 노
출되지 않은 것도 볼 수 있으며 면류관 옆에 황색 솜이 귀를 막는다 하
더라도 소리 없는 소리도 들을 수 있는 것입니다." 했다. 태종이 그의 상
서를 크게 칭찬했다.

정관貞觀 14년, 태종이 친히 국자감國子監에 이르러 직접 석전례釋奠禮
를 주지했다. 당시 황제가 대규모로 천하의 명유名儒들을 불러 학관學官
를 맡도록 하고 수차례 직접 국자감에 이르러 학관으로 하여금 경전을
강론講論하도록 했다. 1부 이상의 경전을 통효通曉한 학생은 관직을 보
수補授했다. 학사學舍 1,200칸을 증축增築하고 3,620명의 학생을 증원했
다. 둔영비기屯營飛騎276)에도 박사를 안배해 경전을 가르쳤으며 충분히

---

276) 당태종이 현무문玄武門 좌우에 설치한 둔영屯營, 당대唐代의 우림군羽林軍

경전을 통효할 수 있는 자는 과거에 마음대로 참가할 수 있도록 맡겨두었다. 이에 사방의 학자들이 경사京師에 운집雲集했으며 심지어 고구려高句麗, 백제百濟, 신라新羅, 고창高昌, 토번吐蕃 등의 나라의 추장酋長들도 자제子弟들을 파견해 국자감에 들어가 학습할 수 있도록 청해왔다. 강연講筵에 오르는 사람이 8,000명에 달하자 태종은 학술學術 유파流派도 많고 장구章句도 지나치게 번잡하다고 여겨 공영달과 제 유생들에게 명해 오경五經의 주소注疏를 편집케 하고 정정하도록 했다. 바로《오경정의五經正義》이다.

고창왕高昌王 국문태麴文泰가 앞서 수차례 서역의 각 나라들이 당조唐朝를 향해 조공하는 것을 가로막고 중국인을 억류하였다. 이군집이 교하交河 대총관大總管으로써 병력을 인솔해 고창국을 멸망시키고 그 영토를 서주西州에 넣었다.

정관 15년, 토번吐蕃(티벳)이 당조를 향해 구혼求婚을 청했다. 태종이 문성공주文成公主를 토번의 수령首領에게 시집보냈다.

정관17년, 정국공鄭國公 위징魏徵이 죽자 태종이 말했다. "동銅으로써 거울을 만들면 의관衣冠을 단정히 할 수 있고, 역사歷史로써 거울을 삼으면 흥망성쇠興亡盛衰를 알 수 있으며, 사람으로 거울을 삼으면 득실을 명백히 할 수 있다."[277] 했다. 위징의 장례葬禮에 태종이 직접 비문碑文을 적었다.

태자 승건은 재간才干이 없었다. 위왕魏王 이태李泰의 능력이 출중해 총애를 받자 그는 태자자리를 탈취할 생각을 품고 있었다. 후군집侯君集이 큰 공을 세웠으나 황상皇上에 대해 원망하는 생각이 많았다. 그는 승

---

277) 이동위경以銅爲鏡, 가정의관可正衣冠, 이고위경以古爲鏡, 가견흥체可見興替, 이인위경以人爲鏡, 가지득실可知得失

건이 우매愚昧하고 졸렬拙劣하다고 여겨 곧 기회를 보고 태자에게 모반할 것을 권했다. 그러나 일이 발각되자 태자는 폐서인廢庶人이 되었고 후군집侯君集은 연좌連坐돼 주살誅殺됐다. 이태李泰도 성정性情이 음흉陰凶하고 교활狡猾해 태자에 오르지 못하고 진왕晋王 치治가 태자가 되었다.

위징이 일찍이 후군집을 추천한 적이 있었기 때문에 태종도 위징을 의심하기 시작했다. 아첨하는 무리들이 또 "위징은 일찍이 간언諫言한 내용을 모두 기록해 두었다가 기거랑起居郎 저수량褚遂良에게 보여주었습니다." 하자 태종은 위징에 대해 더욱 불만을 더했다. 위징이 임종臨終하기 전, 일찍이 태종이 면전에서 공주를 가리키며 그녀를 위징의 아들 위숙옥魏叔玉에게 시집보낼 생각을 한 적이 있었다. 그러나 이때, 태종은 이 약혼을 폐지하고 위징에게 주려던 석비石碑를 치워버렸다.

정관貞觀 18년 태종이 친히 고구려高句麗 원정遠征에 나섰다. 이 이전에 고구려 천갈소문泉葛蘇文278)이 군주君主를 시살弑殺했다. 신라는 또 사신을 보내와 고구려와 백제가 연합해 신라가 당조唐朝로 보낼 조공朝貢의 길을 끊는다며 구원병을 요청했다. 이에 태종이 먼저 토벌병을 보내 낙양洛陽에 도착했다.

정관 19년 태종이 낙양에서부터 정주定州에 이르러 각군을 지휘하며 앞으로 나아갔다. 태종이 요하遼河를 건너 요동성을 공격하고 백암성白巖城을 항복降服받고, 안시성安市城을 공격해 성 아래의 고구려군을 대파大破했다. 그러나 안시성의 성벽은 견고했고 병사들은 정예精銳였으며

---

278) 천갈소문(泉葛蘇文: 603~666), 연개소문淵蓋蘇文, 연개금淵盖金. 중국 고대 사서상史書上에 통상 당고조唐高祖 이연李淵의 이름을 피휘避諱하기 위해 연개소문淵蓋蘇文을 천갈소문泉葛蘇文이라 바꿔 불렀다.

수비는 견고해 공략하기 어려웠다. 어떤 사람이 제의하길 "오골성烏骨城을 먼저 취해 압록강鴨綠江을 넘어 직접 평양성平壤城을 공격해 취한다면 고구려를 전복顚覆시킬 수 있으며 그 나머진 모두 싸우지 않아도 항복할 것입니다." 했다. 또 어떤 사람은 "황제가 직접 정벌에 나서는 것은 제장들이 나서는 것과 다르니 모험할 수는 없는 것입니다." 했다. 이에 태종은 요동은 일찍 추워지기에 초목은 시들고 강물은 얼어 장사將士와 마필馬匹들이 오래 머무르기 어렵고 게다가 식량과 사료가 다되어 간다고 여겨 곧 철수를 명했다.

이번 출정에서 당군唐軍은 10개의 성을 함락했고 7만의 가구를 내지內地로 옮기도록 했다. 세 차례의 큰 전쟁에서 4만여 명을 참수斬首했으나 전사자도 근 3,000여 명에 이르렀으며 전마戰馬의 손실은 10에 7, 8로 성공이라 할 수 없었다. 태종은 깊이 후회하고 탄식하며 "위징이 만약 살아 있었다면 내가 이번 출정은 하지 못했을 것이다." 했다. 이에 태종이 사절을 보내 역마를 타고 빨리 위징의 묘소 앞에 이르러 소뢰小牢의 예로써279) 위징에게 제사祭祀하고 다시 새로이 위징의 석비를 세우도록 했다.

정관貞觀 23년, 태종이 병을 얻자 태자에게 "이세적李世勣은 재주와 지혜가 남음이 있는 사람이다. 그렇지만 너는 그에 대해 은정恩情을 베푼 적이 없다. 내가 지금 그를 내치거든 기다렸다가 내가 죽고 난 다음, 너는 그를 복야僕射로 기용해 손수 임명하도록 하여라. 내가 그를 내친 후, 만약 그가 배회하며 나가지 않고 머뭇거리고 있다면 나는 너를 위해 바로 그를 죽여버릴 것이다." 했다. 태종이 이세적을 첩주疊州 도독都督으

---

279) 양羊이나 돼지, 각 한 마리만 올리는 제사

로 좌천시키자 이세적은 조서詔書를 받자마자 집으로 돌아가지도 않고 곧바로 임지로 떠났다.

태종이 붕어했다. 그는 재위 24년에 한 번의 연호를 사용했다. 정관貞觀이다. 태종이 비록 무력에 의존해 천하의 화란禍亂을 평정平定했지만 최종적으로는 문덕文德으로 세상을 안정시켰다. 그는 교만, 사치, 음란淫亂함으로 일을 그르칠까 늘 두려워했다.

일찍이 말하길 "군주는 오직 한 마음으로 다스려 나아가려 하지만 이를 공격하는 자는 너무나 많다. 혹자는 용력勇力으로, 혹자는 변재辯才로, 혹자는 아첨阿諂으로, 혹자는 간사奸詐로, 어떤 자는 군주가 좋아하는 것을 만족시켜주는 것으로 유혹하며 군주의 주위에 몰려들어 스스로를 팔아 각자 구하고자 하는 것을 구한다. 군주된 자가 조금만 해이解弛하여 그 하나라도 받아들인다면 즉시 위망危亡은 따라간다. 군주된 자의 곤란한 점이 바로 여기에 있다." 했다.

일찍이 시신들에게 묻기를 "창업創業과 수성守成 중 어느 것이 더 어려운가."를 물었다.[280] 방현령房玄齡이 대답하길 "국가를 건국할 때는 군웅이 함께 일어나 각종 세력들과 경쟁한 후, 그들을 신하로 삼습니다. 그래서 창업이 어렵습니다." 하자 위징이 "옛부터 제왕은 간난艱難과 곤고困苦한 가운데에서 천하를 쟁취하지 아니한 것이 없으며 안일安逸, 향락享樂한 가운데에서 천하를 잃습니다. 그래서 수성이 더 어려운 것입니다." 했다. 이에 태종이 "방현령과 과인은 함께 천하를 취했고 수백 번의 죽음을 딛고 살아났소. 그러므로 창업이 어렵다는 것을 잘 아오. 그리고 위징과 과인은 함께 천하를 안정시켰소. 늘 두려워하는 것이 교사驕奢는

---

280) 창업수성創業守成

부귀에서 발생하고 화란禍亂은 소홀疏忽에서 발생한다는 것이오. 그러므로 수성의 어려움도 알고 있소. 그러나 창업의 어려움은 이미 지나갔으니 이제 수성의 어려움을 바야흐로 여러분과 함께 삼가 지켜나가고자 하오." 했다.

태종은 자신의 뛰어난 풍채風采를 신하들이 두려워하는 바를 알고 늘 온화하게 신하들을 대하고자 노력했다. 대신들의 직간直諫을 인도하기 위해 태종은 상償을 통해 신하들의 간언을 유도했다. 다만 정관貞觀말년에 고구려를 정벌하는 일은 저수량의 간언을 듣지 않았다. 태자 이치李治가 즉위했다. 고종황제高宗皇帝이다.

고종황제의 이름은 치治이며 어머니는 장손황후長孫皇后이다. 태자 승건承乾이 폐출 당한 후, 장손무기長孫無忌는 태종에게 치를 세자로 삼도록 권했다. 치는 동궁에서 태자로 7년간 있었다. 태종이 일찍이 《제범帝範》12편을 지어 태자에게 주면서 "수신修身, 치국治國의 도리가 모두 이 안에 다 있으니 하루아침도 그르지 말라. 더 이상 남길 말은 없다." 했다. 이치가 즉위할 때 장손무기, 저수량이 선제의 유조遺詔를 받들어 황제가 조정을 잘 다스리길 바라며 보좌했다. 고종은 이세적을 좌복야左僕射로 임명했다. 오래지 않아 또 그를 사공司空으로 임명했다.

영휘永徽 5년, 태종의 재인才人 무씨武氏(측천무후則天武后, 무측천武則天)를 소의昭儀281)로 삼았다.

영휘永徽 6년, 고종이 황후皇后 왕씨王氏를 폐출하고 무소의武昭儀를 황후로 삼으려 하자 허경종許敬宗, 이의부李義府가 환영하며 황제의 뜻에 영합했고 저수량은 반대했다. 이에 고종이 이세적에게 묻자 "이것은 폐

---

281) 당대唐代의 빈비嬪妃의 등급, 구빈九嬪중에 수급首級

하의 집안일인데 하필 다른 사람에게 물으려 하십니까?" 했다. 폐후廢后
의 일은 이것으로 말미암아 결정되었다.

저수량이 좌천되고 이의부는 참지정사參知政事가 되어 정사에 참여하
며 정책을 결정했다. 이의부가 겉모습은 온화하고 공손하여 다른 사람
들과 이야기 할 때에는 늘 상냥한 미소를 띠고 말하지만 실제로는 교활
하고 음험陰險하여 남을 악독하게 시기猜忌했다. 사람들이 "그의 웃음 속
에는 칼이 감추어져 있어 겉보기엔 부드럽고 온화穩和한 것 같으나 뒤에
서는 남을 해치는 사람이다![282]"하여 그를 '이묘李猫'라 불렀다.

무후武后는 장손무기가 자신의 계획을 도와주지 않은 것에 대해 깊이
원망하고 있었다. 현경顯慶 4년, 장손무기를 삭탈관직削奪官職시켜 그를
검주黔洲로 내쳤다. 저수량이 이보다 1년 전에 죽었다. 이때에 이르러 장
소무기와 당초 무후의 반대편에 섰던 유석柳奭, 한원韓瑗이 모두 피살되
었다.

건봉乾封 원년, 당고종唐高宗이 태산泰山에서 봉선封禪하고 박주亳州에
이르러 태상노군太上老君(노자老子)을 태상현원황제太上玄元皇帝라 부르
며 존숭尊崇했다. 그는 이적李勣을 요동대총관遼東大總管에 임명해 고구
려를 정벌하도록 했다. 총장總章 원년元年(668년), 이적이 평양을 함락하
자 고구려 국왕은 항복했다. 이에 고구려는 완전히 평정平定되었다. 당
조唐朝는 거기에 안동도호부安東都護府를 설치했다.

상원上元 원년元年, 고종高宗을 천황天皇, 무후武后는 천후天后라 했다.

당초 고종은 천첩賤妾 소생所生 이충李忠을 태자로 삼았으나 무후가

---

282) 소리장도笑裏藏刀, 구밀복검口蜜腹劍, 소중유도笑中有刀, 면리장침綿里藏
針, 면종복배面從腹背, 양질호피羊質虎皮, 면종후언面從後言, 외친내소外親
內疏, 사시이비似是而非, 애이불비哀而不悲, 양두구육羊頭狗肉

그를 폐하고 자신의 아들 이홍李弘을 태자로 삼았다. 이홍은 인자하고 효성스러워 조정 내외에서 모두 그에게 마음을 돌렸다. 그렇지만 이홍이 무후의 의도를 거역하자 무후에 의해 독살毒殺되었다. 이후 무후는 그의 둘째 아들 이현李賢을 태자로 세웠다가 다시 무슨 일로 평계 삼아 그를 폐출廢黜하고 그의 동생 이철李哲을 세웠다.

고종황제 재위 시, 연호를 13번 바꾸었다. 영휘永徽, 현경顯慶, 용삭龍朔, 인덕麟德, 건봉乾封, 총장總章, 함형咸亨, 상원上元, 의봉儀鳳, 영륭永隆, 개요開耀, 영순永淳, 홍도弘道였다. 모두 34년에 조정朝廷이 무후에 의해 장악掌握된 시간이 30년이었다. 저수량이 죽은 후부터 군신들은 감히 간하는 사람이 없었다. 이선감李善感이 일찍이 일 때문에 한 번 간한 적이 있었다. 그러자 사람들은 이것을 '봉명조양鳳鳴朝陽'[283]이라 했다. 고종이 붕어하고 태자 이철이 즉위했다. 중종황제中宗皇帝이다.

중종황제中宗皇帝의 초명初名은 현顯이었으나 나중에 고쳐서 철哲이라 불렀다. 그가 즉위 후, 위비韋妃를 황후로 세운 다음 다시 연호를 고쳐 사성嗣聖이라 했다. 다음 해에 무후는 중종황제를 폐하여 여릉왕廬陵王으로 삼고 다시 그의 동생 단旦을 황제로 세웠다. 이단李旦은 7년 동안 이름만 있을 뿐 알맹이가 없는 황제였다. 연호를 고쳐 수공垂拱과 영창永昌이라 했다. 태후太后는 이단李旦을 폐해 황태자로 삼고 스스로 황제皇帝라 칭했다. 그가 바로 '무측천武則天(측천무씨則天武氏)'이다.

측천무씨武則天氏는 형주荊州 도독都督 무사확武士擭의 딸로 태원인太元人이다. 14세 때, 태종황제가 그녀의 아름다움을 듣고 후궁으로 불러들였다. 정관貞觀 11년, 그녀를 재인才人으로 봉했다. 당시 《무미랑武媚娘》

---

283) 봉황새가 아침 해가 떠오르는 동쪽 산의 오동나무에서 운다는 뜻으로 길조吉兆, 즉 좋은 징조로 사용함.

이라는 악부곡樂府曲 한 수가 유행하고 있었다. 이미 참언讖言이 형성돼 있었던 것이다. 정관 말년, 태백성太白星(금성金星)이 여러 차례 대낮에 나타나자 태사太史가 점을 치고 나서 "여왕이 장차 창성昌盛할 것이다." 했다. 또 전해 내려오는《비기祕記》에 "당조唐朝는 3대가 지난 후, 여주女主 무왕武王이 이씨를 대체해 천하를 통치할 것이다." 했다. 태종은 이것에 대해 심히 불길하게 여기고 있었다.

태종이 일찍이 여러 군신들과 연회를 거행하며 군신들로 하여금 각자 자신의 소명小名을 말하게 한 적이 있었다. 그러자 무위장군武衛將軍 이군선李君羨의 관명官名과 봉읍封邑의 이름에 모두 '무武'자가 있었으며 그의 소명小名 또한 오랑五娘이라 불렸다. 이에 태종이 매우 놀라며 "도대체 어떤 여자이길래 이렇게 억세단 말인가!" 했다. 어떤 사람이 "이군선이 모반을 꾀하고 있다."고 주청奏請하자 태종은 마침내 이군선을 죽였다.[284] 이후 태종이 몰래 태사령太史令 이순풍李淳風에게 물었다. "신이 위로 천상天象을 관찰하고 아래로 역수曆數를 추산推算해보니 그 사람이 이미 폐하의 궁중에서 발견되었습니다. 30년 안에 천하의 제왕이 되어 당조의 자손을 모두 도살屠殺하게 되는 조짐이 이미 형성되어있습니다." 했다.

태종이 붕어하자 무재인武才人은 24세의 나이에 비구니比丘尼가 되었다. 이후 고종황제가 친히 절에 행차했다. 그녀가 고종을 보자 곧 흐느꼈다. 당시 왕황후王皇后와 소숙비蕭淑妃가 총애寵愛를 다투고 있었다. 왕황후는 몰래 무씨武氏에게 머리를 기르도록 하며 고종에게는 그녀를 후궁으로 들이도록 권했다. 무씨가 후궁으로 들어온 후 왕황후와 소숙비

---

284) '기군압민欺君壓民' 즉, "임금을 속이고 백성들을 탄압했다."는 얼토당토않은 죄목으로 처결했다.

모두 총애를 잃었다. 무씨가 32세 때, 마침내 소의昭儀에서 황후에 봉해졌다. 이후 왕황후와 소숙비 모두 그녀에게 피살被殺되었다.

무후의 부친 무사확이 주국공周國公에 추증追贈되었다가 오래지 않아 다시 태원왕太元王에 봉해졌다. 고종은 어지럼증으로 인해 심히 괴로워하며 모든 정사政事를 처리할 수 없었다. 어떤 때는 황후로 하여금 결재決裁토록 했다. 무후는 명석하고 지혜로웠으며 광범위하게 문학과 역사에 관한 서적을 섭렵涉獵한바 사무의 처리가 모두 고종을 만족시켰다. 이에 고종은 곧 정사를 그녀에게 맡겼다. 무후의 권력은 황제와 똑같이 되어 사람들은 그들을 가리켜 '이성二聖'이라 했다.

고종 재위 시 무후는 자기 손으로 아들 이홍李弘을 독살하고 태자 현賢을 폐했었다. 고종이 죽은 다음, 아들 철哲이 즉위했다. 얼마 후 또 그를 폐하여 여릉왕廬陵王에 봉하고 넷째 아들 단旦을 황제로 세웠다. 무후는 직접 조당朝堂에 임해 황제를 대신해 조정朝政 업무를 처리하고 무씨 가족의 제사를 위해 천자의 규격에 준하는 칠묘七廟를 세웠다.

영국공英國公 이경업李敬業(이적李勣의 손자)이 태후를 토벌하기 위해 군사를 일으켰다. 격문檄文에 "선제의 무덤 위에 흙이 아직 마르지도 않았는데 우리들의 유주幼主(중종中宗)는 지금 어디에 있느냐!" 또 "시험 삼아 보아라. 오늘의 세상을! 도대체 이것은 어느 집안의 천하인가!" 했다. 태후가 장령將領을 보내 그를 죽이자 월왕越王 이정李貞이 또 거병擧兵해 이당李唐을 회복하려 했으나 성공하지 못하고 곧 죽었다.

태후가 마침내 당조唐朝의 종실宗室을 크게 도륙屠戮하고 자신을 무조武曌라 하며 '황제'라 칭했다. 이어 국호를 '주周'로 바꾸고 이단李旦을 황태자로 삼았다. 아울러 그의 성을 무씨로 바꾸게 했다. 당시 무조武曌는 67세였다. 무조가 처음 승려 회의懷義285)란 자를 좋아했으나 나중에는 장역지張易之, 장창종張昌宗 형제를 좋아하여 그들로 하여금 조정에서 관직을 맡도록 했다. 장역지는 '오랑五郎', 창종은 '육랑六郎'이라 불렸다. 이에 아첨하는 자들이 알랑거리며 "사람들이 말하길 육랑이 연꽃 같다 하지만 나는 연꽃이 육랑을 닮았다고 하겠네." 했다.

무조는 민심民心이 자신의 사생활에 대해 좋게 여기지 않음을 알아챘다. 사람들이 자신에 대해 비난하는 것을 두려워해 곧 사람들에게 밀고密告하도록 고무鼓舞했다. 이에 악독한 관리官吏인 후사지侯思止, 색원례索元禮, 주흥周興, 내준신來俊臣, 길욱吉頊 등을 임용했다. 그들은 쇠를 불리고 비단을 짜내듯 계속 죄를 만들어냈다. 모반죄로 뒤집어 씌워 죽인 사람의 수가 셀 수가 없을 정도였다. 무조는 이런 방식으로 천하의 언로言路를 제압制壓했다. 그러나 무조는 매우 권모술수權謀術數가 있었으며 인재人才를 잘 활용했다. 이 때문에 현재賢才들도 즐거이 무조를 위해 일했다. 그 중 서유공徐有功의 사람됨이 너그럽고 인자했으며 법 집행을 공정히 했다. 이에 무조는 매번 자신의 의견을 바꾸어 서유공의 의견을 들었다.

무조는 장상將相의 대부분을 많이 임용했는데 그중 위원충魏元忠, 누사덕婁師德, 적인걸狄仁傑, 요원숭姚元崇 등은 모두 명상名相이었으며 송경宋璟도 조정에서는 이름을 날렸다. 누사덕의 사람됨도 너그럽고, 청렴하며 신중해 남에게 무례함을 당해도 화를 내지 않았다. 누사덕의 동생이 대주代州 자사刺史에 임명되자 동생에게 "우리 형제가 받는 영예榮譽와

---

285) 원명原名은 풍소보馮小寶이다. 원래 떠돌이 약장사였으나 당고조唐高祖(이연)의 딸 천금공주千金公主가 우연히 그를 발견해 마침 쓸쓸하게 지내던 무측천에게 보낸다. 무측천이 시험해보고 만족해하며 설薛이란 성姓을 내리고 '회의'란 법명法名의 승려의 신분으로 세탁해 자신의 남총男寵(남자 노리개)으로 삼는다. 나중에 총애를 잃으며 무측천에 의해 암살된다.

은총恩寵이 지나치게 많네. 그러면 이제 사람들이 우리를 질투嫉妬하게
될 텐데, 어떻게 자신을 지켜나가려 하는가." 하자 동생이 "지금 가령 어
떤 사람이 제 얼굴에 침을 뱉는다면 저는 오직 묵묵히 닦아내면 그뿐입
니다." 했다. 이에 누사덕이 근심스럽게 "그것이 바로 내가 우려하던 바
이네. 어떤 사람이 자네 얼굴을 향해 침을 뱉는다는 것은 바로 자네에
대해 분노憤怒를 일으킨 것이지. 그런데 자네가 얼굴을 닦아서 바로 말
려버린다면 그의 마음을 거슬리게 해 그를 더욱 분노케 할 것이네. 얼굴
의 침은 닦지 않아도 저절로 마른다네.286) 그냥 웃으면서 모욕侮辱을 받
아들이면 그뿐이지." 했다.

누사덕이 늘 적인걸狄仁杰을 추천했으나 적인걸은 누사덕을 비판했다.
이에 무제가 적인걸에게 "짐이 경을 임용任用했지만 추천한 것은 바로
누사덕이오." 하자 적인걸이 물러난 다음 탄식하며 "누공의 인품과 덕성
은 정말 고상하다. 내가 그에게 포용包容된지 매우 오래되었구나." 했다.

무측천武則天의 조카 무승사武承嗣와 무삼사武三思가 태자를 세우려 모
의했다. 적인걸이 무조에게 "태종황제께서는 바람으로 빗질하고, 빗물
로 머리를 감으면서287) 친히 창끝과 화살을 무릅쓰고 천하를 평정하셨
습니다. 이어 황위를 자손에게 전해 주시면서 선황先皇의 두 아드님을
폐하께 부탁하셨습니다. 그런데 지금 폐하께서는 또 황위皇位를 타족他
族으로 바꾸려 하고 계십니다. 이것은 천의天意를 거스르는 것 아닙니
까! 고모와 조카, 어머니와 아들 중에 누가 더 가깝습니까! 폐하께서 자
신의 아들을 태자로 세우면 천추만대千秋萬代 후에도 태묘太廟에서 봉양

---

286) 타면불식자건唾面不拭自乾, 타면자건唾面自乾
287) 즐풍목우櫛風沐雨

을 받으실 수 있습니다. 그러나 조카를 태자로 세우고 그렇게 조카가 천자가 된 다음, 태묘에서 봉양을 받았다는 것을 신은 아직 듣지 못했습니다.”했다. 무조가 조금 깨달은 것 같았다. 그러자 이후 다시 또 계속 무조에게 권했다. 이에 무조가 방주房州에 여릉왕廬陵王을 환도還都하도록 하여 황태자로 세우고 아들 이단李旦은 상왕相王으로 삼았다.

무조가 병이 깊어져 침상에 누웠다. 장간지張柬之와 최현휘崔玄暉, 경휘敬暉, 환언범桓彦范, 원서기袁恕己가 우림장군羽林將軍 이다조李多祚 등을 거느리고 거병해 내란을 평정했다. 이어 동궁東宮에 이르러 태자를 옹위했다. 그들은 관문을 부수고 들어가 장역지張易之, 장창종張昌宗을 참살斬殺하고 무조를 상양궁上陽宮으로 옮겼다. 조정에서 무조에게 존호尊號를 올려 ‘측천대성황제則天大聖皇帝’라 칭했다. 이해 겨울 무조가 붕조崩殂했다. 향년享年 82세였다. 무조가 당唐을 주周로 바꾼 지 16년 만이었다. 10개의 연호를 사용했다. 천수天授, 여의如意, 장수長壽, 연재延載, 만세통천萬歲通天, 신공神功, 성력聖曆, 구시久視, 대족大足, 장안長安이다. 장안長安 5년, 그녀의 아들이 황제가 되자 다시 국호를 ‘당唐’으로 회복恢復했다. 바로 중종황제中宗皇帝이다.

현종황제玄宗皇帝의 이름은 이융기李隆基이다. 처음에 임치왕臨淄王이었다. 위씨韋氏가 난을 일으켰을 때, 그가 몰래 재사才士나 충용忠勇의 지사志士들을 모아 비밀리에 당조唐朝의 정통을 회복하고자 했다. 당태종이 처음에 아주 날랜 기병 100기騎를 선발했고 나중에 무후가 100기로 늘려 좌우 우림군羽林軍에 예속시켰다. 이후 중종中宗이 ‘만기萬騎’라 부르며 관리를 두어 다스리도록 했다. 이융기가 만기 중의 사람들과 결교結交하며 밀접한 관계를 맺었다. 결국 그들의 도움으로 위후韋后를 주살하고 예종睿宗을 옹립했다. 이에 평왕平王에 봉해졌다. 예종이 장차 저군

儲君(황태자皇太子)을 세우려 했으나 적장자嫡長子 이성기李成器가 평왕에게 큰 공이 있다고 여겨 황태자의 지위를 극력 사양하자 마침내 이융기가 태자가 되었다. 오래지 않아 예종의 선양禪讓을 받았다.

개원開元 21년, 한휴韓休가 동평장사同平章事가 되었다. 한휴의 사람됨이 정직했다. 현종이 어떤 때, 연회宴會 중에 약간의 실수라도 있었다면 바로 좌우의 근신들에게 "한휴가 아느냐?" 하고 물었다. 그러면 말을 마치기 무섭게 한휴의 간언諫言이 이미 도착해 있었다. 이에 근신이 "한휴가 재상이 된 후 폐하가 종전보다 수척해지셨습니다!" 하자 현종이 "짐은 비록 수척해졌지만 천하는 살찌지 않았느냐." 했다. 한휴가 사직하고 장구령張九齡이 그를 이었다.

당현종唐玄宗 개원開元 24년, 유주幽州 절도사節度使 장수규張守珪가 패군敗軍의 장將 안록산安祿山을 잡아서 장안長安으로 호송했다. 장구령이 "만약 장수규의 군령이 시행되었다면 안록산은 마땅히 죽음을 면치 못했을 것입니다." 하며 서면으로 의견을 표했으나 현종은 안록산의 재능과 무용武勇을 아껴 그를 사면했다. 다시 장구령이 "안록산은 모반謀叛의 상相이 있습니다. 그러니 지금 죽이지 않으면 반드시 후회할 일이 있을 것입니다." 하며 힘주어 말하자 현종은 "경은 자신을 왕이보王夷甫로 여겨 충분히 석륵石勒을 간파看破했다고 생각하는 것이오.[288] 그렇게 깨끗한 충신을 죽이려고 해서는 아니 되오!" 했다. 결국 안록산을 죽이지 못했다.

---

288) 왕이보식석륵王夷甫識石勒: 왕이보는 왕연王衍의 자字이다. 《진서晉書》에 왕연이 낙양洛陽에 있을 때, 일찍이 당시 14세이던 석륵을 만났다. 왕연이 단언斷言컨데 "이 사람은 천하의 우환憂患이 될 것이오." 했다. 나중에 석륵이 과연 칭제하며 후조後趙를 세웠다. 나아가 오호五胡에 이르러 중화中華를 어지럽혔다.

안록산은 본래 영주營洲의 잡호雜胡(속특인粟特人, 돌궐계통)로 초명初名
은 아락산阿犖山이었다. 모친이 안씨집에 재가했기 때문에 안씨성을 사
용하게 된 것이었다. 그가 살던 부락이 파산罷散, 와해瓦解된 후, 안록산
은 달아나 장수규張守珪의 관내에 들어왔다. 그는 성격이 교활하면서도
원만했다. 이 때문에 장수규의 사랑을 깊이 받았다. 또 사솔간史窣干이라
불리는 안록산과 동향同鄕인 사람이 있어 그도 매우 용감했다. 장수규가
그를 보내 조정朝廷에 보고하도록 하자 현종은 그에게 '사명思明'이란 이
름을 하사했다.

천추절千秋節에 군신들이 모두 보경寶鏡을 헌상獻上했다. 장구령이 전
조의 흥망을 이야기하며 다섯 권의《천추금감록千秋金鑑錄》을 현종에게
헌상했다.

장구령이 파면된 다음 이임보李林甫가 중서령中書令을 겸임했다. 현종
의 재위기간이 오래 지나며 점점 사치, 방종해갔다. 이임보가 마침내 정
권을 전횡專橫했다.

개원開元 29년, 안록산을 영주榮州 도독都督에 임명했다. 안록산은 아
첨에 능하고 남의 비위를 잘 맞추었다. 현종 주위의 가까운 신하들이 그
의 임지任地인 평로平盧(영주榮州)에 오면 그들 모두에게 후한 뇌물을 주
어 이들이 돌아가면 모두 그를 칭찬하게 만들었다. 그러자 현종은 더욱
안록산을 현능賢能한 신하라고 여겼다.

첨보天寶 3년, '년年'을 '재載'로 고치고, 안록산을 범양范陽 절도사節度
使를 겸임兼任하도록 했다.

천보 4재載, 양태진楊太眞289)을 귀비貴妃로 삼았다. 양귀비는 본래 촉

---

289) 본명本名, 양옥환(楊玉環: 719~756). 호號,태진太眞. 침어낙안沈魚落雁, 폐
   월수화閉月羞花는 중국의 고대 4대 미녀를 칭하는 호사가好事家들의 말이

주蜀州 사호司戶 양현염楊玄琰의 딸이었다. 당시 현종의 아들 수왕壽王의 비妃로 이미 10년을 지냈다. 현종이 그녀가 매우 아름다운 것을 본 다음, 그녀 스스로의 뜻으로 출가出家해 여도사女道士가 된 것처럼 하도록 명했다. 아울러 수왕에게는 다른 왕비에게 장가들게 했다. 이후 양태진을 후궁에 들게 했다. 마침내 오로지 양귀비만 총애했다.

천보 6재, 안록산을 어사대부御史大夫를 겸임兼任하도록 했다. 안록산은 양귀비의 아들이 되길 청했다.

천보 9재, 안록산에게 동평군왕東平君王의 작호를 하사下賜하고 하북도河北道 채방처치사採訪處置使를 겸임兼任하도록 했다.

안록산이 입조入朝시에는 양쇠楊釗(양국충楊國忠) 형제, 자매 모두가 희수戲水까지 나가 그를 영접했다. 양쇠는 바로 양귀비의 종조형從祖兄이기 때문에 후궁後宮에 출입할 수 있었다. 양쇠는 처음에 국가 재정을 관리하는 판탁지判度支로 있었다. 누차 상주上奏하여 국고가 충실하고 가득 차 있다고 보고했다. 현종은 군신들을 거느리고 가본 다음부터 금전이나 비단 대하기를 마치 분토糞土와 같이 여겨 사람들에게 한도 없이 상을 주었다. 현종은 양쇠에게 국충國忠이란 이름을 하사했다.

천보 10재, 현종은 안록산에게 지극히 화려한 저택을 지어 주었다. 현종은 "양씨 가족을 보내 안록산과 함께 즐겨라." 했다. 안록산은 체형이

다. 미인을 본 물고기가 부끄러워하며 강바닥으로 숨어버렸다는 '침어沈魚(서시西施)', 기러기도 홀려 날갯짓을 멈췄다가 떨어졌다는 '낙안落雁(왕소군王昭君)', 달님도 나왔다가 구름 뒤로 숨었다는 '폐월閉月(초선貂嬋)', 꽃도 그 아름다움을 견주기 부끄러워했다는 '수화羞花(양귀비楊貴妃)'라는 말이다. 이 밖에 양귀비에게는 말을 알아듣는 꽃이라는 의미의 '해어화解語花'와 '비익조比翼鳥, 연리지連理枝'란 말도 지금껏 회자되고 있다. 침어낙안沈魚落雁, 폐월수화閉月羞花, 국색천향國色天香, 만고절색萬古絶色, 화용월태花容月態, 설부화용雪膚花容, 단순호치丹脣皓齒

비대했다. 현종이 일찍이 그의 배를 가리키며 "이 호인胡人의 뱃속에는 무엇이 들어 있는고." 하자 안록산이 "오직 충성심만 있습니다." 했다. 안록산이 내궁內宮에 들어오면 먼저 양귀비楊貴妃에게 배견拜見했다. 현종이 그 이유를 물으면 "호인은 먼저 모친을 경배敬拜한 다음 부친에게 경배합니다." 했다. 안록산의 생일에 현종은 심히 후한 선물을 주었다. 3일이 지난 후, 그를 입궁하도록 하자 양귀비는 비단으로 커다란 보자기를 만들어 궁녀들로 하여금 화려한 가마에 그를 태워 메고 다니게 했다. 현종이 궁녀들이 웃는 이유를 묻자 "귀비貴妃께서 녹아祿兒를 목욕시키고 계십니다." 했다. 현종은 귀비에게 '욕아금은전浴兒金銀錢'이라는 축의금 祝儀金을 주어 마음껏 즐기게 한 후, 비로소 그쳤다. 이후부터 안록산의 황궁皇宮 출입에 밤을 새워도 나오지 않았다. 그러자 허다한 추문醜聞이 밖으로 흘러나왔지만 현종은 그를 의심하지 않았다. 현종은 또 그에게 하동河東 절도사節度使를 겸하도록 했다.

이임보李林甫가 안록산과 대화할 때면 매번 모두 그의 마음을 꿰뚫어 보고 그가 입을 열기 전에 먼저 말을 꺼냈다. 안록산은 매우 놀라워하며 복종했다. 안록산이 매번 이임보를 만날 때면 한겨울에도 긴장해 진땀을 흘렸으며 이임보를 '십랑十郎'290)이라 불렀다. 안록산이 범양范陽으로 돌아간 후, 만약 그의 부하가 장안에서 돌아오면 반드시 십랑이 무슨 말을 하던가를 물었다. 만약 "칭찬했다."고 하면 그는 몹시 좋아했다. 어느 때 부하가 전하는 말에 "안대부安大夫의 행동을 조사해봐야 할 필요성이 있겠어."라고 했다면 그는 곧 "아! 이제 죽었구나." 했다.

천보 11재, 이임보가 죽었다. 이임보는 현종의 근시近侍들에게 아첨阿

---

290) 십十은 장유長幼의 서열을 가리키고 랑郎은 당시 종이 주인을 부르던 존칭이다.

詔하고 현종의 뜻에 영합迎合하며 은총을 굳혔다. 그는 관원들의 언로를
路를 막아 현종의 이목을 가리고 있었다. 그가 일찍이 여러 어사御史들
에게 "그대들은 의장대儀仗隊에 말을 보지 못했소! 감히 한 번이라도 소
리를 내면 바로 내쫓기는 것을!"이라고 말한 적이 있었다. 그는 어진 사
람을 시기猜忌하고 능력있는 사람을 질투嫉妬했다. 그리고 자신과 뜻이
다른 사람을 배척하고 억압하는 성품이 음험陰險한 사람이었다. 사람들
은 그를 가리켜 "입에는 꿀이 발려 있지만 뱃속에는 예리한 칼을 숨기고
있다.(구밀복검口蜜腹劍)"고 했다.

그는 매일 저녁, 언월당偃月堂에 홀로 앉아 있다가 혹시 깊이 생각하
는 바가 있었다 하면 바로 다음날, 사람을 죽였다. 그는 여러 번 큰 옥사
獄事를 일으켜 많은 사람들을 죽였으므로 태자 이하 모든 사람들이 그를
두려워했다. 이임보가 재상宰相으로 재임한 19년 동안 천하 대란大亂의
싹을 키우고 있었지만 현종은 도리어 깨닫지 못하고 있었다. 그러나 안
록산은 이임보의 권모술수權謀術數를 두려워해 이임보의 생전에는 감히
모반謀叛할 생각을 하지 못했다.

천보 14재, 이해 겨울 마침내 안록산이 모반했다.

천보 15재, 안록산이 '대연황제大燕皇帝'라 참칭僭稱했다. 반군의 장군
사사명史思明이 상산常山을 함락하고 태수 안고경顏杲卿을 잡아 낙양으로
보냈다. 안록산이 수차례 그가 자신을 배반했다고[291] 안고경에게 말하
자 그는 "나는 국가를 위해 역적을 토벌討伐한 것이다. 다만 너를 죽이지
못하는 것이 한스러울 뿐인데 무슨 배반이란 말이냐! 이 비린내 나는 오
랑캐야, 빨리 나를 죽여라." 했다. 안록산이 대노大怒하며 그를 산채로 묶

---

291) 안록산이 일찍이 현종에게 주청해 안고경을 판관이 되게 했다는 것.

어 놓고 찢었으나 그는 숨이 끊어질 때까지 입에서 욕을 그치지 않았다.

삭방朔方 절도사節度使 곽자의郭子儀, 하북河北 절도사 이광필李光弼과 적장賊將 사사명이 대전對戰해 사사명을 대파하고 우선 하북河北의 몇 개의 성을 수복收復했다. 부원수副元帥 가서한哥舒翰은 반군叛軍과 싸워 대패하자 부하가 그를 묶어 반군에게 투항했다. 반군은 이에 동관潼關에 진입했다. 현종은 성을 나와 달아나다 마외馬嵬의 언덕에 도착했다. 따르던 장사將士들 모두 굶주림과 피곤함으로 매우 분노했다. 이에 양국충楊國忠 등을 죽인 다음, 한 무리의 사람들이 현종을 핍박하자 양귀비를 액살縊殺(교살絞殺)하도록 했다. 그런 연후, 그 지방의 어른들과 백성들이 연도沿道에서 그가 머물러 있길 청하자 현종은 태자에게 명해 백성들을 위로하게 했다. 그러나 백성들이 태자를 잡아 말이 앞으로 나아갈 수 없었다. 이에 태자가 황손皇孫 이숙李俶을 보내 현종에게 보고하자 현종이 "진실로 천명天命이구나!" 했다. 그리고 사람을 태자에게 보내 "네가 노력해보아라. 서북에 각 호인胡人 부락은 그동안 내가 잘 대해주어 왔다. 그러니 네가 반드시 그들의 도움을 받을 수 있을 것이다." 하며 아울러 태자에게 전위傳位할 것도 선언宣言했다.

태자가 평량平涼, 삭방朔方에 이르렀다. 삭방에 머무른 후, 두홍점杜鴻漸이 그들을 영접해 영무靈武에 도착했다. 아울러 두홍점은 태자에게 황상皇上의 마외에서의 명령을 따르도록 종용慫慂하며 다섯 번이나 첩지牒紙를 올리자 비로소 태자가 허락하고 현종을 태상황太上皇으로 존숭尊崇했다. 현종은 재위 45년, 3개의 연호를 사용했다. 선천先天, 개원開元, 천보天寶였다. 태자가 즉위했다. 바로 숙종황제肅宗皇帝이다.

숙종황제의 초명初名은 여璵이다. 개명해 형亨이라 불렀다. 충왕忠王에서부터 태자가 된 지 20년에 안록산의 난을 만났다. 이로 말미암아 즉위했다. 경조京兆(서안西安)사람 이필李泌이 어려서부터 총명하고 재주가 있어 이름이 널리 알려졌다. 숙종이 동궁東宮에 있을 때부터 아직 평민이었던 이필과 서로 친밀히 교유했다. 숙종이 사자를 보내 이필을 부르자 그가 곧 영무에 이르러 숙종을 알현謁見했다. 대소사大小事를 가리지 않고 숙종은 모두 그와 상의했다. 태상황이 성도成都에 도착한 후, 사람을 보내 옥책玉册과 옥새玉璽를 태자에게 주었다.

지덕至德 2재載, 안록산의 둘째 아들 경서慶緒가 안록산을 죽였다. 안록산은 반란을 일으키고 난 후부터 눈이 어두워져 이때에 이르러, 물건을 분간하지 못하게 되었다. 게다가 병을 더 심해지자 더욱 흉포凶暴해졌으며 작은 첩의 아들을 자신의 후계자로 삼을 생각을 하고 있었다. 이에 경서는 사람을 보내 안록산을 죽이고 자신을 황제라 칭했다. 안록산이 황제라 참칭僭稱한 것이 겨우 1년여에 불과했다.

숙종이 봉상鳳翔에 이르자 회흘回紇의 수령首領이 아들 섭호葉護에게 정병 4,000을 주어 돕도록 했다. 천하병마도원수天下兵馬都元帥 광평왕廣平王 이숙李俶, 부원수副元帥 곽자의郭子儀가 삭방朔方 등의 군대 및 회흘 등의 서역 군대와 봉상에서부터 출발해 장안을 향해 진공進攻했다. 이에 반군은 괴멸壞滅되고 대군은 서경西京에 들어갔으나 이숙李俶은 현지에 주재하며 3일간 안무按撫한 후, 다시 부대를 거느리고 동쪽을 향했다. 낙양洛陽에 이르자 회흘과 협공해 적군을 대패시켰다. 마침내 동경東京을 수복收復했다. 안경서安慶緒는 달아나 업성鄴城을 지켰다.

반란군의 장수 윤자기尹子奇가 수양睢陽을 함락시키며 장순張巡, 허원許遠이 희생되었다. 앞서 장순은 옹구雍丘를 지키다 군대를 데리고 영릉寧陵으로 옮겨 거듭 적군을 격파했다. 뒤에 수양에 들어가 허원과 함께 수양을 지키며 누차 적군을 패퇴敗退시켰으나 식량이 다 떨어지자 어떤 사람이 성을 버리자 했다. 이에 장순과 허원이 모의謀議하길 "수양은 바로 강회江淮지구의 방벽防壁이다. 만약 그곳을 버린다면 반군은 반드시 승승장구乘勝長驅하며 곧바로 들어올 것이다. 그러면 강회江淮 지방은 없다. 그러니 견고히 지켜 구원병을 기다림만 못하다." 했다.

사람들이 차茶와 종이를 먹으며 허기를 채웠으나 오랫동안 먹지 못하자 말을 잡아먹었다. 말을 다 잡아먹고 나자 곧 참새와 쥐를 잡아먹었다. 얼마 지나지 않아 그것도 다 잡아먹었다. 장순은 애첩愛妾을 죽여 병사들에게 먹도록 주었다. 성을 지키던 4만 명의 병사가 마지막에 400여 명 남았지만 최후까지 배반한 사람은 없었다. 반군이 성루에 오르자 병사들은 혹은 기력이 없어, 혹은 질병으로, 모두 전투를 계속할 수 없었다. 장순은 서쪽을 향해 두 번 절하고 "신이 이미 힘이 다했습니다. 살아서는 폐하의 은혜에 보답할 방법이 없습니다. 죽어 다시 귀신이 되어 적을 죽이겠습니다." 했다. 수양성睢陽城이 마침내 함락되고 장순과 허원이 잡혀 죽었다. 남제운南霽雲, 뇌만춘雷萬春 등 36명도 모두 피살被殺되었다.

건원 2년, 사사명이 병력을 이끌고 안경서를 구원했다. 9명의 절도사의 군대는 업성에서 궤멸潰滅되었다. 사사명은 안경서를 죽이고 범양范陽으로 돌아와 황제라 참칭했다.

상원上元 2년, 사사명史思明의 장자長子 조의朝義가 사명思明을 죽였다. 사명이 작은 아들을 좋아하고 큰아들 조의를 미워했다. 조의가 패전敗戰한 것 때문에 사명이 그를 참수할 생각을 가지고 있었다. 그러자 조의가 사람을 보내 사명을 사살射殺하고 스스로 황제라 칭했다.

상황上皇(현종)이 서내西內에서 붕어했다. 숙종肅宗에게 전위傳位한 지 7년 만이었으며 향년 78세였다. 숙종도 중병으로 침상에 있었다. 상황이 승하昇遐한다는 소식을 듣자 그도 곧 붕어했다. 숙종은 재위 7년에 4

개의 연호를 사용했다. 지덕至德, 건원乾元, 상원上元, 보응寶應이다. 당초 장황후張皇后와 이보국李輔國이 서로를 이용하며 전권專權을 행사했다. 나중에 두 사람 사이에 간극間隙이 발생했다. 숙종의 병이 더욱 중해지 자 장황후는 태자를 불러 "이보국이 오랫동안 금병禁兵을 장악해 음모를 꾸미며 난을 일으키려 하고 있다. 그러니 죽이지 않을 수 없다." 했다. 그러나 태자는 숙종의 신체에 위해를 가할까 두려워하여 동의하지 않았다. 이보국이 장황후의 음모를 듣고 숙종 사후에 그를 죽였다. 그 후 태자를 찾아와 황제로 세웠다. 이 사람이 바로 대종황제代宗皇帝이다.

원화元和 14년, 헌종황제憲宗皇帝는 봉상鳳翔 법문사法門寺에 있던 부처의 손가락뼈를 경사京師(장안)에 가져와 황궁에 3일 동안이나 놓아두었다가 각 사찰에 보냈다. 왕공王公, 귀족과 대신, 백성들이 우러러보는 가운데 부처의 손가락뼈에 봉양奉養하며 정성이 미치지 않을까 두려워했다. 이에 형부시랑刑部侍郎 한유韓愈가 표表를 올려 극력 간諫하며 부처의 손가락뼈를 물이나 불 가운데 던져버릴 것을 권했다. 그러자 헌종이 대노大怒해 한유를 조주潮州 자사로 좌천시켰다.

희종황제僖宗皇帝의 이름은 이현李儇이다. 의종懿宗의 막내아들이다. 나이 13세에 환관들에 의해 황제로 옹립擁立되었다. 의종懿宗 이래로 조정은 사치奢侈와 향락享樂이 날이 갈수록 심했고 난리는 그치지 않았다. 세금의 징수는 더욱 급박急迫했으며 가뭄과 재해가 출현해도 모든 정황을 보고하지 않았다. 백성들이 유리걸식遊離乞食292)하며 길 위에서 아사餓死해도 억울함을 씻을 곳이 없었다. 이에 무리가 모이면 도둑이 되었다.

---

292) 유리걸식遊離乞食, 유리표박遊離漂迫, 풍찬노숙風餐露宿

복주濮州 사람 왕선지王仙芝가 군사를 일으키고 조주曹州 원구冤句사람 황소黃巢가 그에 응했다. 황소는 말 타기와 활 쏘는 데 능했으며 용맹하고 호협豪俠했다. 일찍이 몇 차례 진사과進士科에 응시했으나 떨어지고 왕선지와 함께 소금을 밀매하고 있었다. 이때 무리를 모아 주현州縣을 공격하고 약탈하자 곤궁한 백성들이 그들에게 모여들어 몇 달이 지나지 않아 수만 명이 되었다.

당문종唐文宗 이앙李昻 이후부터 환관이 황제를 폐립廢立하며 대권大權을 장악하고 있었다. 심지어 정책국로定策國老,293) 문생천자門生天子294)라는 호칭도 있었으나 이때 대부분 주살되었다.

주전충朱全忠이 동평왕東平王에서 양왕梁王으로 작위가 오른 후 변주汴州로 돌아갔다. 주전충이 천하에 위엄을 떨치자 황위皇位를 찬탈할 생각이 있었다. 최윤崔胤이 매우 근심하며 황실을 보전하기 위해 몰래 준비를 하고 있었다. 그러자 주전충이 황제에게 표表하여 재상 최윤을 제거하도록 청하고 몰래 자기의 무리를 보내 최윤을 살해하도록 했다. 마침내 황제에게 동경(낙양)으로 천도하도록 청하고 백관이 동행하도록 재촉했다. 아울러 병사들을 보내 백성들도 출발하도록 몰아부쳤다. 소종昭宗이 시신侍臣들에게 이르길 "속담에 '흘간산紇干山 꼭대기는 참새도 동사凍死시킬 수 있다는데 뭣 때문에 따뜻하고 삶이 즐거운 곳으로 날아가지 않는가.'하는 말이 있소. 짐이 지금 정처定處 없이 떠돌며 최후엔 어디에 떨어질지 모르오." 했다. 말을 마치자 통곡하며 눈물을 흘려 옷깃을 적셨다.

---

293) 천자를 세우는 데 공로가 있는 국가원로
294) 환관의 문하생門下生과 같은 천자

소종昭宗이 낙양에 도착하자 이무정李茂貞 등이 격문을 돌려 당실唐室을 부흥시킨다는 구실로 군사를 모아 주전충을 토벌하자 주전충은 직접 대군을 통솔해 서쪽을 정벌했다. 때문에 소종에게 영호英豪한 기개氣槪가 있거나 혹은 동도東都에 변고가 있음을 두려워한 주전충이 곧 사람을 보내 낙양에서 소종을 살해했다.

소종이 재위 17년 7개의 연호를 사용했다. 용기龍紀, 대순大順, 경복景福, 건령乾寧, 광화光化, 천복天復, 천우天佑이다. 그의 아들이 제위帝位했다. 당애제唐哀帝이다.

애제황제哀帝皇帝의 이름은 이조李祚이다. 당 소종이 태자 이유李裕를 폐할 때 그는 이미 장년壯年이었다. 주전충이 그를 매우 미워했으나 이조는 나이가 어려 장악하기 편하다고 여겨 황제에 옹립했다. 즉위 후 이름을 축祝으로 고쳤다. 주전충이 살해한 이유李裕 등 9명의 왕자들은 모두 소종의 아들이었다. 주전충이 상국相國이 되자 구석九錫을 더하여 받았다. 애哀황제 재위 시에도 그대로 천우天佑 연호를 사용했다. 4년이 지나지 않아 양왕梁王에게 선위했다. 오래지 않아 살해 되었다. 당조唐朝는 고조高祖(이연李淵)가 창립創立한 이래 모두 20대代, 무릇 290년 만이었다.

17 | 오대五代

후량後梁

후량後梁 태조太祖 황제皇帝의 초명初名은 주온朱溫이다. 송주宋州 탕산碭山사람이다. 그의 부친 주성朱誠은 경학經 선생이었다. 사람들은 그를 '주오경朱五經'이라 불렀다. 주온은 젊을 때는 하나의 무뢰배無賴輩였다. 당조 말년, 황소黃巢가 조반造反하자 따라 도적盜賊이 되었다. 나중에 주온이 당조唐朝에 귀항歸降한 후부터 당희종唐僖宗이 '주전충朱全忠'이란 이름을 주었다. 처음에 주온이 변주汴州를 지키다가 서주徐州, 연주兗州, 운주鄆州를 공격했다. 뒤에 또 하북河北, 하동河東의 여러 군들을 공격해 누차 이극용李克用과 교전했다. 오래지 않아 하중부河中府, 진주晉州, 강주絳州를 차지하고 화주華州, 기주岐州 등지를 향해 진군했다. 이에 동쪽에 청주青州를 항복받고 남쪽엔 형양荊襄 등지를 점령하며 여러 번진藩鎭 사이를 종횡무진縱橫無盡했다.

주온이 당소종唐昭宗을 겁박해 낙양으로 천도케 한 후, 오래지 않아 당조 정권을 찬탈했다. 즉위 후 주온은 이름을 고쳐 주황朱晃이라 하고 그의 형 주전욱朱全昱을 광왕廣王에 봉했다. 일찍이 주전욱은 주온을 욕하며 "주삼朱三아! 너도 천자天子냐! 네가 황소黃巢를 따라 조반造反했지만 당唐 천자天子는 이전의 혐의嫌疑는 고려치 않고 너를 4진鎭의 절도사節度使로 등용했다. 무엇이 너에게 부담이 되었더냐. 어찌하여 당조唐朝의 300년 사직을 멸망시키고 스스로 황제가 된 것이더냐. 혹시 주씨朱氏

일족이 너 때문에 더 빨리 멸족되는 게 아니더냐." 했다.

이때 이극용은 진왕晉王이었고 이무정李茂貞은 기왕岐王이었다. 양행밀楊行密이 회남淮南에서 오왕吳王이라 칭했다. 그가 죽은 후 그의 아들 양악楊渥이 왕위를 계승했다. 왕건王建은 촉蜀땅에서 왕이라 칭했고 전유錢鏐는 양절兩浙에서 왕이라 칭했다. 왕조王潮는 민閩땅을 점거했고 사후에 그의 동생 왕심지王審知가 그를 이었다. 마은馬殷이 호남好男을 점거했고 유은劉隱은 광주廣州를 점거했다. 그들 모두 당말 이래唐末以來 여러 번진藩鎭에서 할거割據했다.

진왕 이극용이 졸卒했다. 처음에 이극용에게 존효存孝라 불리는 양자養子가 있었다. 날쌔고 선전善戰했으며 전공도 탁월했다. 또 존신存信이라 불리던 양자도 있었다. 그는 존효를 시기, 모략했다. 이에 존효가 화가 미칠 것을 두려워해 반기를 들자 이극용이 출병하여 토벌하고 사로잡아 압송했다. 병력을 거두고 돌아온 다음, 이극용은 그의 재주를 아껴, 처형處刑에 임하기 전에 반드시 누군가가 나서 그를 위해 정상情狀을 이야기해줄 것으로 여겼다. 하지만 결과는 제장들 모두가 그의 능력을 질투해 한 사람도 변호해주는 사람이 없었다. 마침내 그는 사사賜死되었다.

거란契丹의 아보기阿保機(야율아보기耶律阿保機)가 황제라 칭했다. 거란족은 원래 동호족東胡族의 후예이며 그들의 영토는 횡산橫山(복주復州) 남쪽의 본래 선비족鮮卑族의 옛 땅이었다. 원위元魏(후위後魏) 때 독립하면서 나라의 명칭을 거란으로 고쳤다. 처음에 거란의 군주 대하씨大賀氏에게 여덟 명의 아들이 있어 부락을 팔부八部로 나누었다. 매 사람에게 한 부씩 나누어주어 '팔배대인八倍大人'이라 불렀다. 규정에 따라 팔배대인중 한 사람을 추대해 수령首領으로 삼아 팔배를 통솔하고 3년에 한 번

씩 교체했다. 당조唐朝 개원開元 연간에 거란족에 소고邵固란 자가 팔배를 통솔하고 있었는데 당왕조가 거란의 왕위를 세습하도록 허락했다. 이때 거란 각부에서 야율알리耶律斡里의 막내아들 야율아보기耶律阿保機를 수령으로 삼고 아울러 해奚, 발해渤海 등의 나라들을 병탄倂吞하며 비로소 건원建元했다. 이 이후부터 다시 교대하지 않고 대를 이어 나가기로 했다. 백성들은 그를 '천황왕天皇王'이라 했다.

후량後梁은 태조 주온이 칭제하면서부터 2대 황제를 지냈다. 모두 17년 만에 멸망했다.

후당後唐

후당 장종莊宗황제의 이름은 이존욱李存勖이다. 바로 사타족沙陀族(돌궐突厥의 한 갈래) 사람이다. 본성本性은 주사朱邪이며 조상이 당조唐朝에 공이 있어 이씨李氏 성을 하사下賜받았다. 이존욱의 부친 이극용李克用은 용감하고 지모도 있었다. 그러나 한 쪽 눈을 실명해 사람들은 그를 '독안용獨眼龍'이라 불렀다. 이극용이 일찍이 당조를 도와 황소의 난을 평정함에 큰 공이 있었다. 이에 진왕晋王에 봉해졌다. 이극용이 양태조梁太祖 주온朱溫의 명령에 불복함으로 인해 두 사람은 마침내 원수가 되었다. 만년晩年에는 늘 양군梁軍의 공세에 밀려 형국이 견디기 어려운 국면이 되자 얼굴에 근심의 빛이 가득했다. 그러자 존욱이 아직 어렸으나 이극용을 위로하며 "주온의 사람됨이 지극히 흉포해 사람과 신들이 공분公憤하고 있어 결국엔 갑작스럽게 죽을 것입니다. 우리들 이가李家는 대를 이어 충정忠貞했습니다. 아버님께서도 도를 좇아 뜻을 기르시고 시세에 따라 어리석은 체하며 언행을 삼갔습니다. 그리고 조용히 힘을 기르며 주온이 쇠패衰敗하길 기다려왔습니다(준양시회遵養時晦). 그런데 어찌하여 쉽게 낙심하며 저희들을 실망시키려 하십니까!"했다. 말을 듣고 이극용은 지극히 좋아하며 존욱을 평범하지 않은 인물이라고 여겼다.

그가 임종臨終하기 전에 존욱을 태자로 삼았다. 그리고 부하에게 "이 아이는 지기志氣가 원대하니 반드시 나의 남은 소원을 이루어낼 것이오." 했다. 이존욱이 17세에 진왕위晉王位를 계승하자 곧 거병해 양국梁國을 격파하고 노주潞州에 대한 포위包圍를 풀었다. 그 이후부터 연전연승連戰連勝으로 나아가자 양태조 주온이 탄식을 금치 못하며 "아들을 낳는다면 당연히 이아자李亞子(이존욱의 아명兒名)와 같아야지 그에 비하면 내 아들은 개, 돼지일 뿐이야!" 했다.

존욱이 동으로 유주幽州를 병탄倂吞하고 북으로 거란을 격퇴하고 남으로 여러 차례 양국梁國과 황하를 끼고 무수히 격전했다. 이전에 진양晉陽 감군監軍을 담임한 것은 이전 당조唐朝의 환관宦官 장승업張承業이었다. 장승업은 진양을 지키며 진왕을 위해 자금과 식량을 수집하고 군사를 부르고 말을 사들여 전선에 보내주었다. 진왕이 해를 이어가며 양군과 교전하는 데 물자가 부족하지 않은 것은 모두 장승업의 공로였다. 장승업이 일심으로 대당大唐의 사직을 회복하려는 생각이었지만 진왕이 장차 황제로 칭하려 한다는 말을 듣고 힘을 다해 저지했다. 그러나 끝내 저지할 수 없다는 것을 알고 통곡하며 "제후들이 피투성이가 되어 싸운 것은295) 본래 당조의 사직을 회복하기 위함이었다. 오늘 대왕 스스로가 제위帝位를 모의하는 것을 보니 바로 이 늙은이의 착각이었다." 했다. 결국 그는 울화병으로 죽었다.

---

295) 욕혈분전浴血奮戰, 욕혈이전浴血而戰

진왕晉王이 즉위해 황제라 칭하며 국호를 고쳐 당唐이라 했다. 예전과 같이 당 왕조의 제사를 받들었다. 후에 변주汴州에 들어가 후량後梁을 멸망시키고 대량大梁에 도읍을 정했다. 오래지 않아 곧 낙양洛陽으로 옮겼다. 시중侍中 곽숭도郭崇韜가 모략謀略이 있어 장종莊宗을 보좌해 대업을 이루었다. 그는 내외를 총괄하며 이익을 더하도록 모의했고 마음과 힘을 다해 충성했으며 속이는 바가 없었다. 또 유능한 사람을 추천하고 후진들을 이끌었다. 나머지 재상宰相들 모두는 그 성과만 누릴 뿐이었다.

후촉後蜀 황제皇帝 왕연王衍이 유락遊樂에 탐닉耽溺하며 황음무도荒淫無道했다. 이에 국정은 황폐해지고 도적이 횡횡橫橫했다. 이에 장종이 황자皇子 이계급李繼岌과 곽숭도를 보내 토벌하도록 했다. 마침내 촉국蜀國을 멸했다. 왕연이 후당에 투항한 다음 그 가족 모두가 주살되었다. 오래지 않아 이계급이 참언을 믿고 곽숭도를 죽였다.

장종莊宗이 후량後梁을 멸망시킨 다음부터 교만驕慢, 사치奢侈, 음란淫亂에 빠져들기 시작했다. 역사상 처음으로 배우를 자사刺史에 임명했다. 장종은 어려서부터 음률音律을 익혔다. 어떤 때는 스스로 분칠을 하고 배우와 함께 공연하며 자신의 예명藝名을 '이천하李天下'로 부르게 했다. 하루는 장종이 조정朝廷에서 자신을 "이천하! 이천하!"라 부르자 배우 경신마敬新磨가 갑자기 앞으로 다가와 그의 뺨을 쳤다. 장종이 대경실색大驚失色하자 경신마가 천천히 "천하를 다스리는 이천하理天下는 오직 한 사람뿐인데 오히려 누굴 부르시는 것입니까!" 했다. 장종이 듣고 매우 좋아했다. 악사와 배우들이 멋대로 궁정宮庭을 드나들며 늘 대신들을 모욕侮辱하고 조롱嘲弄했다. 대신들이 모두 원망하고 분하게 여겼으나 감히 말을 꺼내지 못했다. 어떤 신하는 도리어 악사나 배우에게 붙어 뇌물을 주며 은택恩澤을 입으려는 자도 있었다. 이에 배우들이 조정의 기강을 붕괴시키고 충신들을 해치고 제멋대로 모함했다.

장종은 황제라 불린 지 겨우 3년 만에 시살弑殺당했다. 연호는 한 번 고쳐 동광同光이라 불렀다. 배우들이 흩어진 악기들을 거두어 그의 시신을 덮고 함께 태워버렸다. 이사원李嗣源이 이 소식을 듣고 대성통곡大聲痛哭했다. 이후 그는 군대를 끌고 낙양에 들어갔다. 조정朝廷의 백관百官들이 모두 그에게 황위皇位에 등극하길 표했으나 그는 응답하지 않았다. 또 세 차례, 궁에 머물며 국정을 처리하는 감국監國을 청하자 비로소 응낙했다. 위왕魏王 이계급李繼岌(장종의 아들)이 촉蜀땅에서 돌아오다 안에서 발생한 내란內亂 소식을 듣고 장안長安에 도착하자 자살했다. 마침내 감국 이사원이 즉위했다. 바로 후당後唐 명종황제明宗皇帝이다.

후당은 장종에서부터 이때에 이르기까지 4위位의 황제, 모두 14년이었다.

후진後晉

후진後晉 고조황제의 성은 석씨石氏이며 이름은 경당敬塘이다. 사타인沙陀人으로 후당後唐 명종明宗의 사위이다. 처음에 석경당이 당 명종의 양자養子 이종가李從珂와 함께 무용武勇에 일가견이 있었다. 두 사람 모두 명종을 섬겼으며 공도 있었으나 속으로는 서로 시기했다. 이종가李從珂가 황제라 불릴 때 석경당은 하동河東에서부터 변경汴京에 들어와 알현했다. 여러 장군들 모두가 이종가에게 석경당을 낙양에 머무르게 하라고 권했다. 석경당이 당시에 오랜 병치레로 피골皮骨이 상접相接해 있었다. 이에 이종가가 그를 너무 지나치게 우려하지 않았으므로 석경당이 하동으로 돌아갈 수 있었다. 석경당의 처妻 영령공주永寧公主가 낙양에서 이종가를 향해 고별告別하려 할 때 술에 취한 이종가가 "어찌 오래 머무르지 않고 갑자기 돌아가려 하느냐? 석랑石郎과 조반造反을 모의하려는 것이 아니냐?" 했다. 경당이 그 말을 듣고 더욱 두려워했다. 오래지 않아 이종가가 석경당을 천평균天平軍 절도사節度使에 임명하고 진鎭을 운주鄆州로 옮기도록 명했다. 경당이 항명하자 이종가가 병력을 보내 그를 토벌하도록 했다.

상유한桑維翰이 경당에게 표문表文을 올려 "거란을 향해 신하臣下라 칭하고 거란군에게 도움을 요청해 이에 원한다면 부자의 예로써 거란을 모시겠으며 또한 일이 성사된 후에는 거란이 군사를 동원해 구해준 댓가로 땅을 떼어주겠다."고 약속하도록 했다. 석경당의 부장 유지원劉知遠은 조건이 너무 지나치다고 여겼다. 거란에게 후한 금, 은, 비단 등으로 그 군사들을 치하해도 충분하고 토지를 떼어주는 것은 필요치 않으며 이것은 후일 중국에 크나큰 우환이 될 수 있다고 했다. 그러나 석경당은 유지원의 건의를 받아들이지 않았다. 표문表文을 거란에 보내자 야율덕광耶律德光이 매우 기뻐하며 직접 5만의 철갑鐵甲 기병騎兵을 거느리고 남하해 후당後唐과 진양晉陽에서 격전을 벌여 대패시켰다. 따라서 야율덕광은 석경당을 황제로 세우고 국호를 '진晉'으로 했다.

후진은 후진고조 석경당이 즉위한 때부터 이때까지 2세에 이르렀으며 모두 12년이 지난 후 멸망했다.

후한後漢

후한後漢 고조高祖 황제는 성이 유劉이며 이름은 지원知遠으로 사타족 사람이다. 어릴 때 석경당을 따라 기병起兵해 전공戰功이 혁혁赫赫했다.

석경당이 하동河東에서 절도사를 하고 있을 때 이종가가 교지教旨를 내려 그에게 운주鄆州로 가 진수鎭守하도록 했다. 그러자 유지원이 권고하기를 "공公은 장수將帥가 된 지 오래이며 사졸들의 신망도 깊습니다. 예컨대 지금 또 우월한 지리적인 형세를 점거하고 있으며 병마는 강성합니다. 이후 만일의 시세時勢에 따라 군사를 일으켜 천하를 향해 격문檄文을 띄운다면 반드시 제왕帝王의 업業을 성취할 수 있을 것입니다. 그런데 뭣 때문에 종이 한 장에 얽매여 스스로를 호구虎口에 내던지려 하십니까?" 했다. 이에 석경당이 항명抗命하자 이종가가 군사를 보내 석경당을 공격했으나 이기지 못하고 물러났다.

석경당이 거병해 후당後唐을 멸하고 낙양洛陽을 점거했다. 유지원이 당시에 시위마군도지휘사侍衛馬軍都指揮使로 있으면서 한병漢兵에게는 병영에 들어가 주둔하도록 명하고, 거란병은 천궁사天宮寺에 주둔하며 휴식할 수 있도록 잘 안배安排해 낙양성洛陽城안에서는 질서가 잘 유지되도록 했다.

뒤에 석경당이 유지원을 하동 절도사에 임명했다. 석경당이 죽기 전에 조서詔書를 내려 유지원을 입조시켜 정무를 보좌하라고 명했으나 석경당이 붕어한 다음 조정朝廷에서는 도리어 조명詔命을 꺼내지 않았다. 이에 유지원은 후진後晉의 조정에 원한을 품게 되었다. 나중에 거란이 누차 침입侵入하자 지원을 행영도통行營都統(총사령관)에 임명하며 거란에 저항하도록 명했으나 출병하지 않았다. 이에 거란군이 바로 대량大梁을 짓이기며 후진後晉을 멸망시키자 유지원은 이 기회를 틈타 진양晉陽에서 황제라 칭했다. 나중에 거란군이 물러나길 기다렸다가 태원에서 출발하여 낙양에 들어갔다. 마침내 변경汴京(대량大梁)에 입성한 후, 국호를 한漢이라 하고 이름도 바꾸어 유고劉暠라 했다.

거란의 왕 야율덕광이 귀국중에 살효림殺胡林에서 병사했다. 대신들이 그의 복부를 갈라 소금으로 속에 채워 시신의 부패를 방지해가며 거란으로 돌아갔다. 사람들이 그를 일러 '제파帝豝(미라 황제)'라 했다. 그의 아들 야율올욕耶律兀欲이 즉위했다.

후한後漢 정권은 2세를 지내며 모두 4년을 경과한 후, 멸망했다.

후주後周

후주後周 태조太祖 황제의 성姓은 곽郭, 이름은 위威이며 태원인太元人이다. 애초에 당唐 장종莊宗 이존욱의 가까이에 시씨柴氏 성을 가진 궁녀宮女가 있었다. 그녀가 궁을 나와 귀가한 후, 사위를 택해 혼인할 준비하고 있었다. 하루는 문틈 사이로 어떤 사람이 재빨리 지나는 것을 보고 시씨가 매우 놀라며 "저 사람은 누굽니까?" 하고 묻자 곁에 있던 사람이 "그는 종마군사從馬軍使 곽작아郭雀兒296)다." 했다. 시씨는 그에게 시집갈 생각을 했지만 그녀의 부모들은 반대했다. 그러면서 "너는 황제를 가까이에서 모셨던 사람으로서 당연히 절도사 부류의 사람에게 시집가야지 뭣 때문에 이런 사람에게 시집가려 하느냐!" 했다. 이에 시씨는 다른 사람에게는 시집가지 않겠다며 고집을 부리다 끝내 곽위郭威에게 시집갔다.

후한後漢 고조高祖 유지원劉知遠이 하동 절도사로 있을 때 곽위가 그 휘하에서 공목관孔目官을 지냈다. 거란이 변경汴京을 공격해 들어간 후, 곽위가 유지원에게 기병할 것을 권해 마침내 제업帝業을 이루며 후한後漢을 세웠다.

---

296) 곽위郭威는 미천했을 때에 목에 참새 모양의 문신文身을 하여 작아雀兒라는 별명을 얻었다.

세종황제世宗皇帝이름은 영榮이다. 본래 성은 시씨柴氏이다. 바로 후주 태조 곽위의 처, 시씨의 형 시수례柴守禮의 아들이다. 후주태조가 후사後嗣가 없자 그를 양자養子로 삼았다. 후주 초년初年, 시영이 절도사를 담임한지 오래지 않아 개봉開封 부윤府尹에 임명되어 진왕晉王에 봉해졌다. 후주태조가 임종臨終 전에 진왕 시영이 집정執政하도록 명했다. 후주태조가 병으로 서거하자 세종이 곧 즉위했다.

북한北漢의 유숭劉崇이 후주태조가 서거했다는 소식을 듣고 매우 좋아하며 거란에게 발병發兵하여 공동으로 후주를 공격하자고 청했다. 이에 거란이 대장 양곤楊袞을 보내 수만의 철기鐵騎를 통솔하도록 하자 북한의 유숭도 친히 3만의 대군을 거느리고 내려왔다. 후주 세종이 어가御駕로 몸소 친정親征하려고 하자 문무백관文武百官모두가 말렸다. 세종이 "유숭은 선제先帝가 붕어한 틈을 이용해 아직 나이 어린 짐이 즉위한 것을 가볍게 보아, 짐을 정벌할 수 있는 절호의 기회로 여기고 있다. 지금 그가 친히 부대를 이끌고 온다는데 짐이 응전하지 않을 수 있겠는가, 더구나 우리의 군력은 강성해서 유숭을 치는 것은 마치 큰 산으로 계란을 누르는 것과 같이 쉬운 일이다."[297]했다. 이에 재상 풍도馮道가 극력 간쟁諫爭했으나 백관百官중에는 오직 왕부王溥만이 친정을 건의했다.

북한北漢의 군주 유숭이 군사를 거느리고 고평高平에 진을 쳤다. 주군周軍의 선봉이 출격하자 한군漢軍은 조금 물러났다. 세종은 한군이 달아날까 염려해 제군諸軍에게 급히 추격하도록 명했다. 뒤의 증원부대가 아직 좇아오지도 못했으므로 장사들 모두의 마음은 몹시 불안했으나 세종은 도리어 의기意氣가 충천衝天했다. 양군兩軍이 교전한 후, 주군의 우익

---

297) 여산압란如山壓卵, 태산압란泰山壓卵

右翼 장군 번애능樊愛能과 하휘何徽가 먼저 달아나자, 주군의 우익은 궤멸되며 보병 1,000여 명이 무기를 내려놓고 북한北漢에 투항했다. 세종은 전세가 위급함을 보고 친히 친위병親衛兵을 이끌고 화살이 비오듯 쏟아지는 것을 무릅쓰고 앞에서 독전督戰했다. 이에 금위장군禁衛將軍 조광윤趙匡胤이 "주군主君께서 죽음을 무릅쓰고 이 같이 분전奮戰하시는데 우리들이 어떻게 끝까지 사투하지 않을 수 있겠는가!"하며 또 금군장군禁軍將軍 장영덕張永德에게 "적들의 기세氣勢는 교만驕慢해졌소. 힘을 다해 싸운다면 충분히 격파할 수 있을 것이오. 공公은 병력을 인솔해 고지高地를 타고 서쪽으로 치고 나가 좌익左翼을 만드시오. 나는 병력을 인솔해 우익右翼이 되겠소. 그렇게 힘을 합쳐 격파해 나갑시다. 국가의 안위와 존망이 이 싸움에 달려 있소!"하자 장영덕이 그를 좇아 각자 2,000명을 인솔해 좌우에서 출격했다.

조광윤이 몸소 사졸보다 먼저 달려들어 적의 예봉銳鋒을 무너뜨리자 사졸들도 죽기를 각오하고 싸워 일당백一當百이 아닌 것이 없었다. 북한병이 대패해 흩어졌지만 거란의 장수 양곤楊袞은 감히 구하러 올 수 없었다. 이에 북한의 군주 유숭은 밤낮으로 달아나 겨우 진양晉陽으로 돌아갈 수 있었다.

세종이 철병撤兵한 후, 번애능, 하휘 및 그들 부대의 군사軍使 이상 70여 명을 문책하며 "너희들은 끝까지 싸울 수 없었던 것이 아니다. 다만 나를 귀중한 물건으로 보아 유숭에게 팔아먹으려고 했을 뿐이다." 했다. 말을 마치자 곧 모두 참수하도록 명했다. 이 이후부터 교만한 장수나 게으른 병졸들 모두 군법이 엄명嚴明함을 알고 비로소 마음으로부터 두려움이 생겼다. 이에 다시는 감히 한 순간만 모면하는 일시적인 계교計巧로298) 일을 하지 않았다. 장영덕이 조광윤의 지모智謀와 용기勇氣를 극력 칭찬하자 세종은 곧 조광윤을 전전도우후殿前都虞侯에 임명했다.

주周 세종이 시신侍臣들에게 "양병養兵의 도道는 다소多少에 있지 않고 정병精兵에 있소. 백 명의 농부農夫가 한 명의 전사戰士를 길러 낼 수 없는 것이오. 그렇다면 뭣 때문에 백성의 고혈膏血을 쥐어 짜 이같이 무용지물無用之物인 폐물廢物들을 기르겠소." 했다. 이에 전군에 명해 군사를 정예화精銳化, 간략화簡略化하도록 하고 또 각 지방에 조서를 내려 천하장사天下壯士를 모집해 모두 서울로 불러 올렸다. 그리고 조광윤에게 이러한 군사 중에 정예精銳를 선발해 금위군禁衛軍에 보충하도록 명했다. 이밖에 기병騎兵이나 보병步兵, 각 군도 장수가 그들을 시험해 선발하도록 했다. 이 때문에 후주군의 사병은 모두 정예, 강군強軍으로 향하는 곳마다 승리하지 않은 곳이 없었다.

주 세종이 재위 6년 후, 병으로 붕어했다. 연호를 한 번 바꾸어 현덕顯德이라 불렀다.

세종이 번왕藩王일때 도광양회韜光養晦했다. 즉위 후에는 우선 고평高平을 침구侵寇한 자들을 격파하자 비로소 조정의 상하가 그의 영무英武에 복종하기 시작했다. 그는 호령號令이 엄명嚴明해 사람들이 감히 거스를 수 없었다. 성을 공격하고 적을 상대할 때면 왕왕往往 사졸들 보다 먼저 나아가 시석矢石이 좌우에 떨어져도 조금도 안색의 변화가 없었다. 일을 처리함에 있어서도 기회를 맞으면 과감히 결단했고 의외로 남들을 뛰어넘었다. 또 정사政事에 근면勤勉했고 충간忠奸을 분별하는데 능했으며 청찰聽察이 귀신같았다. 한가할 때면 곧 유자儒者들을 불러 사서史書를 읽으며 사물의 대의大義를 검토했다. 세종은 성정性情이 사죽류絲竹類

298) 고식책姑息策, 미봉책彌縫策, 목전지계目前之計, 인순고식因循姑息, 동족방뇨凍足放尿

의 악기나 진귀한 애완동물들을 좋아하지 않았다. 늘 말하길 "짐은 반드시 기쁘다고 하여 타인에게 상을 내리지 않고 자신의 노함으로 인해 타인에게 징벌을 내리진 않는다." 했다. 문무文武를 고루 참작해 등용했으며 각기 그 능력을 다했다. 상하 대신들이 그의 영명함을 두려워했고, 은덕은 간직했다. 때문에 능히 적을 파하고 영토를 확장할 수 있었으며 향하는 바, 막힘이 없었다. 세종이 붕어하는 날 원근遠近을 논할 것 없이 신민臣民들 모두 애도하고 그를 사모했다. 그의 아들 양왕梁王이 즉위했다. 후주공제後周恭帝이다.

후주공제의 이름은 시종훈柴宗訓이다. 7세에 즉위했다. 조광윤을 귀덕歸德 절도사節度使에 임명했다. 다음해 봄 진주鎭州, 정주定州에서 거란의 대군이 침입한다는 급보가 이르자 조정에서는 조광윤을 출정하도록 했다. 조광윤이 군대를 인솔해 진교역陳橋驛에 이른 후 장사들이 조광윤을 천자로 옹립擁立했다. 후주공제가 재위 겨우 반 년 만에 곧 조광윤에게 선위禪位했다.

후주後周정권은 태조 곽위郭威로부터 공제에 이르기까지 3代대에 실재로는 곽씨郭氏성과 시씨柴氏성의 이성二姓의 나라로 모두 10년이 지난 후, 멸망했다.

18 | 북송北宋

송태조宋太祖의 성은 조趙이며 이름은 광윤光胤이다. 그의 선조는 탁군涿郡사람이며 전해지는 말에 한대漢代 경조윤京兆尹 조광의趙廣義의 후예後裔라 한다. 조광윤의 부친 조홍은趙弘殷은 일찍이 낙양에서 금군장교禁軍將校를 지냈다. 조광윤이 갑마영甲馬營에서 막 태어날 때 온 집안에 붉은 빛이 충만했으며 군영軍營 중에 이상한 향기가 한 달이나 지속되어 사람들이 곧 갑마영을 '향해아영香孩兒營'이라 불렀다. 어릴 때 신문열辛文悅로부터 학습했다. 신문열은 일찍이 꿈에서 어가를 맞이했는데 그 안에 있는 사람이 바로 조광윤이었다. 후주後周 세종世宗 때, 광윤이 군정軍政을 장악한 지 6년에 달했으며 사병들 모두는 그의 은혜恩惠와 위엄威嚴에 경탄敬歎했다. 조광윤은 여러 차례 세종을 따라 출정해 전공이 혁혁赫赫했다. 세종이 하루는 문서 상자 속에서 하나의 목판을 발견했다. 그 위에 '점검작천자(點檢作天子: 점검이 천자가 된다)'라는 다섯 글자가 적혀 있었다. 당시에 장영덕張永德이 전전도점검殿前都點檢을 맡고 있었으므로 이에 세종이 곧 장영덕의 직무를 조정해 전임轉任시키고 조광윤을 전전도점검으로 임명했다.

세종이 서거逝去하고 공제恭帝가 즉위했다. 그 다음해에 이르러 공제가 조광윤에게 금위군禁衛軍을 통솔해 거란契丹의 침입을 막도록 했다. 당시에 공제가 어렸고 또한 거란의 침입에 국가가 존망의 위기에 직면했다. 이 때문에 조정朝廷 안팎에서 모두 조광윤을 천자로 추대하자는 의견이 대두擡頭된 것이다. 대군이 경성京城을 떠나온 후, 군관軍官 묘훈

苗訓이 하늘을 보니 태양 아래에 또 하나의 태양이 있어 검은 빛을 서로 쏘아대며 한 쪽의 검은 빛을 녹여내고 있었다. 묘훈은 이같이 기이奇異한 천문현상을 가리키며 "이것이 바로 천명天命이다!"라고 했다.

저녁에 대군이 진교역陳橋驛에 주둔할 때, 장사들이 모두 모여 "먼저 조광윤을 천자로 세우고 난 다음에 북쪽을 정벌征伐하자"고 의논했다.[299] 이에 장사들이 조광윤의 장막을 둘러싸고 대열隊列을 지어 날이 밝기를 기다렸다. 조광윤은 대취大醉해 밖에서 일어나는 일을 전혀 모르고 있었다. 날이 밝자 장사들이 갑옷을 입고 무기를 들고 직접 조광윤의 방문을 두드리며 큰 소리로 "제장諸將들은 주인이 없습니다! 원컨대 태위太尉(광윤匡胤)를 천자로 옹립하게 해주십시오!" 했다. 조광윤이 놀라 일어나 막 옷을 입으려는데 사람들이 그를 부축해 나와 변명의 여지없이 황포黃袍를 그에게 입히고 절을 한 다음 만세를 불렀다.[300] 그 후, 그를 말에 태워 남쪽으로 향했다. 조광윤은 거절할 수 없어 부득이 말고삐를 잡고 앞으로 나아갔다. 그는 제장들에게 맹서盟誓하도록 한 연후에 군대를 정돈해 인화문仁和門에서부터 변경汴京으로 진입해 들어가며 추호도 백성들의 이익과 관련된 것들은 손대지 말도록 했다. 마침내 공제가 조광윤에게 선위禪位했다. 조광윤은 자신이 전에 송주宋州 귀덕군歸德軍에서 절도사를 지냈기 때문에 국호를 고쳐 '송宋'이라 했다.

태조가 이균李筠과 이중진李重進의 반란을 평정한 후, 하루는 추밀직학사 조보趙普를 불러 "내가 천하의 전쟁을 끝내고 국가를 위한 장기적인 계획을 세우려 하는데 어떻게 해야 한다고 생각하오!" 하고 물었다.

299) 진교병변陳橋兵變
300) 황포가신黃袍加身

조보가 "당말唐末 이래, 제왕의 경질更迭이 빈번한 것은 모두 지방 절도사의 세력이 너무 커 제왕의 권위는 약해지고 신하의 힘은 강해졌기 때문입니다(군약신강君弱臣强). 예컨대 지금 그들의 권력을 점차 박탈하면서 그들의 재부財賦와 양곡을 통제하고 그들 수중의 정예 병력을 철수시킨다면 천하는 자연히 곧 태평해 질것입니다." 하며 또, "전전사殿前師 석수신石守信 등은 전체를 통제할 자질이 없는 관계로 마땅히 그 직무를 거두어야 합니다." 했다.

태조가 조보의 의도를 알고 이에 다음날 석수신 등을 불러 주연을 베풀었다. 주연이 무르익자 태조가 주위를 물리치며 말하길 "내가 만약 여러분들의 도움이 없었다면 오늘의 위치에 있을 수 있었겠소! 다만 짐이 즉위한 이래, 하루 저녁도 편안히 잠을 자본적이 없었소. 그렇지만 황제라는 이 자리에 누가 앉고 싶지 않겠소." 했다. 석수신 등이 황망히 엎드려 머리를 조아리며 "폐하께서 무엇 때문에 이런 말씀을 하시는지요, 천명이 이미 정해져 있는데 누가 또 역심逆心을 품고 있겠습니까." 하자 태조가 "그대들은 비록 역심은 없겠으나 만약 휘하의 사람 중에 부귀를 탐하는 사람이 있다면 어떻게 하겠소. 그들이 하루아침에 황포黃袍를 여러분의 몸에 입혀놓는다면 설령 그대들이 원하지 않아도 어찌할 수 없는 것 아니오." 했다. 석수신 등이 모두 꿇어 앉아 울면서 "신 등이 어리석어 여기까지는 생각이 미치지 못했습니다. 바라건대 폐하께서 저희들을 불쌍히 여겨 살아갈 길을 가르쳐주십시오." 하자 태조가 "사람의 일생이란 것이 마치 흰 망아지가 뚫린 문틈 사이로 획 하며 지나가는 것과 같아, 눈 깜짝할 사이면 이미 지나가버리는 한순간일 뿐이오!301) 또한 부

301) 백구과극白駒過隙, 광음여시光陰如矢, 탄지지간彈指之間, 전광석화電光石火

귀를 좋아한다는 것도 금전을 많이 쌓아두어, 자신도 즐기면서 아울러 자손들도 궁핍함에 이르지 않도록 할 뿐이오! 그러니 그대들도 병권兵權을 놓고 나가서 대번大藩을 지키며 좋은 전택田宅을 많이 가려 자손들을 위해 번영을 도모하시오. 그리고 스스로 가동歌童과 무녀舞女를 많이 두고 매일매일 술 마시며 유쾌하게 놀면서 서로 편안하고 큰일 없이 지내면 그 역시 좋지 않겠소." 했다. 석수신 등 모두가 절하며 감사感謝히 "폐하께서 이렇게 우리들을 생각해주시니 이른바 진실로 죽은 사람을 다시 태어나게 하여 백골에 살을 붙이는 것과 같습니다." 했다. 다음날 모두가 아프다는 핑계로 사표를 내고 병권兵權을 내놓았다.[302]

조보는 계주薊州사람이다. 저주滁州에서 태조와 서로 알게 되어 절도장서기節度掌書記에 임용되었다. 태조가 즉위 이후, 중요한 일들은 오로지 그와 상의했고 그를 믿고 의지했다.

뇌덕양雷德驤이 대리시大理寺 판관判官이었다. 대리시의 관속官屬과 당리堂吏 모두는 재상宰相 조보趙普의 견강부회牽强附會[303]에 따라 형벌의 증감增減을 멋대로 했다. 뇌덕양이 이에 대해 반감을 가지고 흥분해 곧바로 '진무전眞武殿'에 이르렀다. 태조에게 이일을 품고稟告하며 아울러 조보가 억지로 다른 사람들의 토지나 주택매매에 돈을 거두고 뇌물을 받는 정황을 설명했다. 태조가 들은 후 대노하며 꾸짖고 "솥이나 냄비 같은 것들도 귀가 있거늘 너는 설마 조보가 우리 사직의 중신重臣인줄 몰랐다는 말이냐!" 하며 주부柱斧(수정水晶으로 만든 작은 도끼)를 들고 내

<hr />

302) 배주석병권杯酒釋兵權
303) 견강부회牽强附會: 이치에 맞지 않는 말을 억지로 끌어 붙여 자기에게 유리하게 함. 아전인수我田引水, 침석수류枕石漱流, 영서연설郢書燕說, 추주어륙推舟於陸, 백마비마白馬非馬

리처 그의 이빨 두 개를 부러뜨렸다. 그리고 시위侍衛에게 그를 대전 밖으로 끌어내도록 하고, 그의 직무를 파면시켰다.

태조가 즉위한 이래 틈날 때마다 공신들의 집을 미복微服으로 사사로이 방문했다. 이 때문에 조보가 매일매일 퇴근한 이후에도 늘 쉽게 조복朝服을 벗지 못하고 있었다. 하루는 온 종일 큰 눈이 내려 조보가 속으로 태조가 오늘은 출궁할 수 없다고 생각하고 있었다. 그러나 조금 있다가 밖에서 문 두드리는 소리가 들려 조보가 이상하게 여기고 황망히 뛰어나가니 바로 태조가 그 비바람 속에 서 있었다. 조보가 황공惶恐하여 황망히 안으로 맞이해 두꺼운 방석 위에 앉히고 곧 숯을 피워 고기를 구워 먹었다. 조보의 처가 태조에게 술을 따라 올리자 태조는 그녀를 '누님'이라고 불렀다. 이에 조보가 침착하게 태조에게 물었다. "오늘 저녁, 밤이 이렇게 깊고 또 이렇게 차가운데 폐하께서는 뭣 때문에 나왔습니까?" 하자 태조가 "내가 편안하게 잠을 잘 수가 없소. 짐이 누운 침상 이외엔 모두 다른 사람들의 집 같소. 그래서 내가 경을 보러 온 것이오." 했다. 그러자 조보가 "폐하께서는 천하가 작다고 생각하십니까? 마침 지금이 남정南征과 북벌北伐을 준비해 하나로 통일할 때라고 생각됩니다만 폐하의 생각이 어떠한지 듣고 싶습니다." 하자 태조가 "나는 태원太源을 취할 생각이오." 했다. 조보가 잠자코 있다가 이윽고 "그것은 신이 생각해보지 않았습니다만 태원의 서쪽(서하西夏)과 북쪽(거란契丹)의 변경邊境은 막혀 있습니다. 만약 지금 일거에 태원으로 공격해 들어간다면 그 변경의 변고를 홀로 감당해 나가야 할 것이지만 잠시 기다렸다가 다른 나라들을 다 평정한 다음에 친다면 그들이 어디로 달아나겠습니까?" 했다. 태조가 웃으며 말하길 "그것이 바로 내 생각이오. 앞의 말은 그대를 시험해보기 위한 말이었소." 했다. 이에 태조가 먼저 형남荊南과 호북

湖北을 공격하도록 결정한 연후에 다시 서천을 취할 것을 모의했다.

개보 8년 조빈曹彬이 금릉성金陵城을 포위하고 공격하자 형세가 위급했다. 남당南唐의 군주君主 이욱李煜이 서현徐鉉을 보내 공물貢物을 바치며 공격을 멈춰줄 것을 요청했다. 서현이 말하길 "이욱은 작은 나라인 남당南唐이 큰 나라인 대송大宋을 섬기는 것을 아들이 아버지를 섬기는 것과 꼭 같다고 여기고 있습니다!" 하였다.304) 그는 또 수백 가지 이유를 열거하며 태조를 설복說服시키려 하자 태조가 "그대의 말은 부자 두 사람이 집을 두 집으로 나누어 살아도 좋다는 말인가!" 했다. 서현이 응답을 못하고 남당으로 돌아갔다. 오래지 않아 서현이 다시 와 "남당이 무슨 죄가 있습니까?"라며 격렬한 표현으로 주청奏請하자 태조가 대노해 보검을 빼 무서운 소리로 "너는 다시 말할 필요가 없다. 이욱이 무슨 죄가 있느냐고! 그러면 천하가 한 집안이라면서 침상 옆에 다른 사람이 코를 골며 자고 있다면 너는 어떻게 참겠느냐?" 하자 서현이 두려워하며 물러났다.

금릉성이 송군에게 포위된 후, 봄에서부터 겨울이 되자 전세가 점점 나빠져만 갔다. 조빈은 줄곧 이욱이 투항해오길 기대하며 누차 사람을 보내 이욱에게 "금릉성은 하루면 성을 무너뜨릴 수 있소. 청컨대 당신이 일찍 결단하시오." 했다. 하루는 갑자기 조빈이 스스로 병이 났다고 가장하자 장수들이 모두 문병을 왔다. 이에 조빈이 "나의 병은 약으로는 치유治癒할 수 없소. 다만 여러 장수들이 성심으로 금릉성을 함락시킬 때, 단 한 사람이라도 (그들을)망령되이 죽이지 않겠다고 맹세한다면 나의 병은 비로소 온전히 치유될 것이오." 했다. 그러자 여러 장수들이 모

---

304) 이소사대以小事大, 이자사부以子事父

두 허락許諾하고 분향焚香하며 맹서盟誓를 공포해 증표證票로 삼았다. 다음날 금릉성이 함락되었고 이욱이 투항함으로써 남당南唐은 멸망했다.

승전 보고서가 날아들자 태조가 눈물을 흘리며 "천하가 사분오열四分五裂되고 백성들이 전란의 고통을 받아 성을 공격할 때에 반드시 무고하게 피해를 입은 백성들이 있을 것이다. 정말로 애통哀慟한 일이다." 했다. 조빈이 개선凱旋할 때, 그가 탔던 배 가운데에는 오직 책과 의복, 담요류의 물건뿐이었다. 돌아와 조견朝見시에 의전관儀典官이 그의 상소를 태조에게 올릴 때 그 위에 "신 조빈, 강남에 가서 일을 처리하고 돌아오라는 명을 받들고 돌아왔습니다!"라고 적었다. 조빈은 자신의 공로를 자랑하지 않았음이 지금껏 이와 같았다.

태조가 50세에 붕어했다. 재위 17년에 연호를 3번 바꾸었다. 건륭乾隆, 건덕乾德, 개보開寶였다.

태조는 성품이 인애仁愛, 효순孝順했으며 도량이 넓었다. 진교역의 병변에서 대중들에 의해 황포를 몸에 두르며 제위에 올랐다. 그가 군대를 이끌고 경성京城에 들어온 후부터 추호도 백성들을 침해하지 않아 생활의 일체가 예전과 같았다. 일찍이 하루는 파조罷朝한 후, 편전便殿에 우울하게 오래도록 앉아 있었다. 시종들이 그 원인을 묻자 태조가 "그대들은 황제하기가 쉽다고 생각하는가? 방금 순간적인 감정으로 한 사건을 결정했으나 결과는 잘못으로 결정났소. 이 때문에 내가 지금 우울한 것이오." 했다.

태조가 일찍이 자운루紫雲樓 아래에서 평소에 친하게 지냈던 근신들과의 연회 중에 백성들의 일에 대한 이야기를 한 적이 있었다. 그가 재상에게 말하길 "신분이 낮은 일반 백성들이 비록 콩과 보리도 분간하지 못하지만305)다만 지방 번진藩鎭의 관원들이 그들을 어루만져 정성들여

기르지 않고 도리어 가혹하게 백성들을 대한다면 짐도 결단코 용서하지 않을 것이다." 했다.

태조가 만년晚年에 독서를 좋아했다. 일찍이 탄식歎息하며 "요순堯舜의 시대에도 가령 사흉四凶의 죄인罪人이라도 그들에 대한 처벌은 유배流配에 그쳤다. 무엇 때문에 근래의 법망은 이렇게 조밀稠密한가?" 했다. 태조가 기타 세력들을 평정할 때는 반드시 먼저 초대招待해서 위무慰撫한 다음 귀순하지 않으면 무력으로 해결했다. 그들이 투항하길 기다린 후에도 모두 망령되이 살육殺戮을 하지 않았으며 예로써 상대를 대우하고 그들의 생명을 보전했다. 일찍이 무성왕武成王 강자아姜子牙(여상呂尙, 강태공)의 사당祠堂에 참배한 적이 있었는데 보니, 종사從祀인물에 백기白起가 있었다. 이에 그를 지적하며 "백기는 이미 항복한 조나라 군사들을 갱살坑殺한 자로 이 자를 진짜 용무勇武한 자라 말할 수 없다." 하며 백기를 무묘武廟에 종사從祀할 자격을 철회하도록 명했다.

송태종황제宋太宗皇帝의 초명初名은 조광의趙匡義이다. 송태조宋太祖 조광윤趙匡胤의 큰 동생이다. 태조가 진교병변 후, 군대를 정비整備하고 경성으로 돌아오자 조광의가 맨 먼저 제장과 사졸들을 거두어 호령하겠다고 청했다. 그리고 자신이 직접 군대의 전면에 나서 대군의 약탈을 경계했다. 태조가 후주後周 공제恭帝의 수선受禪을 약속받자 (형의 이름을 피휘避諱하기 위해) 광의光義로 개명改名했다. 그리고 개봉開封 부윤府尹과 동평장사同平章事 등을 지내고 진왕晉王에 봉해졌다.

태조황제는 성품이 돈후하고 형제간에 우애友愛가 있었으며 화목和睦했다. 진왕이 병이 나자 자신도 함께 쑥뜸을 뜨며 아픔을 나눈 적이 있

---

305) 숙맥불변菽麥不辨, 숙맥菽麥

었다. 태조가 일찍이 "진왕의 걸음걸이는 마치 범과 같이 듬직하고 모습은 용이 노니는 것같이 건장하고 힘이 있다(용행호보龍行虎步). 태어날 때에도 이상 현상이 있었다. 반드시 태평천자太平天子가 될 것이며 그의 복록福祿은 나에 비할 바가 아니다!" 하였다. 태조가 촉지蜀地에 행차했을 때, 포의布衣 장제현張齊賢이 열 가지의 계책計策을 올렸다. 태조가 곧 그를 불러 음식을 내어 식사하며 이야기했다. 태조가 이 중 한 가지 계책에 찬성하자 장제현은 도리어 그 나머지도 모두 괜찮다고 말했다. 이에 태조가 화를 내며 엄히 꾸짖은 후, 돌려보냈다. 태조가 돌아와 진왕에게 말하길 "내가 서도西都에 갔을 때 장제현이라는 사람을 알았지만 중용할 수 없었네. 나중에 자네가 재상宰相으로 쓰도록 내가 남겨두었네." 했다. 이로 말미암아 가히 알 수 있는 것은 태조가 대체로 일찍부터 황위를 진왕에게 물려줄 생각을 하고 있었던 것이다.

후에 태조의 병이 중해지자 황후[306)는 왕계은王繼恩[307)을 보내 황자皇子 덕방德芳을 불러오게 했으나 왕계은은 도리어 재빨리 진왕을 불러와버렸다. 진왕이 황궁에 이른 후, 태자 주위의 궁인宮人, 시위侍衛 등을 흩어 보내고 그는 태조와 안에서 이야기하며 있었으나 바깥의 사람들은 전혀 들을 수가 없었다. 다만 멀리서 보면 촛불에 비치는 그림자만 붉게 얼렁거리는 것이 마치 진왕이 자리를 피하는 것 같았다. 조금 지나지 않아 태조가 도끼 자루를 잡고 지면을 찍으며 큰 소리로 "너 잘해야 된다!" 하고 곧 붕어했다.[308) 곧 황후가 진왕을 보고 경악하며 "우리 모자의 생

---

306) 효장황후孝章皇后, 태조의 3째 황후
307) 촉영부성燭影斧聲 중에 태종의 즉위에 협조했다. 태종 사후, 진종眞宗 재위 시, 좌천되고 죽었다.
308) 촉영부성燭影斧聲

명은 바로 당신에게 달려 있습니다." 하자 진왕이 "우리 함께 부귀를 누릴 것이니 너무 부담 갖지 마십시오!" 했다. 진왕은 즉위 후, 이름을 '경炅'이라 바꾸었다. 진왕秦王 조광미趙光美도 태종의 이름을 기휘忌諱하기 위해 조정미趙廷美로 바꾸고 개봉부윤開封府尹에 임명했다가 다시 제왕齊王에 봉했다. 태조의 황자 덕소德昭는 무공군왕武功郡王에 봉했다.

태종은 반미潘美에게 명해 북한北漢을 정벌하도록 했다. 오래지 않아 친정親征하며 태원太原을 포위하자 북한北漢의 군주 유계원劉繼元이 성을 나와 투항하면서 북한은 마침내 멸망했다.

무공군왕 덕소德昭도 유주공격에 종군從軍했다. 어느 날 밤, 대군에 소요가 발생해 사람들이 태종을 찾았으나 찾지 못했을 때 어떤 장군이 덕소를 황제로 세우자고 모의謀議했다. 태종이 이 소식을 듣고 매우 기분이 나빴다. 조정朝廷에 돌아온 다음, 태종은 북벌北伐에 승리하지 못했다는 핑계로 장군들에 대해 북한을 평정한 공로에 대한 상을 주지 않았다. 이때 덕소가 태종에게 이 문제를 제기하자 태종은 매우 노하며 "네가 황제가 될 때까지 기다렸다가 그때 다시 상을 주어도 늦지 않을 것이다." 했다. 덕소가 물러나 돌아온 다음 자결했다. 2년 후(태평흥국太平興國 6년), 태조의 작은 아들 기왕岐王 덕방德芳도 병사했다.

태종太宗이 화산華山의 은사隱士, 진단陳搏309)을 불러 '희이선생希夷先生'이란 호를 하사下賜했다.

개보사開寶寺탑이 준공竣工되었다. 총 8년간 소비했다. 소모消耗된 돈

---

309) 진단(陳搏, 871~989): 자字, 도남圖南, 호號, 부요자扶搖子, 도교道教의 대표적 인물, 사호賜號, 백운선생白雲先生, 희이선생希夷先生, 저서著書《지현도指玄圖》, 《선천도先天圖》, 《무극도無極圖》, 주역, 상수역학象數易學의 개창자이다.

도 억만億萬에 달했다. 전석田錫이 상소하며 "여러분 모두가 금벽金碧을 휘황찬란輝煌燦爛하게 여기지만 신은 도리어 그것은 바로 백성들의 고혈膏血을 짜서 발라놓은 것으로 여깁니다!" 했으나 태종은 그 말을 듣고 결코 성내지 않았다.

송태종 조광의가 붕어했다.310) 재위 22년에 개원開元은 다섯 번이었다. 나누자면 태평흥국太平興國, 옹희雍熙, 단공端拱, 순화淳化, 지도至道이다. 향년 59세였다.

조보趙普가 모두 두 번의 재상을 역임했고, 두 번 파면됐다. 두 번째 재상에서 파면된 지 얼마 후에 세상을 떠났다. 조보가 처음에 이도吏道311)로서 이름이 알려졌으나 학문은 깊지 않았다. 태조가 일찍이 그에게 독서讀書를 많이 할 것을 주문하자 그는 수불석권手不釋卷했다. 매번 조정에서 중요한 회의가 있을 때면 조보는 집으로 돌아가 방문을 걸고 책궤冊櫃를 열어 그 속에서 책 한 권을 끄집어내 읽었다. 그가 병으로 세상을 떠난 다음 그의 가족들이 궤짝을 열고 보니 그 안엔 오직 《논어論語》한 부뿐이었다. 조보가 일찍이 태종과 마주하며 "저에게는 《논어》한 부가 있는데, 반부半部는 태조를 도와 천하를 평정하는 데 사용했고, 또

---

310) 송태종 조광의는 유명한 독서광이었다. 특히 역사책 읽기를 좋아했다. 한번은 시신侍臣이 건강을 염려해 책을 덮을 것을 종용하자 "책이란 펴기만 해도 이익이 있는 것이오!(개권유익開卷有益)"이라는 유명한 말을 남겼다. 이어 그의 셋째 아들 진종眞宗도 학도學徒들이라면 귀에 익숙한 "책 속에는 먹을 것, 입을 것, 황금으로 된 궁전, 아름다운 미인 등 입신양명立身揚名의 그 모든 비법秘法이 들어 있다."는 《권학문勸學文》을 지었다. 그러나 그는 무武가 전제되지 않는 나약한 문치주의는 냉엄한 국제정치하에서는 사상누각沙上樓閣에 불과하다는 것을 간과하고 지나친 문관 만능정책만을 펼쳤다. 결국 요遼나라에 돈을 주고 평화를 구걸해야 하는 처지를 만들었다는 비판을 받았다.

311) 벼슬아치로서 마땅히 지켜야할 도리道理

반부는 지금 폐하를 보좌하며 천하를 다스리는 데 사용하고 있습니다."312) 했다.

진종황제眞宗皇帝의 원래 이름은 원간原侃으로 처음에 양왕襄王에 봉해졌다. 당시 과거 시험을 본 사람 중에 양려楊礪라는 사람이 있었다. 일찍이 꿈에 자신이 대전大殿에 이르자, 대전 위에 앉아 있는 사람이 그에게 "난 너의 군주君主가 아니고 내화천존來和天尊이 바로 너의 군주이니라!" 하였다. 말을 마치자 그에게 천존을 가리키며 절하도록 지시했다. 뒤에 양려가 진사進士 시험에 장원壯元으로 급제及第해 양왕부襄王府에서 기실記室을 맡았다. 그때 양왕을 처음보고 그가 바로 꿈 속에서 본 천존임을 알았다.

태종太宗이 일찍이 관상觀相보는 사람을 보내 양왕의 관상을 보게 했으나 그는 양왕부의 문 입구에 이르자마자 곧 돌아와버렸다. 그러며 "양왕부 입구의 하인들조차 모두 장상將相에 봉해도 될 만한 관상이었습니다. 이 때문에 양왕은 더 볼 필요가 없었습니다!" 했다. 이에 양왕은 태자가 되었다. 황위皇位에 등극하며 조항趙恒으로 개명改名했다.

진종眞宗 재위 26년, 함평咸平 원년에 여단呂端을 재상宰相에서 파면한 이후 장제현張齊賢, 이항李沆, 여몽정呂蒙正, 향민중向敏中, 필사안畢士安, 구준寇準과 왕단王旦이 또 전후로 재상을 맡았으나 유독 왕단만이 11년 간이나 재임했다. 이항이 재상을 할 때, 왕단은 막 참지정사參知政事였다. 이항은 《논어》 읽기를 좋아했다. 일찍이 말하길 "내가 재상이 되어 정치를 해보니 《논어》 가운데 '절용이애인節用而愛人, 사민이시使民以時'313)라

---

312) 반부논어치천하半部論語治天下, 반부논어半部論語
313) 물자를 절약하고 사람을 사랑하며, 백성들을 부릴 때는 늘 때를 가려야 한다.

는 두 구句도 조차도 행하기 쉽지 않아! 성인의 말씀은 반드시 평생 외워서 행하여야 할 것이네!" 했다.

이항은 늘 각지의 수한水旱과 도적盜賊 등의 일들을 모아 진종에게 품주稟奏했다. 왕단이 "자질구레한 일들까지 폐하께 아뢰어 번거롭게 할 필요가 없지 않습니까." 하자 이항이 "성상聖上께서는 아직도 젊으신데 마땅히 민간 하층민들의 질고疾苦를 알도록 해야 합니다. 그렇지 않으면 그가 장년壯年이 되어 혈기왕성하면 여색이나 사냥에 빠지지 않으면314) 토목土木이나 전쟁을 일으킬 것이고, 또한 신선을 찾아 복을 비는 등의 일들이 반드시 발생할 것이오. 나는 지금 늙어 이일을 보지 못하겠지만 참정參政! 당신에게는 뒷날 반드시 근심거리가 될 것이오." 했다. 대중상부大中祥符 연간이 되자 진종이 봉선封禪 제사祭祀하고 크게 토목을 일으키자 왕단이 탄식하며 "이문정李文靖은 진실로 성인聖人이었다." 했다.

인종황제仁宗皇帝의 이름은 조정趙禎이다. 생모는 장의이황후章懿李皇后지만 장헌명숙유황후章獻明肅劉皇后가 그를 길렀다. 진종이 나이가 들어 비로소 아들을 얻었다. 인종이 막 태어나면서부터 밤낮으로 울음을 그치지 않자 어떤 도사道士가 영아嬰兒의 울음을 그치게 할 수 있는 비법이 있다고 해서 곧 그를 입궁하게 했다. 도사가 입궁해 인종을 본 후, "울지 마라. 울지 마라. 애당초 웃지 않으려 하는 것 같구나." 하자 울음을 바로 그쳤다. 훗날 어떤 사람이 "진종眞宗이 일찍이 (하늘의) 천제天帝에게 후사後嗣를 빌 때 천제가 여러 신선들에게 누가 강생降生하겠느냐고 물었다. 아무도 응답하지 않았지만 유독 적각대선赤脚大仙이 씩 웃었다. 이에 천제가 그에게 강생하여 진종의 아들이 되길 명했다."고 했다.

---

314) 성색견마聲色犬馬

인종이 궁중에서 적각赤脚(맨발)으로 걷길 좋아하는 것이 바로 적각대선
이 환생한 증거라는 것이다. 인종이 처음 승왕昇王에 봉해졌다가 태자太
子가 되었다. 13세에 황제에 올랐다. 유태후劉太后가 수렴청정垂簾聽政하
며 함께 정무를 처리했다.

유태후는 인종을 자기가 직접 낳은 아들로 여겼다. 그리고 인종의 생
모 이씨는 묵묵히 진종의 시첩侍妾들 사이에 있으면서도 다른 사람과 똑
같지 않다는 것을 표현하지 않았다. 다른 사람들도 유태후가 두려워 모
두 감히 진상을 말하지 않았다. 뒤에 이씨의 병이 위급해지자 막 신비宸
妃로 봉했으나 곧 세상을 떠나자 재상 여이간呂夷簡이 태후에게 마땅히
주도면밀周到綿密한 예의禮儀로써 이 신비를 안장安葬해야 한다고 주청
하며 "나중에 만약 태후께서 후회하신다면 제가 언급하지 않았다고 말
하지 마요." 했다. 이신비가 세상을 떠난 지 1년 후, 유태후도 세상을
떠났다. 칭제稱制(수렴청정垂簾聽政)는 11년이었다.

인종이 마침내 폐정弊政을 혁파革罷할 생각에 간관諫官을 증원했다. 왕
소王素, 구양수歐陽修, 여정余靖, 채양蔡襄에게 간원諫院에서 봉직奉職하도
록 명하고, 한기韓琦, 범중엄范仲淹을 추밀부사樞密副使로 삼았다. 그리고
하송夏竦을 불러 추밀사樞密使를 맡도록 했다. 그러자 간관諫官이 하송을
파면하고 두연杜衍으로 대체하도록 주청했다. 이에 국자감國子監 직강直
講 석개石介가 듣고 기뻐하며 "이것이 바로 성덕盛德의 일이야!" 하며 이
에 《경력성덕시慶歷聖德詩》를 지어 "현인을 조정에 기용하는 것은 띠 풀
을 뽑는 것과 똑같은 일로써 바로 그 뿌리만 뽑아내면 나머지의 띠들도
모두 한데 잇달아 뽑혀나오는 것이요, 상대적으로 나쁜 사람을 제거한
다는 것도 닭의 발톱을 제거하는 것과 똑같아 반드시 그들로 하여금 다
시 또 나쁜 짓을 할 힘이 없게 한다는 말과 같은 것이다!"[315]하며 나쁜

사람으로 하송을 지적했다.

범중엄과 한기가 마침 이때 섬서陜西에서 돌아오다 노상路上에서 이 시를 들었다. 범중엄이 무릎을 치며 한기에게 "바로 석개와 같은 이런 종류의 희한한 무리들이 일을 망치는 것 같구려!" 했다. 하송은 이것을 근거로 삼아 그의 당우黨友들과 함께 두연杜衍 등의 사람들이 서로 결당結黨해 부화뇌동附和雷同 한다며 비난했다. 그러자 구양수가 《붕당론朋黨論》을 지어 인종에게 "소인小人은 동당同黨(붕朋)이 없지만 오직 군자만 동당同黨이 있습니다! 소인은 서로 같은 이익이 있을 때는 잠시 붕당朋黨이 되지만 이것은 가식假飾일 뿐이며 기다렸다가 이익이 보이면 바로 앞뒤를 다툽니다. 어떤 때, 이익이 없어 보이면 바로 서로 멀어지며 심지어 서로를 해치기도 합니다.316) 그러나 군자는 자신을 수양함으로써 서로의 이익이 되는 길로 함께 나아가 그 효과가 온 나라에 미칩니다. 그러므로 나라에 일이 있을 때엔 같은 배를 타고 함께 강을 건너는 것과 같이317) 시종여일始終如一합니다.318) 이것이 바로 군자의 붕당朋黨입니다. 한 나라의 임금된 사람은 소인들의 거짓된 붕당을 물리치고 군자의 진정한 붕당을 중용重用하여야만 비로소 천하가 잘 다스려질 것입니다!" 했다.

장귀비張貴妃(인종仁宗의 비妃)의 백부伯父 장요좌張堯佐가 하루만에 선휘宣徽, 절도節度, 경경景炅, 군목群牧의 직책에 제수除授되자 감찰어사이

---

315) 거탈距脫, 여거사탈如距斯脫

316) 군자君子, 화이부동和而不同, 소인小人, 동이불화同而不和《論語, 子路》

317) 동주공제同舟共濟, 환난상공患難相共, 동고동락同苦同樂, 합작공영合作共贏, 풍우동주風雨同舟. 반反 : 협로상봉狹路相逢, 원가노착冤家路窄

318) 시종일관始終一貫, 자시지종自始至終

행監察御史里行 당개唐介가 이 일을 논의하며 온당치 않다고 주장했다. 인종이 듣지 않자 당개는 장요좌의 탄핵을 주청하며 "문언박文彦博이 일찍이 촉蜀에서 봉직奉職할 때 등롱금燈籠錦319)을 장귀비에게 주고 재상이 되었기 때문에 장요좌를 편들고 있다."고 하자 인종이 장요좌의 탄핵 주장奏章을 보고 대노해 장개를 멀리 좌천했다. 문언박도 재상에서 물러나기를 자청하자 방적龐籍이 동평장사同平章事를 맡았다.

나중에 방적이 재상에서 파면되고 진집중陳執中과 양적梁適이 동평장사를 맡았다. 양적이 파직된 후, 유항柳沆이 대신했다. 진집중도 재상에서 물러나고 문언박과 부필富弼이 함께 동평장사를 맡자 사대부들 사이에 이번엔 현신賢臣을 얻었다며 축하했다. 이를 인종이 알고서 "인심人心이 이와 같은데 어찌 몽참夢讖이나 점복占卜보다 현명賢明하지 않다 하겠소." 했다. 인종이 일찍이 왕소王素에게 묻기를 "누가 재상에 적합하겠소." 하자 왕소가 "오직 환관宦官이나 궁첩宮妾들이 그 성명을 모르는 사람들 중에서 선발하면 좋을 것입니다." 하자 인종이 감개感慨하며 "이 같이 한다면 부필富弼뿐이겠구나." 했다.

왕안석王安石이 지제고知制誥를 맡게 되었다. 왕안석은 매번 관직의 등급이 올랐지만 늘 사양했다. 그러다 지제고에 임명되자 다시 사양하지 않았다. 왕안석이 일찍이 인종과 함께 상화조어賞花釣魚 연회宴會320)에 참석한 적이 있었다. 이때 낚시용 미끼를 미식美食으로 여겼다. 이미 알았을 때엔 다 삼켜버린 후였다. 그러자 인종은 그가 지나치게 진심을 속이고 거짓으로 꾸미는 것이 인정人情에 어긋난다고 여겨 마음속으로 그

---

319) 금실을 사용해 금롱 도안圖案을 한 비단
320) 꽃을 감상하면서 낚시도 하는 연회

를 매우 미워했다.

왕안석의 명성이 날로 높아져 사인士人들이 서로 만나려고 다투었지만 유독 소순蘇洵만은 가지 않았다. 소순이 《변간론辨奸論》을 지어 왕안석은 인정머리가 없어 반드시 호악好惡한 사람일 것이라고 여겼다.

사마광司馬光이 지간원知諫院을 맡자 인종에게 세 편의 상서上書를 올렸다. 첫 편에서는 군주君主의 덕행德行 세 가지를 일러 인仁, 명明, 무武에 대해 논하고 둘째 편에서는 신하를 다스리는 방법에 있어서 관리 임용이나 신상필벌信賞必罰에 대해 논하고 세 번째 편에서는 군대를 강병으로 조련하는 법을 논하며 아울러 다섯 가지 규칙規則을 올렸다. 보업保業(군주의 업무를 지킬 것), 석시惜時(시간을 아낄 것), 원모遠謀(원대한 계획을 세울 것), 근미謹微(사소한 일이라도 신중히 할 것), 무실務實(실속이 있도록 힘쓸 것)이다.

인종仁宗은 재위 24년에 연호를 아홉 번 바꾸었다. 천성天聖과 명도明道는 유태후의 수렴청정 시기이다. 경우景佑 이래 인종이 친정했고, 보원寶元, 강정康定연간에는 서북쪽에 전쟁이 많았다. 경력慶曆연간에는 신정치를 실행했다. 이에 품행이 방정하고 능력 있는 신하들이 조정에 가득했다. 황우皇祐, 지화至和, 가우嘉祐 연간에는 천하가 태평하고 나라 안이 무사했다. 인종은 공손과 근검의 덕이 있었으며 사람을 아끼고 동정하는 마음이 즉위하는 날부터 승하할 때까지 시종여일했다. 인종의 붕어 소식이 알려지자 심산벽곡深山僻谷에 사는 백성들까지 모두 달려와 슬피 곡하지 않는 자가 없었으며 막을 수도 없었다. 향년 54세였다. 황태자가 계위했다. 바로 영종황제英宗皇帝이다.

영종황제의 초명은 조종실趙宗實이다. 복안의왕濮安懿王 조윤양趙允讓의 아들이며 태종의 증손曾孫이다. 인종이 그를 태자로 삼고 이름을 서曙

라고 하사下賜했다. 인종이 붕어한 후, 그는 완강히 고사固辭하다 며칠 지난 후에야 비로소 즉위했다. 걱정과 근심으로 인해 병이 오자 이에 자성광헌慈聖光獻 조태후曹太后(인종仁宗의 황후皇后)가 수렴청정垂簾聽政했다.

거란契丹이 국호를 대요大遼로 바꾸었다.

영종황제가 붕어했다. 재위 4년에 연호를 한 번 고쳤다. 치평治平이다. 향년 38세였다. 황태자가 즉위했다. 신종황제神宗皇帝이다.

신종황제의 이름은 조욱趙頊이다. 생모는 선인성열황후宣人聖烈皇后 고씨高氏이다.[321] 그녀는 바로 조태후의 외질녀外姪女이다. 어릴 때 영종과 조태후의 궁중에서 살았으며 함께 길러졌다. 성인이 된 후에는 영종의 비가 되었고 조욱을 낳았다. 조욱은 처음에 영왕潁王에서 시작해 이후에 태자가 되었다. 오래지 않아 황제에 즉위했다.

복의濮議[322]이래, 언관言官들이 구양수歐陽脩에 대한 공격이 끊이지 않았다. 마침내 구양수를 파직罷職하고 한기韓琦도 파직했다.

왕안석이 삼사조례사三司條例司를 창립하고 신법新法을 유지하며 추진할 것을 건의했다. "주대周代에는 천부관泉府官을 설치해 천하의 재물財物을 변통, 주관했는데 후세엔 오직 한대漢代에 상홍양桑弘羊 당대唐代에 유안劉晏의 조치가 대략 이 사상과 비슷합니다. 예컨대 지금도 다시 천부관을 신설하는 방법으로 상업적인 이익을 거둘 수 있습니다." 했다. 왕안석이 신법을 추진하는 가운데 늘 여혜경呂惠卿과 모의하자 당시 사

---

321) 인종仁宗 조황후曹皇后의 생질녀甥姪女, 영종황후英宗皇后 신종神宗의 모친母親. 선인성열황후宣人聖烈皇后는 사후의 시호諡號.

322) 영종 즉위 후, 그의 생부生父, 복왕濮王 조윤양趙允讓을 둘러싼 황숙皇叔, 황부皇父의 논쟁. '복의濮議'

람들이 왕안석을 공자孔子, 여혜경을 안자顔子라 했다.

이에 앞서 치평治平 연간에 소옹邵雍323)이 손님과 천진교天津橋 위를 산보散步하다 부근에서 두견杜鵑새 우는 소리를 듣자 얼굴에 근심의 빛을 띠었다. 손님이 소옹에게 그 까닭을 물었다. 소옹이 "낙양洛陽에 전에는 두견이 없었지만 지금 비로소 이르렀소. 천하가 태평한 시절을 만나면 지기地氣가 북쪽에서부터 남쪽에 이르고 천하가 장차 어지러워지려할 때는 지기가 남쪽에서부터 북쪽에 이르오. 지금 남방의 지기가 이른 것이오. 날으는 새들은 가장 먼저 지기에 민감하오." 했다. 과연 2년이 지나지 않아 신종神宗은 남쪽의 인사들을 기용해 재상宰相을 맡기고 조정의 관리도 남쪽 사람들을 많이 임용해 오직 변법變法 혁신革新에만 힘을 쏟았다. 이때부터 천하가 안정되지 못하고 정국은 혼란에 빠져들었다.324) 이때에 비로소 소옹의 말이 증명되었다.

왕안석은 청묘법靑苗法325)을 추진하려했다. 그는 《주례周禮》 중에 제기된 "백성이 직업에 종사한 것에 근거해 국가에 대해 조세를 부담한다."는 것이 바로 주대周代의 이자와 조세의 제도라고 여겼다. 그러자 소철蘇轍이 "돈을 백성에게 빌려주면 관리들은 이 기회를 이용해 서로 결탁해 간사하게 되고 또 돈이 백성의 수중에 들어가면 비록 선량하게 성실히 자신의 분수를 지키며 살아가던 양민들도 함부로 막 사용하게 된다. 이에 관官에 이자를 납입할 때가 되면 부유한 백성들도 기한期限을

---

323) 소옹(邵雍, 1011~1077), 자字, 요부堯夫, 사마광과 교유했으며 출사出仕하지 않았다. 북송北宋 이학理學의 발단發端인물. 주돈이周敦頤, 장재張載, 정호程顥, 정이程頤와 함께 '북송오자北宋五子'라 불린다. 자호自號, 안락선생安樂先生, 시호諡號, 강절康節

324) 다사지추多事之秋, 다사다난多事多難

325) 농민들에 대한 저금리 금융정책, 신종神宗이 죽은 후 폐지되었다.

지키기가 쉽지 않다. 이런 분위기에는 반드시 회초리가 필요하나 주현州縣 등의 관리기구管理機構에서는 그 번잡함을 이길 수 없다." 했다.

참지정사 당개唐介가 신법의 폐단을 논쟁論爭했지만 이기지 못했다. 얼마 후, 등 뒤에 종기가 터져 세상을 떠났다. 당시 사람들이 '생노병사고生老病死苦'를 신법에 비유해 "왕안석을 (해가 뜨는 형세와 같이 더욱 번영하는 사람이므로)'생生'이라 하고, 증공량曾公亮을 (나이가 많으므로)'노老'라 하고, 당개를 (논쟁을 하다가 열이 터져 죽었으므로)'사死'라 했고, 부필富弼은 (의논이 합의되지 못하자 칭병稱病하고 조정에 나오지 않으므로)'병病'이라 했으며, 참정정사參政政事 조변趙抃은 (왕안석에 대해 어찌할 수 없었으므로)오직 '고苦'라 부를 뿐이다." 했다. 이에 왕안석이 조변을 비판하며 "당신들이 이렇게 신법을 반대하는 까닭은 독서讀書를 하지 않았기 때문이오." 하자 조변도 "그럼 옛날 고皐, 기夔, 직稷, 설契 등의 현신賢臣들은 어떤 책을 읽었습니까!" 하고 반박했다. 왕안석도 대응할 수 없었다.

사마광司馬光이 전에 한림학사翰林學士가 되었다가 뒤에 승진해 추밀부사樞密副使에 임명되었으나 극력 사양하고 취임하지 않았다. 그리고 여러 차례 신법의 폐단을 언급言及했다. 신종이 왕안석에게 "그대는 '삼부족三不足'이란 말을 들은 적이 있는가!" 하자 왕안석이 "들은 적이 없습니다!" 했다. 그러자 신종이 "바깥사람들이 말하길 '조정朝廷은 천변天變을 두려워할 필요 없고 남들의 말은 배려할 필요가 없으며 조종祖宗의 법제法制라도 지킬 필요가 없다.'고 여기는데 어제 학사원學士院의 관직館職 시험試驗의 책문策問 제목題目에 바로 이 세 가지 문제를 지적했소." 했다. 책문 제목은 바로 사마광이 출제出題한 것이었다.

사마광이 거듭 외직外職을 청원해 영흥군永興軍 지주知州를 지내다 후에 또 허주許州 지주로 옮겼다. 사마광이 신종에게 상서하길 "신臣은 재주는 없고 학문은 천박淺薄해 군신들의 아래에 처해 있습니다. 선견지명先見之明은 여회呂誨만 못하고, 공평하고 정직함은 범순인范純仁, 정호鄭顥만 못합니다. 그리고 정직하게 감언敢言함은 소식蘇軾, 공문중孔文仲만 못하며 용감하게 결단함은 범진范鎭만 못합니다." 했다. 사마광이 거듭 서경유사西京留司 어사대御史臺에 출임出任하고자 청했다. 이때 신종이 그의 출임을 동의했다. 뒤에 사마광이 네 번 연속으로 숭산崇山의 숭복궁崇福宮을 관리하는 직책을 담임했다.326)

원풍元豊 원년元年, 호주湖州 지사知事 소식蘇軾이 황주黃州에 좌천되었다.

이에 앞서 어사중승御史中丞 이정李定이 "소식은 희령熙寧 이래로 누차 원망을 품고 폐하를 비방하고 있습니다." 했다. 감찰어사監察御使 서단舒亶도 글을 올려 "소식은 시사時事를 논하며 폐하께서 청묘전青苗錢을 공포公布하신 요지가 본래 빈민貧民을 구제救濟해 그들로 하여금 안분낙업安分樂業할 수 있도록 하는 데 있음에도 불구하고 도리어 '이득利得 본 아이들은 좋겠구나! 1년 중 반은 억지로 성중城中에 있는데도!' 했습니다. 그리고 법례法例를 반포頒布해 관리에 대한 시험을 진행하자 곧 '독서讀書 만권萬卷이나 율律을 읽지 않아 임금을 요순堯舜에 이르게 할 재주가 없음을 알겠구나.' 했습니다. 이어 수리水利를 잘 일으키려고 하자 또 '동해東海가 만약 명주明主의 뜻을 안다면 척로斥鹵(염분이 많은 땅)가 상전桑田으로 변할 것이다.'하며 비꼬았으며 개인이 소금을 만드는 것

---

326) 조금 한가하게 있을 이때, 전국시대戰國時代 주위열왕周威烈王부터 오대五代 후주後周에 이르는 정치, 군사에 관한 내용을 위주로 역은《자치통감資治通鑑》, 294권을 본격적으로 집필執筆한 것으로 보인다.

을 제지하자 '어찌 소악韶樂을 듣고 맛을 잃어버렸겠느냐.327) 석 달 동
안이나 소금이 없었기 때문이지.'라며 조롱했으며 나머지 시도 짓는 것
모두가 폐하를 비방하지 않은 것이 없습니다." 했다. 이에 소식을 체포
해 어사대에 구류拘留하고 이정, 장조張璪에게 명해 심리審理를 책임지
도록 했다.

왕규王珪도 "소식은 모반謀叛할 뜻이 있다." 하며 그의 《회시檜詩》를 예
를 들었다.

뿌리는 구천九泉까지 뻗어도 굽은 데 없건만 (근도구천무곡처根到九泉

無曲處)

세간엔 오직 칩용蟄龍만 알고 있네. (세간유유칩용지世間唯有蟄龍知)

두 구句는 소식蘇軾의 죄명에 연좌連坐되었다. "천자는 이미 비룡飛龍
으로 하늘을 다스리는데도 불구하고 소식은 도리어 숨어서 기회를 찾는
땅속의 용(칩용蟄龍)으로 비유하고 있으니 이것이 바로 모반의 마음이
아니고 무엇이겠습니까?" 하자 신종이 "소식은 다만 회나무만 읊었을
뿐인데 나와 무슨 관계가 있단 말이오." 했다.

신종은 본래 소식을 처벌할 뜻이 없었다. 오충吳充, 왕안례王安禮도 모
두 신종이 용서하도록 권했다. 이에 어사대에서 심리를 마친 후 황주黃
州에 유배流配했다. 그러자 소식의 동생 소철蘇轍이 상서하며 소식을 구
하려다 좌천됐다. 소식의 시안詩案과 관련해 좌천되고 처벌받은 자는 장
방평張方平, 사마광司馬光 이하 모두 22명에 이르렀다. 신종은 사실 소식

---

327) 공자가 제나라에서 순임금의 덕을 찬양하는 '소악韶樂'이라는 전통음악을 듣
고 너무나 즐거워 석 달 동안 고기 맛을 몰랐다는 이야기

을 동정했다. 이에 오래지 않아 여주汝州로 옮기도록 하고 다시 그를 기용하려 했으나 채확蔡確, 장조張璪 등이 저지했다. 오충吳充이 재상에서 파직된 지 1개월 후에 졸卒했다.

재상들이 신종과 더불어 정사를 논의할 때, 신종이 인재人才의 부재를 한탄한 적이 있었다. 그러자 포종맹蒲宗盟이 "인재의 과반은 사마광의 사설邪說에 의해 못쓰게 되었습니다." 하자 신종이 말없이 듣고 있다가 포종맹을 바라보며 이윽고 "그대가 사마광을 골라 뽑지 않았는가!" 했다. 오래지 않아 포종맹이 파면되었다.

사마광이 《자치통감資治通鑑》을 완성했다. 신종이 즉위 초에 이미 어제御製 서문序文을 적어주었다. 원풍元豊 7년에 이르러 비로소 《자치통감》의 편수編修가 완성되어 신종에게 올렸다.

신종은 재위 18년에 연호를 두 번 고쳤다. 희령熙寧, 원풍元豊이다. 신종은 재위 시, 정신을 가다듬고 정사에 임했으며 해가 저물어도 식사할 틈도 없었다. 평생 사냥이나 유람을 좋아하지 않았고 궁실宮室을 건축하지 않았으며 근검절약勤儉節約하며 장차 크게 이루려는 것이 있었다. 그러나 어찌하여 희령 이래, 왕안석에 의해 일을 그르쳤으며 원풍 이후에 중용된 사람들은 모두 왕안석과 동당同黨으로 결국 천하의 우환이 되었다. 북적北狄인 요국遼國의 강한 횡포에 분노하며 확실히 유연지구幽燕地區를 회복하려는 뜻이 있었다. 그래서 먼저 영주寧州, 하주夏州를 취하고 서강西羌을 멸한 다음, 북벌을 도모하려 했다. 그러나 안남安南 출전出戰의 실리實利를 잃고 위연히 탄식하며 "백성들이 죄 없이 죽어간다." 했다. 이어 영락永樂의 전투에서 패하고 더욱 용병의 어려움을 인식하자 비로소 정벌의 뜻을 거두었다. 끝내 한 가지도 자신의 뜻과 같이 된 것이 없었다. 향년 38세로 붕어했다. 이어 황태자가 즉위했다. 철종황제哲

宗皇帝이다.

철종은 이름이 조후趙煦이다. 처음에 연안군왕延安郡王으로 시작해 신종의 병이 위독해지자 태자가 되었다.

왕규王珪가 죽었다. 채확과 한진韓縝이 좌우복야左右僕射가 되고 장돈章惇이 추밀원樞密院 지사知事, 사마광司馬光이 문하시랑門下侍郎이 되었다. 사마광은 낙양에서 15년간 살았으므로 아이들이나 거리에서 장사하는 사람들 모두328) 사마광을 알았다. 신종이 승하昇遐하자 사마광은 도성都城에 돌아와 입조入朝해 곡哭하려 했다. 수문守門의 병사가 그를 바라보고 손으로 이마를 치며 말했다. "이분이 바로 사마상공司馬相公이다!" 하자 사람들이 서로 앞 다퉈 사마광 앞으로 다가와 큰 소리로 "공은 낙양으로 돌아가시면 안 됩니다. 여기에 머무르며 천자를 보좌하셔야 백성들이 비로소 살아갈 수 있습니다." 했다. 그곳에 있던 수천 명의 사람들이 모여 그를 바라보았다. 사마광이 낙양으로 돌아가는 데에 대해 의구심이 일었으나 얼마 지나지 않아 소환돼 다시 돌아왔다.

하남河南에 정호程顥가 이 해에 졸卒했다. 정호는 자字가 백순伯淳이다. 그의 동생 정이程頤는 자字가 정숙正叔이며 형제가 모두 염계濂溪 주돈이周敦頤로부터 수학受學했다. 주돈이는 자字가 무숙茂叔이다. 학식學識이 해박該博하며 몸소 힘써 행함에 일찍이 도道를 깨쳤다. 강직剛直하고 결단이 과감果敢해 자못 고인古人(군자君子)의 풍모가 있었다. 정무政務에도 엄정하면서 동정심이 있었으며 일을 처리 하는 데는 반드시 도리를 다했다. 명예와 지조를 지키는 데 스스로 힘썼으며 높은 아취雅趣가 있었다. 그는 창 앞에 잡초를 제거하지 않았다. 그러며 "창 밖에 초목의 생기

---

328) 아동주졸兒童走卒, 가동주졸街童走卒

生氣나 내 본심의 생기는 같은 것이다." 했다.

황정견黃庭堅이 그를 칭찬하며 "인품은 고결高潔하고 흉중胸中은 탁트이고 막힘 없어 마치 비 갠 뒤에 부는 상쾌한 바람이나 구름이 걷히며 나온 밝은 달과 같소."329) 했다. 주돈이周敦頤의 저서著書에 《태극도太極圖》, 《통서通書》 등이 세상에 전해지고 있다.

정호程顥와 정이程頤가 처음에 그를 따라 학습했다. 주돈이가 먼저 그들에게 중니仲尼(공자孔子의 자字)와 안자顏子가 즐기는 일이 무엇인지를 찾아보도록 명했다. 그들은 학문을 성취한 다음, 각자 문맥文脈을 계승하는 것을 자신들의 소임으로 여겼다. 정호가 일찍이 말하길 "하나라도 만물을 사랑하고 만물을 마음에 품을 수 있는 사람이라면 그 자신의 생각을 미루어 다른 사람에게 미치게 하여330) 반드시 세상 사람들에게 도움이 되는 바가 있을 것이다." 했다. 희령熙寧 연간에 정호가 신법을 반대했으므로 좌천되어 서울을 떠났다. 신종이 일찍이 그에게 인재를 선발해 추천해 주도록 하자 수십 인을 추천했고 표숙表叔(외삼촌) 장재張載와 동생 정이를 으뜸으로 올렸다.

정호가 죽은 후, 문언박文彦博이 여러 사람들의 의견을 받아들여 그 묘비墓碑에 '명도선생明道先生'이라 새겼다. 그리고 정호의 동생 정이가 그를 위한 서문에 주공周公이 죽고 성인의 도가 실행할 방법이 없었다. 맹자가 죽고 성인의 학문이 후세에 전해질 방법이 없었다. 만약 대도가

---

329) 광풍제월光風霽月: 마음이 넓고 쾌활하여 아무 거리낌이 없는 인품을 비유함, 광채탈목光彩奪目, 광채조인光彩照人

330) 추기급인推己及人(부인자夫仁者, 개추기이급인야盖推己以及人也, 무릇 인이란 것은 대개 자신의 생각을 미루어 다른 사람을 생각하게 하는 것이다), 기소불욕물시어인己所不欲勿施於人, 역지사지易地思之, 혈구지도絜矩之道

실행될 수 없다면 백세百世 후에도 잘 통치할 수 없으며, 학문이 전해질 수 없으면 천년이라도 진정한 유사儒士가 나올 수 없다. 좋은 치세의 이치가 없으면 사인士人도 마땅히 좋은 치세의 이치를 밝혀 대중들을 개선改善시켜 후인에게 전해야 한다. 진정한 대유大儒가 없다면 천하의 사람들이 방향을 밝힐 수 없고 어느 곳을 향해 나아가야 할지를 모른다. 사람이 제멋대로 살고자 하고 사물이 제멋대로 흐르고자 한다면 천리天理의 공도公道는 곧 민멸泯滅될 것이다. 선생이 1400년 후에 태어나 성인이 남기신 경전의 말씀 중에서 전해지지 아니한 학문을 찾아 이단異端을 변별辨別하시고 사설邪說을 멈추게 하여 성인의 도가 세상에 거듭 재현되도록 했다. 맹자 이후, 겨우 그 한 사람(정호程顥)뿐이었다. 정이가 일찍이 다른 사람에게 "나의 도를 알고자 한다면 이 비문碑文의 서문을 보면 곧 알 수 있을 것이다." 했다.

장재張載는 자字가 자후子厚이다. 애초에 배우지 아니한 학문이 없었지만 이정二程의 말씀을 들은 후부터 전에 배운 학문을 모두 버렸다. 저서著書에 《동명東銘》, 《서명西銘》, 《정몽正蒙》, 《이굴理窟》 등이 세상에 유전流傳되었다. 사람들이 그를 횡거선생橫渠先生이라 불렀다.

공성共城의 소옹邵雍은 자字가 요부堯夫이다. 하남河南에 거주하며 이정二程과 더불어 우정을 나누었다. 소옹의 학문學問은 전심傳心, 치지致知로써 높고 밝은 경지에 이르러 천지 변화와 음양陰陽의 성쇠盛衰를 관찰해 만물의 변화에 통달했으며 사물의 수리數理에 정통하여 추리에 맞지 않은 것이 없었다. 정호가 일찍이 고시원考試院에서 수數를 추리하다가 밖으로 나와 소옹에게 "요부의 수술數術의 학문은 오직 한 배倍씩 더하는 방법이더군요." 하자 소옹은 그의 총명함에 감탄했다. 소옹이 장차 수술의 학설을 이정에게 전수하고자 했으나 이정은 받아들이지 않았다.

형서邢恕가 학습하려 했으나 소옹은 "이것은 간웅奸雄의 실력만 증강增强시킬 수 있소." 하며 허락하지 않았다. 소옹의 저서에는《황극경세서皇極經世書》12권,《격양집가擊壤集歌》등 이러한 책 모두가 세상에 전한다. 사람들은 그를 일러 '강절선생康節先生'이라 했다. 부필, 사마광 등 모두가 그를 매우 공경했다.

송대宋代의 학풍學風은 구양수歐陽修가 처음으로 고문古文을 천하에 제창提唱함으로써 문장文章이 크게 변화하기는 했으나 다만 유자儒者의 의리義理의 학문은 주돈이周敦頤와 이정자二程子가 나오면서부터 명확해졌다. 소옹邵雍, 주돈이周敦頤, 장재張載는 모두 신종神宗 때 세상을 떠났으며 이때 또 정호程顥가 세상을 떠나니 오직 정이程頤만 남게 되었다. 학자들 모두가 그를 종법宗法으로 삼았으며 '이천선생伊川先生'이라 불렀다.

원우元祐(철종哲宗: 1086~1094) 원년元年, 채확이 파면되었다. 채확과 장돈, 형서가 서로 결탁하고 있었는데 형서가 그들과 왕래하며 소식을 전달하고 스스로를 정책定策의 공331)이 있었다고 여겼다. 간관諫官 왕적王覿이 극력으로 장돈, 채확과 한진韓縝, 장조 등이 붕당의 패를 지어 조정의 기강을 어지럽히고 있다고 간했다. 유지劉摯, 주광정朱光庭, 소철蘇轍 등도 누차 상소해 탄핵彈劾을 주장奏章했다. 이에 채확이 먼저 파면당하자 사마광이 좌복야左僕射를 맡았다. 당시 왕안석은 이미 병들어 물러나 있었는데 그의 동생 왕안국王安國이 저리邸吏332)로서 문서를 그에게 보여 주었다. 그러자 왕안석이 "사마광이 끝내 재상이 되었구나!" 하며 오랫동안 몹시 서글퍼했다.

---

331) 신하臣下가 천자天子의 옹립擁立을 도모圖謀한 공로功勞
332) 서울에 주재하면서 지방 관청의 서울에 대한 일을 대행하는 향리鄕吏

어떤 사람이 논의하길 "3년 동안 부도父道를 고치지 말라고 했는데 333) 신법新法도 다른 사람에게 불편을 주었던 것을 잠시 또 제거해도 괜찮지 않겠는가." 했다. 그러자 사마광이 분개憤慨하며 "선제先帝의 법의 좋은 법령은 비록 100년이 지나더라도 고칠 수 없는 것이오. 그러나 왕안석이나 여혜경呂惠卿과 같은 사람들이 만든 법령들은 천하에 폐단弊端이며 선제의 본뜻이 아니오! 응당 불에 타고 물에 빠진 사람을 구하고 건져내는 것을334)이와 같이 한다면 모두 손쓸 틈이 없을 것이오! 하물며 태황태후太皇太后가 어머니로써 아들에게 명해 신법의 시행을 정지시키는 것이지 아들이 부친의 결정을 고치려 하는 것이 아니란 말이오." 했다. 이에 중의衆議가 비로소 정해졌다.

어떤 사람이 사마광에게 "장돈과 여혜경 같은 사람이 만약 후일 '부자父子의 의의義議'를 황상皇上이 듣도록 한다면 곧 붕당朋黨의 화禍가 일어날 것이오." 했다. 그러자 사마광이 일어나 손을 맞잡고 엄히 말하길 "하늘이 만약 대송大宋을 보우保佑한다면 반드시 이 같은 일은 없을 것이오!" 했다.

왕안석이 매번 조정에서 신법을 개변改變했다는 소식을 들을 때마다 모두 평온하고 담담해했다. 그러나 조역법助役法을 폐기廢棄하고 다시 차역법差役法을 쓰게 되었다는 말을 듣고 아연실색啞然失色하며 "설마 신

---

333) "부재관기지父在觀其志, 부몰관기행父沒觀其行, 3년무개어부지도三年無改於父之道, 가위효의可謂孝矣", "아버지가 살아계실 때에는 그 뜻을 살필 것이오. 아버지가 돌아가신 다음에는 그 행했음을 살필 것이로되, 돌아가시고 3년, 복을 입는 동안에는 아버지가 하신 일을 고치지 않는 것을 효도라 할 수 있을 것이다." 《論語, 學而》.

334) 구분증닉救焚拯溺, 구민수화救民水火, 구곤부위救困扶危, 구난해위救難解危, 구명은인救命恩人

법을 폐기하고 꼭 이 지경까지 만들어야 한다 말인가!" 했다. 또 조금 있다가 다시 말하길 "이 법은 끝내 폐기할 수 없어, 나와 선제先帝가 그것을 의논한 지 2년 후에야 비로소 실행했고 각종 정황을 모두 고려한 것이야!" 했다.

왕안석이 졸卒했다. 그는 금릉金陵에서 늘 '복건자福建子(복건 놈)' 3자를 적어놓고 여혜경을 원망했다. 여혜경은 왕안석을 배반했지만 장돈章惇은 시종 왕안석을 배반하지 않았다. 또 왕안석이 늘 "신법을 실행하는 데 시종 실행해야 한다고 여긴 사람은 바로 증포曾布이고 시종 실행하면 안 된다고 여긴 사람은 바로 사마광이다." 했다.

사마광은 재상宰相이 되고 8개월 후, 세상을 떠났다. 태황태후太皇太后가 통곡을 하고 황상皇上도 슬퍼하며 눈물을 그치지 못했다. 그에게 태사太師 온국공溫國公에 추증追贈하고 시호諡號를 문정文正이라 했다. 사마광이 재위在位 시에 요遼나 서하西夏의 사신들이 오면 반드시 그의 거소居所에 와 문안問安했다. 그리고 요遼는 그 변경邊境의 관원들에게 "중국의 재상이 바로 사마광이다. 절대 변경에서 문제가 생기도록하면 안 된다." 하고 훈계했다. 사마광이 경사京師에서 졸卒하자 백성들은 시장을 폐쇄閉鎖하고 애도哀悼했으며 그의 초상화肖像畵를 그리고 찍어내, 그것을 팔아 치부致富한 사람도 있었다. 장례식을 기다리며 사방의 군중들이 장례에 참가하러 몰려들었다. 마치 그들의 친척이 세상을 떠난 것처럼 통곡하며 눈물을 흘렸다.

사마광이 일찍이 조무구晁無咎에게 말하길 "나는 다른 사람보다 나은 것이 없소! 하지만 평생에 한 일을 다른 사람들에게 알리지 못할 일은 없소!" 했다. 문하門下의 유안세劉安世가 사마광에게 "종신토록 실천해야 할 만한 '일언一言'이 있습니까!" 하자 사마광이 "그것은 성誠335)일 것이야!"했다. 유안세가 "어디에서부터 시작해야 합니까?"하자 사마광이 "망어妄語(거짓말)를 하지 않는 것부터 시작해야 할 것이야."했다.

원부元符 3년, 철종이 붕어했다. 재위 15년에 개원開元은 세 번 있었다. 나이가 35세였다. 황제위는 휘종황제徽宗皇帝가 이었다.

휘종황제의 이름은 길佶이며 신종의 11번째 아들이다. 처음에 단왕端王에 봉해졌다. 철종이 붕어하자 흠성헌숙황태후欽聖憲肅皇太后 향씨向氏가 재상들을 소집해 후사後嗣를 논의했다. 태후가 단왕을 옹립擁立하려고 하자 장돈이 "단왕은 바로 낭자浪子(부랑아)일 뿐입니다."했다. 이때 증포曾布는 키가 커, 단왕이 이미 주렴珠簾(발) 아래에 와 있는 것을 보았다. 이에 질책叱責하며 "장돈은 태후의 처분을 들으시오."했다. 단왕이 발을 걷고 나오자 장돈은 놀라 어찌할 바를 몰랐다. 단왕이 즉위 후, 태후에게 잠시 나라의 중요한 일들을 처리해주도록 청했다. 범순인范純仁 등 20여 명을 복직復職시키고 아울러 공쾌龔夬, 진관陳瓘, 추호鄒浩를 대간臺諫에 임명했다.

채경蔡京이 한림승지翰林承旨일 때 진관陳瓘이 채경이 태양을 보면서도 눈을 깜빡거리지 않는 것을 보고 "이 사람은 나중에 반드시 귀하게 될 것이다! 그러나 어설픈 정신머리로 감히 태양에 항거하는 그가 만약 훗날 뜻을 이룬다면 반드시 천하의 우환憂患이 될 것이다."했다. 진관이 다른 사람에게 "사람을 쏘아 맞히려면 먼저 말을 쏘고, 적을 사로잡고자 하거든 먼저 그 우두머리를 잡아라!"336)했다.

---

335) 성(誠=言+成),성誠은 말言이 이루어지는 것成, 즉 '진심'. 신실信實하며 언어, 행위에 거짓이 없는 것. 즉 믿음.

336) 사인선사마射人先射馬, 금적선금왕擒賊先擒王

여진아골타女眞阿骨打가337) 왕이 되었다. 여진족의 본명은 주리진朱里 眞이다. 숙신족肅愼族의 후대로 발해渤海의 별족別族이다. 혹자는 본성本 姓은 나挐이고 진한辰韓의 후예라 했다.《삼국지三國志》에 이른바 읍루挹 婁, 원위元魏(북위北魏) 때는 '물길勿吉', 당조唐朝 때는 '흑수말갈黑水靺鞨' 이라 불렀다. 이 부락은 72부족이 있었지만 본本이 서로 통일되지 않아 대중상부大中祥符338) 이후부터 절대 중원中原과 서로 교통하지 않았다. 여진족女眞族의 부류는 대단히 많았으며 그들의 추장酋長을 '암판巖版'이 라 불렀다. 그 손자 양할태사楊割太師가 제부諸部에서 궐기했다. 어떤 사 람이 양할의 선조는 바로 신라인新羅人이라 여겼다. 완안씨여진完顔氏女 眞이 딸을 양할선인楊割先人에게 시집보냈다. 두 아들을 낳아 큰 아들은 '호래胡來'라 불렀다. 삼대를 내려와 양할대에 이르렀다. 아골타는 바로 그의 아들이다. 사람됨이 침착하고 의지가 굳고 강직하였으며 큰 뜻을 품고 있었다.

여진아골타女眞阿骨打가 중화重和 원년, 무술戊戌에 황제라 칭했다. 처 음 요遼의 천조제天祚帝(야율연희耶律延禧)가 상벌賞罰을 멋대로 남용濫用 하고 진귀한 금수禽獸나 여색女色을 좋아해 해마다 여진에게 해동청海東 靑이라는 이름난 매를 바치게 했다. 그러자 여진은 그 이웃 동북東北의 오국五國과 싸워가며 겨우 이 매를 사로잡아 바칠 수 있었지만 계속 갖 다 바칠 수 없음을 우려했다. 이에 아골타가 반란해 혼동강混同江(송화강 松花江)동쪽의 영강주寧江州를 함락하자 요遼는 장수를 파견해 토벌을 시 도했으나 패배敗北했다. 후에 다시 중경中京, 상경上京, 장춘長春, 서요西遼

---

337) 아골타(阿骨打:1068~1123), 완안아골타完顔阿骨打, 금조金朝 개국開國 황 제皇帝

338) 송宋 진종眞宗의 3번째 연호, 1008~1016년까지 9년간 사용함.

의 네 길로 병력을 진입시켰다. 그중 유독 내류하淶流河쪽 한 곳으로 너무 깊이 들어갔다가 대패하게 되자 나머지도 세 길도 모두 패하게 되었다. 이에 여진이 요동계 내의 숙여진熟女眞을 모두 포로로 잡아버리자 철기鐵騎는 더욱 많아졌다. 천조제가 친정親征했으나 또 대패했다. 여진이 승세를 타고 발해渤海와 요양遼陽의 54주州를 병탄하고 또 요서遼西를 넘어 오주五洲를 획득했다. 마침내 아골타는 건국하며 이름을 민룡으로 고치고 국호國號는 '대금大金'이라 했다. 이어 다음 해, 요의 상경上京을 격파했다.

고려高麗에서 사람을 보내와 의원醫員을 구했다. 휘종徽宗이 의원 두 사람을 보냈다. 돌아와 아뢰기를 "고려인들은 결코 의원을 구하는 것이 아니라 바로 중원中原이 장차 여진과 합작해 거란을 공격하려 한다고 알고 있었습니다. 그들은 적어도 거란이 존재하는 것으로 족히 중국을 막는 변경과 같다고 여깁니다. 여진족은 이리와 같은 야심이 있어 그들과는 교류할 수 없으니 마땅히 준비해야 한다."고 했습니다. 휘종이 듣고 불쾌해했다.

흠종황제欽宗皇帝의 이름은 조환趙桓이다. 태자일 때부터 덕망德望을 잃을 만한 것이 없었으나 채경蔡京이나 동관童貫 등의 무리들 모두 그를 꺼려 그의 지위를 흔들려 했지만 성공하지 못했다. 이후 그가 즉위하자 태학생太學生 진동陳東 등의 사람들이 궁궐 아래에 엎드려 직접 상소하며 채경, 동관, 왕보王黼, 양사성梁師成, 이언李彦, 주면朱勔 이 6적이 천하를 향해 사죄하도록 요구했다. 그중 이언은 백성의 땅을 수탈收奪해 백성들에게 입힌 피해가 참혹慘酷하면서도 무거워 하북, 하동, 경서 세 곳의 백성들의 원성을 야기惹起했으며 주면도 화석강花石綱339)으로 인해 동남지방의 백성들의 원성이 끊이지 않았다. 이에 정강靖康 원년元年, 먼저 왕보, 주면, 이언을 방출하고 뒤에 그들 모두를 주살誅殺했다.

상황上皇(휘종徽宗)이 응천부應天府(제2의 수도, 남경南京)로 달아났다.

정강靖康 원년 정월, 알리부斡离不(금나라 태자)가 경사京師로 진격해왔다. 조정에서 이업李鄴을 보내 강화講和를 구했으나 알리부는 이업을 대동帶同하고 경사를 공격했으나 이기지 못하자 왕예王汭를 이업과 함께 돌려보냈다. 이방언李邦彦 등의 사람들은 주화파主和派였으며 오직 이강李綱만 주전파主戰派였다. 흠종이 이방언의 계획을 받아들여 정망지鄭望之를 금국金國에 출사出使했다. 정망지가 도중에 전에 왔던 왕예 등을 만나 이들과 함께 들어와 알현했다. 나중에 흠종이 다시 이절李梲을 출사시켰으나 이절은 또 금사金使와 함께 돌아왔다.

금국金國은 이 기회를 이용해 군사軍士들에게 음식飮食을 베풀고 위로慰勞하는데 필요하다며 금 500만 냥, 은 5,000만 냥, 우마牛馬 1만 두, 주단綢緞 100만 필, 이 밖에 태원太原, 중산中山, 하간河間 3진鎭의 20여 군군郡을 요구했다. 아울러 인질로 삼을 재상宰相과 친왕親王을 금영金營에 보내야만 비로소 화의和議할 수 있다고 요구했다. 성상聖上이 강왕康王[340]과 장방창張邦昌을 금영에 보냈다. 이에 확인차確認次, 금국의 태자와 강왕康王이 함께 화살을 연달아 세 번 쏘았다. 강왕이 쏜 화살은 모두 앞화살의 끄트머리에 맞았다. 금국은 "이는 확실히 장군의 아들이지 친왕은 아니다." 하며 그를 돌려보냈다. 그리고 숙왕肅王(휘종의 5번째 아들, 조추趙樞)을 인질로 삼았다.

경사京師는 11월부터 (금군에게)포위된 지 무릇 40일이 지났다. 곽경郭

---

339) 기화奇花나 괴석怪石 등 황제의 환심을 살만한 것들을 전문적으로 옮기는 선단船團

340) 조구趙構, 휘종의 9번째 아들, 흠종의 동생, 후에 송고종宋高宗

京이라 불리는 사병이 있어, 육갑법六甲法을 쓰면 점한과 알리부를 생포할 수 있다고 했다. 이에 성을 지키는 병사들로 하여금 모두 성 아래로 내려가게 하고 홀로 성루 위에 앉아 친병親兵 수백 명만 남아 자신을 호위하도록 했다. 잠시 후 금군이 함성을 지르고 북을 치며 들어오자 곽경이 무리를 속여 "내가 직접 성 아래에 내려가 술법을 써야 한다." 하며 나머지 병사들을 끌고 남쪽으로 달아나버렸다. 금병이 성루城樓로 올라온 것은 겨우 4명이었으나 많은 사람들이 바람에 초목이 쓸리듯 궤멸되었다.[341] 흠종은 경성京城이 함락되었다는 소식을 듣고 통곡慟哭하며 "짐이 충사도种師道의 말을 듣지 않아 이 지경에 이르렀다." 했다. 이때 충사도는 이미 한 달 전에 죽었다.

시랑侍郎 경남중耿南仲이 극력極力 화의和議를 주장하고 흠종도 인정해 이에 그의 건의를 받아 들였다. 금金의 두 원수元帥가 휘종徽宗과 더불어 뵙기를 청하자 흠종이 "상황上皇은 놀라움으로 이미 병이 났으니 짐이 직접 나가겠소." 했다. 마침내 흠종이 청성靑城으로가 그들을 만나고 이틀을 지낸 다음 돌아왔다.

이듬해 봄, 금국金國은 다시 흠종을 교외로 나오게 하며 계속 상황上皇도 나오도록 핍박했다. 그러자 장숙야張叔夜가 상황에게 간諫하길 "지금 폐하께서 나가서 돌아오지 못하고 있습니다. 상황께서 다시 나가시는 것은 안 됩니다. 신이 반드시 정병精兵을 이끌고 독려督勵해 어가御駕를 호위하며 탈출하도록 하겠습니다. 금병金兵이 추격해 오더라도 신이 결사적으로 싸운다면 혹시 요행이 있을 수도 있습니다. 만약 하늘이 보우保佑하지 않는다 하더라도 죽어도 이 땅에서 죽는 것이 저 오랑캐의 땅

---

341) 추풍낙엽秋風落葉, 소향피미所向披靡, 피미披靡

에서 굴욕적으로 살아가는 것보다야 낫지 않겠습니까?" 했다. 상황이 음독자살飮毒自殺飮하려다 위범경爲范瓊에게 독약을 뺏겼다. 그렇지만 계속된 협박으로 결국 출궁했다.

황후皇后, 태자太子, 친왕親王, 제희帝姬, 황족皇族 등 약 3,000여 명 모두가 군중軍中을 향했다. 성중城中의 아녀자와 금, 은, 비단, 보물, 수레와 말, 그릇, 도서圖書 등 온갖 물품들을 금인金人들이 수색해 모조리 가져가 지위고하地位高下를 가릴 것 없이 모두 알몸이 되어버렸다. 그런 다음, 금주金主에서 조서詔書를 선포宣布해 이성인異姓人(조씨趙氏 성이 아닌 사람)을 뽑아 황제로 세우려 했다. 마침내 전 태제太帝 장방창張邦昌을 초제楚帝로 책봉冊封하고 송휘종宋徽宗과 흠종欽宗은 금국金國으로 압송押送했다.342) 금군은 변경汴京에서 7개월을 지낸 다음 떠났다.

처음에 금군이 막 도착했을 때, 다만 장숙야張叔夜만이 힘을 다하여 싸우자는 주전파主戰派였고 그 나머지는 모두 주화파主和派였다. 심지어 오승吳升, 막주莫儔, 왕시옹王時雍, 서병철徐秉哲, 범경范瓊 등은 반복적으로 상황上皇을 교외로 나가도록 핍박하고 이성異姓을 세우려 모의했다. 흠종이 청성靑城에 있을 때 그를 급박해 용포龍袍를 벗기고 편복便服으로 갈아입히려고 할 때였다. 당시 오직 이약수李若水만이 큰 소리로 꾸짖으며 욕했다. 그러자 금군들이 그의 혀를 자르고 머리를 베어 매달아 군중들에게 보이며 서로에게 "대요大遼가 망할 때도 대의大義를 지키다 죽은 자가 십여 명이었는데 지금 송조에는 겨우 이시랑李侍郎 한 사람뿐이구나!" 했다. 사실은 한때의 비분강개悲憤慷慨한 마음으로 죽은 의사義士들이 심히 많지만 다만 금군金軍이 몰랐을 뿐이다.

---

342) 정강지변靖康之變

오혁吳革이 무리를 모아 두 사람의 황제를 구하여 돌아오려고 하다가 범경수에게 피살되었다. 하오何奧, 손전孫傳, 장숙야, 진회秦檜, 사마박司馬朴 등 모두가 조씨의 존립을 빌었다. 금군은 장차 그들과 황제를 함께 북방으로 압송하려 했다. 장숙야가 밥을 먹지 않고 국물만 마시다 변경의 강을 건너다 죽었으며 하오도 연경燕京에 이르러서도 단식斷食하다 죽었다.

경성京城이 위급할 당시에도 사방에 근왕병勤王兵들은 모두 화의和議에 방해될까 하여 들어가지 못하고 있었으며 또한 금군이 퇴병할 때 까지 기다리다 교전한 적도 없었다. 흠종은 재위 2년이 지나지 않아 나라가 망했다. 나라가 망한 다음 연호를 고쳐 '정강靖康'이라 했다. 흠종의 동생 강왕康王이 남경南京에서 즉위했다. 고종황제高宗皇帝이다.

19 | 남송南宋

　　고종황제高宗皇帝의 이름은 구구構이다. 휘종의 9번째 아들이며 모친은 위韋씨다. 휘종이 일찍이 꿈에 오월吳越의 무숙武肅(국호國號), 전왕錢王(시호諡號)이 방으로 들어오는 꿈을 꾸고 얼마 후, 조구를 낳았다. 나중에 그가 강왕康王에 봉해졌다. 정강靖康초, 고종高宗이 일찍이 알리불斡禽不의 군진軍陣에 출사出使했다. 이해 겨울 알리불이 다시 습격하자 고종의 조서를 받들어 다시 출사했다. 경남중耿南仲이 함께 갔다. 상주相州에 이르렀을 때 백성들이 길을 가로막으며 떠나지 말기를 청했다. 자주慈州에 이르렀을 때에는 수신守臣(수령守令) 종택宗澤이 그를 제지制止했다. 상주相州 수령이 납서蠟書343)를 보내와 "금군이 방금 기병을 보내 강왕의 소재를 찾고 있다." 했다. 이에 고종이 상주相州로 돌아와 경남중과 더불어 군사를 모집한다는 방榜을 붙여 군왕郡王을 구하려 했다. 이때 흠종이 조서를 내려 강왕을 대원수에 봉하고 왕백언汪伯彦과 종택을 부관副官으로 삼아 병력을 거느리고 서울에 들어가 대궐을 지키도록 했다. 강왕은 왕백언과의 의논을 쫓아 북문을 나와 황하를 건너 대명부에 이르자 경성이 이미 함락되었다는 말을 들었다. 이에 종택은 경성을 향해 진군하자고 청했고 왕백언은 고종에게 병력을 동평으로 옮겨 몸을 둘만한 장소를 찾길 청했다. 남중南仲도 이같이 해야만 한다고 여겼다. 이에 그들은 동쪽을 향해 떠났다. 하간부河間府의 황잠선黃潛善도 군사를 거느

---

343) 밀랍蜜蠟으로 봉한 비밀을 요하는 편지

리고 도착해 제주濟州에 주둔했다.

기마 정찰병이 돌아와 "휘종과 흠종이 포로로 묶여 금국金國으로 향했다." 했다. 장방창張邦昌이 금국의 지지支持하에 거짓 '초楚' 정권을 세웠다.

건염建炎 4년, 유예劉豫가 칭제했다. 유예는 경주인景州人으로 건염 무신년戊申年에 제남齊南 태수太守에서 금군에 투항했다. 아울러 금국에 등용되어 동평부東平府를 관제管制하며 하남河南 절제節制도 겸하게 했다. 점한粘罕이 금주金主에게 고하길 장방창의 예例를 좇아 유예를 세워 국호를 '대제大齊'로 한 다음 변경汴京으로 천도遷都하도록 했다. 이에 점한이 관중關中에 점유하고 있었던 토지는 모두 유예에게 할양했다.

휘종徽宗이 소흥紹興 5년, 4월에 붕어했지만 사망 소식은 소흥 7년, 봄에 비로소 전해왔다. 향년享年 54세였다. 이제二帝가 건염建炎 초에 연산燕山에서 중경中京으로 끌려갔는데 중경은 바로 고해국古奚國의 습군霫郡(소수민족이 사는 곳의 이름)이니 연산에서 천리 밖이다. 다음해에 또 중경에서 동북으로 1,500리나 떨어진 한주로 옮겨졌다. 2년 후, 또 한주에서 오국성五國城으로 옮겼다. 오국성은 금의 도성에서 동북으로 천리나 떨어져 있었다. 여기에서 휘종은 붕어했다.

악비岳飛가 호북湖北 경서京西의 선무사宣撫使가 되었다. 당시 회동淮東 선무사 한세충과 강동江東 선무사 장준張俊이 공을 세운 지 오래되었으나 악비가 소장小將에서 갑자기 지위가 높아지자 두 사람 모두 불평이 높았다. 악비가 자세를 낮추어도 두 사람의 태도는 온화하지 않았다. 나중에 악비가 양요楊么를 물리치자 장준張俊은 더욱 그를 시기猜忌해 틈이 더 깊어졌다. 고종高宗이 평강平江과 건강建康에 이르자 악비가 모두 수행했으며 그가 중원中原을 수복收復하길 상소했다. 진회秦檜가 추밀부

사추밀부사樞密副使가 되자 화의和議를 주장하며 악비의 성공을 시기해 백방으로 가로막았다. 악비가 모친상母親喪을 당해 귀향하자 고종은 그를 다시 복직復職하도록 힘을 다했다.

소흥紹興 8년, 고종이 건강에서 임안臨安으로 돌아왔다. 진회가 다시 재상이 되고 조정趙鼎이 파면되었다. 고종은 조서를 내려 화의를 논의하도록 했다. 건염建炎 이래, 고종은 매년 사자를 보내 화의를 청했으며 심지어 송宋의 존호尊號를 버리고 금국의 속국이 되겠다고 해도 응답이 없었다. 그렇지만 남송의 사자들은 왕왕 구금拘禁되었다. 나중에 금은 수차례 남침하고 나서야 강남을 쉽게 점령할 수 없다는 것을 알고 이에 진회秦檜를 보내 간첩으로 만들었다. 유예劉豫가 폐위廢位당하자 비로소 화의和議가 결정되었다.

금의 사신 장통고張通古가 송에 오자 편수관編修官 호전胡銓이 주청奏請하길 "폐하께서 하루아침에 적을 향해 무릎을 굽히는 것은 종묘사직宗廟社稷의 신령神靈 모두가 이적夷狄에게 더럽힘을 당하는 것입니다. 조종祖宗이 몇 백 년 길러온 백성들 모두를 오랑캐의 풍속으로 바꿀 수 있겠습니까? 조정의 집정대신 모두 장차 항복해 배신陪臣(제후諸侯의 신하)이 됩니다. 때가 되면 금의 탐욕은 만족이 없을 것이며 어떻게 그들이 유예에게 대한 것과 같은 무례한 태도로 우리들을 대하지 않을 것이라는 것을 알겠습니까? 삼척동자三尺童子도 가장 이해하지 못하는 것은 만약 개, 돼지를 가리켜 그들에게 꿇어 앉아 절하도록 시킨다면 그들도 발끈하며 성낼 것입니다. 당당堂堂한 송나라가 개, 돼지 같은 금국의 다리 밑에 절한다면 설마 어린 아이만큼도 부끄러움을 없다고 하지는 않겠지요. 왕륜王倫이 까닭 없이 금의 사신을 불러들여 조칙사詔勅使의 명의名義로 강남을 담판하니 이것은 바로 우리 대송大宋을 신첩臣妾으로 삼고자 함입니다. 손근孫近도 진회의 의견에 부화뇌동附和雷同하고 있습니다. 신은 맹세코 진회등과는 같은 하늘 아래에서 함께 살 수 없습니다.[344] 부디 바라건대, 진회, 왕륜, 손근, 이 세 사람은 참수斬首하시고 그들의 머리를 장대 끝에 매달아 장안성 남문 앞에 내걸어 사람들에게 보이도록 하십시오. 그런 다음, 금국의 사자를 구류拘留해 그들의 무례한 점을 견책譴責하고 토벌군을 보내 금국을 향해 죄를 묻도록 하십시오. 그러면 삼군의 장사들은 싸우지 않아도 기백이 배가 될 것입니다. 그렇지 않으면 신은 동해바다에 뛰어들어 죽을 뿐입니다. 어찌 소조정小朝廷에 머물며 구차히 생명을 구걸하겠습니까?" 했다. 호전은 상소 후, 곧 좌천되었다.

소흥紹興 9년, 금국이 먼저 섬서陝西, 하남河南을 송조에 돌려주었다. 이에 조정에서 관원을 보내 조종祖宗의 능침陵寢에 배알拜謁하게 했다. 지계地界를 정하고 변경汴京에 유수留守를 제수除授했다.

효종황제孝宗皇帝의 초명初名은 백종伯琮이다. 종실宗室에서 수왕秀王으로 봉해져 시호諡號가 안희安僖, 이름이 자칭自稱인 사람이 그의 부친이며 태조太祖의 7세손이다. 효종의 모친 장張씨가 일찍이 꿈에서 최부군崔府君[345]이 양 한 마리를 안고 와 말하길 "이것을 표식標識으로 삼아라."하는 꿈을 꾸었다. 고종이 강왕康王이었을 때, 자주磁州에 출장을 가면 자주사람들 꿈에 최부군이 영접했다.

정미년丁未年 이해에, 장씨가 수주秀州에서 백종을 낳았다. 앞에 징조徵兆가 있었기 때문에 소명小名을 '양洋'이라 했다. 고종의 유일한 아들인

---

344) 불구대천不俱戴天
345) 한족漢族 민간 신앙의 신선 가운데 하나

원의태자元懿太子 조부趙旉를 잃은 후, 다시 사자嗣子가 없었다. 그래서 그는 태조의 후손 중에서 사자를 찾도록 명했다. 그 후 백종이 선발되자 편히 그를 궁중에서 기르도록 하고 원瑗이라는 이름을 하사下賜했다. 마침 최부군과 이름이 같아 진안군왕晉安君王에 봉했다. 진회秦檜가 백종의 영명함을 질투했으나 끝내 그를 해칠 수는 없었다. 후에 황자로 세워지자 이름을 위瑋라 하사하고 초왕楚王에 봉했다. 소흥紹興 말년, 이름을 신眘이라 하사하고 황태자로 세웠다가 오래지 않아 고종은 효종孝宗을 즉위케 했다. 이에 효종은 고종을 광요수성황제光堯壽聖皇帝로 높이 받들고 황후 오씨吳氏는 수성태상황후壽聖太上皇后로 받들었다.

탕사퇴湯思退가 사사로이 금국과 화의를 추진한 흔적이 있었다. 이에 간관이 그를 탄핵하자 탕사퇴가 좌천되었다. 그는 유배流配 도중에 죽었다. 진강백陳康伯이 재차 승상이 되어 화의를 성공시켰다. 이전에 송국의 국서國書상에 '대송大宋'의 '大'자가 모두 빠지고, '황제皇帝'의 '皇'자가 모두 빠졌다. 아울러 금국과의 서신 상에는 군신의 예를 준수하기 위해 '재배再拜' 등의 용어를 사용했다. 금국의 사신이 오면 송국의 황제는 기립起立해 금국 황제의 기거起居를 문후問候한 후, 내려와 문서를 접수하고 앉았다. 배신陪臣의 예로써 금국의 사자를 접대하고 동반하는 조정관원들 모두는 금사金使를 배견拜見해야 했다.

이때에 이르러 효종을 '송황제'라 부르기 시작했으며 양국황제는 숙질叔姪관계로 바뀌었다. 송국이 금국에게 주는 '세공歲貢'은 '세폐歲幣'로 바꾸고 세폐는 10여 만으로 줄였다. 송, 금사이의 지계地界는 소흥紹興 때 화의한 후의 옛날 경계境界와 같았으며 그 나머지 예禮들은 완전히 다 고칠 수 없었다. 효종은 종신토록 괴로워했다. 그 후 누차 하남河南의 황가皇家 능침지陵寢地를 돌려받고 국서를 받을 때의 상호간의 예를 고치고자 했으나 금국에서는 끝내 응답하지 않았다.

주희朱熹가 순희淳熙 15년에 소환된 것은 바로 주필대朱必大가 재상이 었던 때였다.

정이程頤가 휘종徽宗 때 세상을 떠났다. 그의 제자 양시楊時가 흠종欽宗, 고종高宗 때, 모두 발탁되었다. 조정趙鼎은 비록 정이와 면식面識은 없었으나 도리어 그의 학설을 주장했다. 정자程子(정호程顥와 정이程頤)의 학설을 싫어하는 사람들은 양시를 환혼還魂(죽은 이의 넋이 살아 돌아옴)이라 하고, 조정을 존혼尊魂(정자의 영혼을 존경함), 호안국胡安國을 강혼强魂(정자의 영혼으로 강해짐)이라 불렀다. 그 후에 또 윤돈尹焞이 황궁에 불려 들어가 어전에서 경연經筵했다. 윤돈은 바로 정이의 만년의 뛰어난 제자였다. 사대부들이 정씨의 학문을 도학道學이라 했다. 시대 조류가 도학을 숭상할 때, 혹자는 도학의 명의名義를 가장해 공명을 얻을 수도 있겠지만 시대 조류가 변할 때에는 또한 이 때문에 배척을 당하는 사람도 적지 않았다.

연평延平의 이동李侗은 양시의 문인 나종언羅從彦에게 배웠으며 주희는 이동으로부터 배웠다. 호전胡銓이 일찍이 고종을 향해 주희를 추천했으나 그는 입조하지 않았다. 건도乾道 이래로 누차 소환했으나 모두 응답하지 않자 부득이 그를 봉사奉祠에 봉하고 입궐하도록 소환했으나 받아들이지 않았다. 나중에 주희가 남강군南康軍 지군知軍에 임명되어 마침 절동浙東 지구地區에 큰 기근이 발생하자 황제는 주희를 제거提擧에 임명하고 가서 재난을 구제하도록 했다.

주희가 일찍이 입조해 종합적으로 보고하자 황제는 조서를 내려 병부랑兵部郎에 임명했다. 그러나 시랑侍郎 임율林栗(=栗)과 의견이 맞지 않자 곧 봉사奉祀를 지내다 떠났다. 몇 개월 후, 다시 불렀으나 그는 사양辭

讓하고 떠나며 한 통의 밀주密奏를 올렸다. 이에 천하의 큰 근본과 오늘의 절박한 일들을 담론談論하며 "국가의 근본은 바로 폐하의 마음에 달려 있습니다. 당면한 급선무는 바로 태자를 보육保育, 배양培養하고, 대신들의 선발과 임용에 신중을 기하고, 정강政綱을 정돈해 법과 기강紀綱을 바로 세우며, 사풍士風과 민속民俗을 개혁改革하고, 백성들의 힘을 배양하며, 군정軍政의 일들을 청명하게 정비하는 이 여섯 가지일 뿐입니다." 했다.

주희의 동지同志에 광한廣漢의 장식張栻이란 사람이 있었다. 그는 위魏충헌공忠獻公 장준張浚의 아들이며 호굉胡宏의 학생이었다. 호굉은 호안국胡安國의 아들이다. 장식이 일찍이 "자기를 위해 생각하고 일하는 것은 모두 이기적利己的인 행위에 속하며, 오직 이기적인 마음을 제외한 다음에 하는 행위라야 비로소 도의道義에 합치된다!" 했다. 학자들 모두가 지극한 명언이라고 받들며 장식을 '남헌선생南軒先生'이라 했다.

여조겸呂祖謙이란 사람이 있었다. 그는 여공저呂公著의 5세손이며 여희철呂希哲의 4세손이다. 또 정씨程氏의 학설을 학습, 계승했으며 학자들은 모두 그를 '동래선생東萊先生'이라 불렀다. 그들은 모두 몇 년 전에 죽고 오직 주희의 학문學問만이 해가 가도 점점 농후하고 증대되었다. 학자들 모두 그를 향해 학습하고 그를 학문의 조종祖宗으로 삼았으며 '회암선생晦庵先生'이라 불렀다. 사방에서 그를 앙모仰慕해 마치 '태산북두泰山北斗'346)같이 여겼다. 송의 사신이 금나라에 이르면 반드시 주희의 안부를 물었다.

같은 때, 임천臨川에 육구연陸九淵은 세간에 '상산선생象山先生'이라 불

346) 중국 태산泰山과 북두성北斗星으로 남에게 존경받는 존재, 개세지재蓋世之才, 군계일학群鷄一鶴, 출류발췌出類拔萃, 탁이불군卓爾不群

렸다. 그는 주희와 《태극도설太極圖說》로 서로 논쟁論爭했다. "학문에는 깨달음에 들어간다(오입悟入)는 것이 있는데, 자신의 마음의 깨달음에 의해 터득해나가지 못하면 아무리 책을 읽어도 소용이 없다."고 하며 주희가 훈고訓詁와 주해註解에만 매달리고 있는 것을 조롱嘲弄했다. 두 사람의 견해는 너무나 컸다.

효종은 일찍부터 재위를 태자에게 양위할 뜻이 있었으나 마침 고종황제가 82세에 붕어했으므로 이에 조서를 내려 태자에게 양위讓位했다. 효종은 태상왕을 26년간이나 시봉했으며 효순孝順과 봉양奉養함에 있어서는 주도면밀周到綿密했다. 상황上皇이 승하昇遐하자 애모哀慕의 정이 더욱 절절切切했으나 매일 영위靈位앞에서 제사를 받들 수 없었으므로 곧 복상服喪을 물리고자 하여 중화궁重華宮으로 옮겼다. 효종은 28년을 재위했다.

광종황제光宗皇帝의 이름은 조돈趙惇이다. 그는 44세 때에 동궁東宮에서 수선受禪했다. 태상황제太上皇帝를 존숭하여 지존수황성제至尊壽皇聖帝라 했다. 주필대朱必大가 파면罷免된 후 유정留正, 갈필葛邲이 좌우상左右相이 되었다. 연호를 고쳐 소희紹熙라 했다.

황후皇后 이씨는 바로 대장군 이도李道의 딸이다. 성격이 사납고 시기猜忌를 잘했다. 그녀는 태자 가왕嘉王을 황태자로 세우고자 궁내 연회에서 수황壽皇에게 청했으나 응답이 없자 이씨는 불만에 찬 불손한 말을 꺼냈다. 이에 수황이 이씨를 훈계訓戒하자 이씨는 원한을 가슴에 품고 수황이 광종을 폐할 뜻이 있음을 말했다는 요설謠說을 날조捏造했다. 광종은 굉장히 놀랍고 두려움에 병이 생겼다. 후에 후궁后宮 중에 갑자기 죽은 사람이 있었다는 말을 듣고 난 다음, 광종은 놀랍고 두려움이 극에 달해 병이 더욱 깊어졌다. 이후로 중화궁重華宮에 다시 들어가지 않았으며 빨라야 2년에 겨우 한 번 갔다. 수황壽皇의 병이 오랫동안 낫지 않았으나 광종도 병문안 한번 하지 않았다.

수황이 중화궁에서 5년여 있다가 68세에 붕어했다. 광종은 상례喪禮를 받들지 못하다가 어느 날 갑자기 땅에 쓰러졌다. 조정朝廷 안팎이 모두 두렵고 불안해하자 태황태후가 가왕嘉王(조확趙擴)을 황제로 세웠다. 그가 바로 영종황제寧宗皇帝이다.

이에 앞서 원조元朝 태조가 북방에서 흥성했다. 금세종金世宗 때는 이미 강대해져 나라의 주인을 황제라 칭했다. 완안경完顔璟(금장종金章宗) 때에 이르자 몽고蒙古 군사들이 남하해 곧 바로 달려 들어오니 금국金國은 이 때문에 다사다난多事多難한 시기에 들어가게 되었다. 한탁주韓侂冑는 금국에 환란患亂이 있다는 소식을 듣고 중원을 수복할 수 있다고 여겼다.

오희吳曦라 불리는 자가 있었다. 전에 촉군蜀軍의 장수將帥 오정吳挺의 아들이며 오린吳璘의 손자이다. 오씨는 대대로 서쪽 방면을 지키고 있었으며 서촉西蜀에서의 명성이 혁혁赫赫했다. 이 때문에 장차 오씨의 자손들을 경성에 머물러 있게 해 견제하려 했다. 오희가 일찍이 다른 뜻이 있어 서촉으로 돌아가고자 했으나 윤허允許받지 못했지만 한탁주는 그가 수년 동안 돌아가 있도록 보냈다. 이것은 서촉으로 출병해 함께 북벌北伐할 생각인 것이다.

개희開禧 2년, 병인丙寅에 영종寧宗이 금국을 토벌하기 위한 조서詔書를 하달하며 사방 각주의 군대에게 행동하도록 명하자 오희가 맨 먼저 관외關外의 사주四州를 금국에 헌납하며 촉왕蜀王에 봉해지도록 청했다. 얼마 후 황제라 칭했으나 이호의李好義, 양거원楊巨源과 안병安丙이 몰래 모의해 오희는 황제라 참칭僭稱한지 한 달을 겨우 넘겨 주살誅殺되었다.

이해, 원태조元太祖가 알난하斡難河(오논강)의 발원지發源地에서 황제라 칭했다. 태조의 성은 기악온씨奇渥溫氏이며 이름은 철목진鐵木眞(테무진)이다. 몽고인蒙古人이다. 그의 선조는 대대로 몽고부락의 수장이었으며 태조의 부친인 야속해也速該가 여러 부락을 병탄併呑하기 시작하면서 점점 강대해졌다. 사후에 열조신원황제烈祖神元皇帝로 추증追贈되었다. 맨 처음에 야속해는 달단족韃靼族을 정복征服해 부락의 우두머리인 철목진을 사로잡았다. 마침 이때 선의후宣懿后 월륜月倫이 태조를 낳았는데 태조의 손에 쥐고 있었던 응고된 핏덩이가 마치 붉은 보석과 같았다. 이에 야속해는 기이奇異하게 여겨 곧 사로잡았던 달단족 수령의 이름을 따, 그의 아들의 이름을 '철목진鐵木眞'이라 부르며 그의 무공武功을 기념했다. 원태조元太祖 원년 철목진이 제왕과 군신들을 모아 구유백기九游白旗347)를 세우고 즉위하자 군신들 모두 존호尊號를 올려 '성길사황제成吉思皇帝'라 했다. 이때가 바로 금 장종章宗 태화泰和 6년이었다.

정묘丁卯 개희開禧 3년(1207), 당시 북벌군北伐軍들은 이르는 곳마다 패퇴敗退를 고하지 않은 곳이 없었으나 금군은 대 병력을 일으켜 잇따라 촉蜀, 한漢, 형荊, 양襄, 양회兩淮의 제군諸郡을 함락하고 동남지구(송나라 땅)를 크게 진동震動시켰다. 이에 영종寧宗이 급히 사자使者를 보내 금국을 향해 사죄했으나 한탁주韓侂胄만이 기병을 경솔하게 동원해 조정안팎의 깊은 근심을 만들었다. 마침내 원흉 한탁주를 주살하자는 의론이 일었다. 황후 양씨楊氏가 경서經書와 역사를 숙지熟知해 고금의 발전의 대세에 정통했다. 당시 시랑侍郎 사미원史彌遠이 비밀리에 대책을 건의

---

347) 고대 몽고인들은 구九와 백白을 숭상崇尙했다. 구는 중重히 여겼고, 백은 길상吉祥으로 삼았다. 이 때문에 이 깃발은 고귀高貴하고 성스러운 뜻을 담고 있으며 몽고족의 권위의 상징이다.

하고 최종적으로 조정에서 지시를 내렸으나 사실은 모두 양후楊后의 뜻이었다. 하루는 한탁주가 입조入朝하자 사미원이 전수殿帥 하진夏震에게 명하길, 병력을 데리고 나가 도중途中에 그를 포위해 옥진원玉津園으로 끌고 가 추살하도록 했다.

이에 앞서 원태조가 서하西夏(달단족韃靼族)를 정복하고 역길리새力吉里塞를 함락하고 돌아갔다가, 이해 가을에 다시 토벌했다.

계유癸酉 가정嘉定 6년, 금의 위소왕衛昭王 윤제允濟가 재위 5년에 한 해도 공격받지 않은 해가 없어 거의 지탱할 수 없는 수준에 이르렀다. 게다가 장사들의 마음도 잃어 결국 피살돼 동해東海 군후君侯로 봉해지고, 풍왕豐王 완안순完顏珣이 황제가 되었다. 완안순은 완안경完顏璟의 형이며 바로 금선종金宣宗이다.

갑술甲戌 가정嘉定 7년, 원 태조가 연성燕城(북경北京)의 북쪽에 주둔했다. 금주金主가 사자使者를 보내 강화講和를 요청했다. 금주는 위소왕衛昭王의 딸 기국공주岐國公主와 동남동녀童男童女 500명, 말 3000필과 금백金帛을 예물로 바치며 애걸哀乞했다. 그러나 비록 화의는 이루었으나 금주金主가 추측해보니 이미 연성에서는 자립할 수 없음을 깨달았다. 5월에 변경汴京으로 천도하면서 승상 완안복흥完顏福興은 태자 수충守忠을 보좌하며 연성을 지키도록 했다. 이에 태조가 군사를 보내 그곳을 포위하자 수충도 변경으로 달아났다.

1년 후, 연경이 함락 되었다. 원군元軍이 하동에서 도하渡河해 남쪽을 향해 진공하며 변경汴京에서 20리 거리에 머물렀다. 이후부터 금국의 국토는 더욱 좁아졌다. 게다가 산동山東에서는 반역叛逆이 일어났다. 이제 금국은 겨우 동쪽은 황하, 서쪽으로는 동관潼關에서 적을 막아낼 뿐이었다. 이에 금국은 송조宋朝의 천촉川蜀, 회한淮漢을 엿보며 영역을 확장할 생각을 했다. 마침내 맹약을 위배하고 송조를 침범했다.

정축년丁丑年 이후부터 남송과 금국 사이의 전쟁은 비록 승패가 바뀔 때는 있었으나 변경에서는 시끄럽지 않은 해가 없었다.

송영종宋寧宗 재위 30년, 개원은 네 번 있었다. 겸허하고 공손했으며 인자하고 검소했다. 시종여일했다. 그러나 경원慶元, 가태嘉泰, 개희開禧, 이 13년간은 바로 한탁주가 집정했다. 가정嘉定, 이 17년간은 바로 사미원史彌遠이 집정했다. 영종은 세수 57세에 붕어했다. 사미원이 모의해 새로운 황제를 옹립했다. 바로 이종황제理宗皇帝이다.

정해丁亥 보경寶慶 3년, 원국元國이 서하西夏를 멸망시키고 서하국왕 이현李晛을 사로잡아 돌아왔다.

7월, 원태조元太祖(성길사한成吉思汗, 징기스칸)이 육반산六盤山에서 붕어했다. 붕어에 앞서 그는 "금군의 정병精兵이 이곳 동관潼關에 주둔하고 있다. 남쪽은 산맥이 잇따라 있고 북쪽은 황하로 가로막혀 있어 한 번에 공격해 깨뜨리기는 어렵다. 그래서 만약 송국에게 길을 빌려달라고 한다면 송과 금은 대대로 원수이니 송은 반드시 우리에게 허락할 것이다. 그러면 당주唐州와 등주鄧州에서 출병해 바로 변경汴京을 공격하라. 변경이 위급해지면 반드시 동관의 군대를 동원 할 것이다. 그러나 수만의 인마人馬들이 천리 밖에서 비록 구원하러 오더라도 인마가 모두 피곤에 지쳐 전투력이 없다. 때문에 그들은 반드시 패할 것이다."는 말을 마치고 죽었다. 재위 22년에 수명은 66세였으며 기련곡起輦谷에 안장安葬했다. 지원至元 2년, 겨울에 시호를 성무황제聖武皇帝로 추증追贈하고 묘호廟號는 태조太祖라 했다. 태조는 원대한 지략에, 침착하고 신중했으며 용병用兵엔 귀신같아 40여 나라를 멸망시켰다. 그의 위대한 공적은 매우 많았으나 애석하게도 당시의 기록이 완벽하지 않다. 가히 애석한 일이다.

태조가 죽고 나자 당시 황자皇子 와활태窩闊台(오고타이, 성길사한成吉思汗의 셋째 아들)가 곽박霍博의 땅에 머물러 있어 국사를 주지할 사람이 없었다. 이에 황자 타뢰拖雷가 임시로 나라를 감독監督하며 황태자가 돌아와 등림登臨하길 기다렸다. 2년이 지나 황태자가 비로소 즉위했다. 태종太宗이다.

신축辛丑 순우淳祐 원년元年, 송 이종이 조서를 내려 주돈이周敦頤를 여남백汝南伯, 장재張載를 미백郿伯, 정호程顥를 하남백河南伯, 정이程頤를 이양백伊陽伯, 주희朱熹를 휘국공徽國公에 봉하고 아울러 공자묘孔子廟에 함께 제사하게 했다. 왕안석王安石은 제사에서 배제排除되었다. 이종이 공자에게 참배하고 마침내 태학太學에 몸소 왕림해 시찰했다.

순우淳佑 원년 11월, 원태종이 사냥을 나갔다가 와철고호란銖鐵樺胡蘭(谔特古呼兰山)에서 붕어했다. 56세였다. 기련곡起輦谷에 안장했다. 시호는 영문황제英文皇帝이며 묘호廟號는 태종太宗이다. 태종은 사람됨이 너그럽고 도량이 넓었으며 인자하고 용서하는 마음이 있었다. 때를 헤아려 사물을 가늠했으며 거동에 지나친 일이 없었다. 이에 중원中原은 더욱 부강해지고 서민庶民들은 안분낙업安分樂業하고 있었다. 여행을 떠나는 사람들 모두 양식을 준비하지 않아도 되었다. 당시 사람들은 당시의 통치를 '청평淸平'이라 했다. 원조元朝는 태종 즉 와활태窩闊台가 붕어한 후, 황후 내마진씨乃馬眞氏가 국정을 맡아 황제라 칭했으나 무릇 5년간이나 새로운 황제를 세우지 못했다.

호영胡穎이 매번 음사淫寺(사신邪神을 받드는 사당)를 볼 때마다 부숴버리자 사람들이 그를 '호타귀胡打鬼'라 했다. 일찍이 그가 광동廣東에 경략사經略使를 지낼 때, 그 지방 어떤 절에 큰 뱀이 불상 가운데에 둥지를 틀고 있었다. 뱀은 무시로 나와 사람들이 올리는 제품祭品을 누렸고, 절의 중들은 그것을 미끼로 수천 꾸러미의 돈을 모았다. 호영이 온 다음, 불상을 부수고 큰 뱀을 동강내자 괴이한 일은 끝내 일어나지 않았다.

신미辛未 함순咸淳 7년(1271) 10월, 원이 건국 국호를 '대원大元'이라 하며 조서를 내렸다. "천명天命을 이어 받아 사해四海를 포옹抱擁하고 높은 위치에 있으려면 반드시 훌륭한 국호가 있어야 한다. 이것은 예로부터 시작해 모두 이와 같았으니 결코 우리나라만 예외가 아니다. 다시 말하자면 '당唐'이란 자字자는 '호탕浩蕩'의 의미인데 요堯는 그것에 의탁해 세상에 이름을 알렸다. '우虞'란 자는 '오락娛樂'이란 의미인데 순舜은 그것을 빌려와 자신의 이름으로 삼았다. 이어 점진적漸進的으로 하우夏禹의 홍기興起함에 이르러 '상탕商湯'이 창업創業하자 '하夏'와 '은殷'으로 이름이 나누어졌다. 그 시대의 추이推移가 지금에 이르러 사정의 변화가 발생해 예전과 같지 않고 비록 시세時勢의 도움에 기대 국가를 건립했으나 오히려 자의字義를 좇아 이름을 취하지는 않았다. '진조秦朝'라 부르고 '한조漢朝'라 부른 것도 오직 처음 홍기興起할 때의 지명地名에 의존한 것이었으며 '수조隋朝', '당조唐朝'라 부른 것도 오직 봉작封爵이나 읍邑의 명칭에 의한 것이었다. 이것은 모두 백성들의 견문見聞의 습관에 따라 한 때 구했던 법제의 임시방편으로서 지극히 공평한 고려考慮에서 나왔다고는 하나 다소의 불합리한 것이 있었다.

우리 태조 성무황제聖武皇帝(징기스칸)께서는 황천皇天의 상서祥瑞로운 징조를 받들어 북방에서 궐기하시어 영명하고 위무威武함으로 황제의 자리에 올라 성대한 명성으로 사방을 진동시키고 강토를 확대시켰으며 영토의 확장은 예부터 지금보다 넓은 적은 없었다. 최근에 선배 노신老臣이 조정에 들어와 주장奏章하길 "이미 나라를 세우는 대업을 성취한 이상 마땅히 조기에 왕조의 미명美名을 정해야 합니다." 하자 "이것은 고제古制에 있어서도 당연한 일로써 짐朕의 마음에도 그런 생각이 있다."했다. 때문에 국호國號를 '대원大元'이라 하는 것은 바로 《역경易經》의 '건원乾元'348)에서 의미를 가져왔다. 이것은 바로 세밀하게 주조된 철공보다 더 정밀하게 능히 그 기예技藝를 만물에 부여한 것과 같은 것이다. 누가 이런 종류의 창시創始의 공공功功을 나타낼 수 있었겠는가, 짐은 만방萬邦을 안녕安寧하도록 함에 있어 더욱 인덕仁德의 필요성을 절실히 체험하고 있었으며 앞으로 일을 다스리는 데 있어서는 전대前代를 답습踏襲할 것이며 도의道義는 하늘의 협조를 위주로 할 것이다. 의義의 원칙에 비추어보면 본조本朝의 국호는 절대 지나치게 칭찬하는 것이 아니다. 다만 오래토록 믿음과 음덕으로 어려움을 헤쳐나가길 바랄 뿐이다. 온 천하에 경사스러움을 늘어놓고 모두 함께 위대한 국호를 존숭尊崇하자! 희망컨대 너희 백성들은 나의 깊은 뜻을 이해하라!"했다. 이것은 태보太保 유병충劉秉忠의 건의에 따라 결정한 것이다.

강서江西의 제형提刑 문천상文天祥이 근위병近衛兵을 모집했다. 문천상은 길주吉州 여릉인廬陵人이다. 병진년丙辰年에 장원급제壯元及第했다.

지주성池州城이 원군에게 함락되었다. 지주성의 통판通判 조앙발趙昻發이 죽음이 임박하자 그의 처妻에게 빨리 떠나라고 했다. 그의 처가 "당신은 능히 충신이 될 수 있겠지만 나도 설마 충신의 아내가 되지 못하는 것은 아니겠지요."했다. 조앙발이 매우 기뻐하며 처와 함께 의관衣冠을

---

348) 건원乾元: 건乾의 원元, 바로 천도天道가 이것에서 시작 된다는 의미. 건乾의 원형이정元亨利貞의 사덕四德가운데 원元은 으뜸임. 하늘의 뜻을 대행해 만물을 다스리는 위대한 존재라는 뜻으로, 《주역周易》건괘乾卦 단彖의 "위대하다 건원이여, 만물이 여기에서 비로소 나오나니 이에 하늘의 일을 총괄하게 되었도다. 대재건원大哉乾元, 만물자시萬物資始, 내통천乃統天"이라는 말에서 유래함.

갖추고 목을 매어 죽었다. 다음날 백안伯顔(원나라 장수將帥)이 성에 들어와 보고 매우 안타까워하며 그들을 위해 의복衣服과 관棺을 갖추어 그들을 안장安葬했다.

원조元朝의 중서정사中書政事 염희헌廉希憲이 세상을 떠났다. 염희헌은 강릉江陵에서 원근遠近의 백성들을 교화했다. 나중에 병으로 소환되어 돌아가게 되자 백성들 모두가 눈물을 흘리며 송별했으며 사당祠堂을 지어 그의 초상肖像을 놓고 제사지냈다. 염희헌이 죽자 세조世祖가 탄식하며 "염희헌과 같이 조정 대사를 잘 처결하는 사람은 다시없을 것이다." 하자 백안伯顔도 "염공은 바로 재상 중의 진정한 재상이며 남자 중의 진정한 남자다!" 했다. 세상 사람들이 모두 이 말이 '명언名言'이라 여겼다.

정축丁丑 경염景炎 2년 5월, 문천상이 매주梅州에서 강서江西로 나와 마침내 회창현會昌縣을 수복하자 조시상趙時賞, 장일중張日中의 군대와 회합했다.

원조元朝의 이항李恒이 강서江西를 구원하기 위해 파병하고 자신은 몸소 군대를 거느리고 흥국현에서 문천상을 습격했다. 문천상은 이항의 갑작스런 습격을 예상치 못했다가 당황하여 후퇴했다. 추속鄒洬은 영풍永豐에서 원군과 교전했으나 그의 군대가 먼저 궤멸潰滅되었다. 이에 이항은 문천상을 추격해 방석령方石岭에 이르렀다. 이항이 밀고 들어오자 공신鞏信이 막아서 교전했으나 그도 결국 화살을 맞고 죽었다. 문천상이 공갱空阬에 이르자 이항이 다시 추격해왔다. 이에 장일중張日中이 극력 저항하자 원군은 잠시 물러났다. 이항이 다시 철기병鐵騎兵을 거느리고 공격하자 장일중은 몸에 수십 군데의 창에 찔리고도 10여 명의 원군을 죽인 후 전사했다. 병사들도 모두 궤멸돼 흩어졌다.

문천상의 처 구양씨歐陽氏, 아들 불생佛生과 환생環生, 두 딸 모두 사로

잡혔다. 조시상趙時賞이 두 사람이 어깨에 매는 가마에 앉자 원군元軍은 그에게 누구냐고 물었다. 조시상이 "내 성姓은 문文이다." 하자 원군은 모두 문천상이라고 여기고 그를 체포했다. 문천상은 이로 말미암아 그의 큰아들 도생道生과 두호杜滸, 추속鄒㵒 등과 함께 말을 타고 달아날 수 있었다. 마침내 순주循州로 달아나 흩어진 병사들을 모아 남령南嶺에 주둔했다. 그러나 그의 막료幕僚와 각 군의 장수들 모두는 사로잡히고 없었다.

조시상이 융흥隆興에 도착한 후에도 거듭 욕을 그치지 않고 굽히지 않았다. 처형에 앞서 유수劉洙가 자신을 위해 힘껏 변호하는 것을 보고 "오직 죽음에 불과할 뿐인 것을 꼭 이렇게 해야 하겠소!" 하며 질책質責했다. (포로로 끌려온) 문천상의 막료와 부하 장수들 모두가 살해되고 그의 처자妻子, 가속家屬들은 모두 연경燕京으로 호송되었다. 그리고 두 아들은 도중에 죽었다.

광주廣州가 함락陷落된 11월, 원조元朝의 유심劉深이 해군을 거느리고 조주만潮州灣을 습격했다. 장세걸이 출전했지만 패하자 단종端宗을 모시고 배에 올라 수산秀山으로 달아났다. 진의중陳宜中이 점성占城으로가 병력을 모아오려 떠났으나 끝내 돌아오지 않았다. 12월, 단종이 또 정오井澳로 옮기다 태풍을 만났다. 배는 난파難破 되고 병이 났다. 유심劉深이 해군을 거느리고 병오井澳를 습격해 유여규劉如珪를 사로잡자 단종은 다시 배를 타고 사여협謝女峽으로 떠났다.

원조元朝는 장홍범張弘範을 도원수都元帥로 이항李恒을 부원수副元帥로 삼아 민閩(복건성福建省), 광廣(광동성廣東省) 지구로 보냈다. 이에 단종은 배를 타고 강주碙州로 옮겼다. 4월에 단종이 강주에서 죽었다. 육수부陸秀夫가 위왕衛王을 황제로 세웠다. 조병趙昺이다.

조병은 단종황제의 동생이며 이름이 병昺이다. 즉위 후 연호를 상흥祥興으로 고쳤다. 황태후 양씨楊氏가 수렴청정垂簾聽政했다. 당시 군신들 대부분이 각기 흩어져 떠나려 했다. 육수부가 "도종황제度宗皇帝의 아들 하나가 아직 살아 있는데 어찌 그를 방치하려 하오! 옛날 일려일성一旅一成349)만 있어도 중흥中興할 수 있다 했는데 지금 우리 백관들이 모두 여기 있고 게다가 수만의 병사가 있소. 하늘이 만약 우리 송조宋朝를 멸망시킬 생각이 없다면 어떻게 국가를 일으키지 못하겠소!" 했다. 여러 사람들이 함께 의논해 조병趙昺을 황제로 옹립했다. 당시 나이가 겨우 8세였다.

기묘己卯 상흥祥興 2년 정월, 원조의 장홍범이 군사를 이끌고 애산厓山에 도착했다. 장세걸이 극력 저항하자 장홍범도 방법이 없었다. 당시에 장세걸에게 한韓씨 성을 가진 외생外甥이 원군元軍 중에 있었다. 장홍범은 그를 장세걸에게 세 번이나 보내 투항을 권유했지만 거부하며 "나는 투항하면 살 수 있고 또한 부귀도 누릴 수 있다는 것을 안다. 하지만 충의忠義의 대의大義는 변할 수는 없는 것이다." 하였다. 이에 역대 여러 충신, 의사를 인용해가며 회답했다. 장홍범은 문천상에게 장세걸이 투항하도록 서신으로 설득하게 명했다. 그러자 문천상이 "나는 나의 부모(임금)도 지켜내지 못한 사람인데 어떻게 다른 사람에게 부모를 배반하라고 시킬 수 있겠는가." 하였다. 이어 계속해서 서신을 보내도록 명하자, 문천상이 마침내 〈과영정양過零丁洋, 영정양을 지나며〉이라는 시를 적어 보였다. 그 시의 말미末尾에,

---

349) 성成, 고대 정전구획井田區劃의 이름, 사방 10리里의 땅. 려旅: 군대의 편제 단위. *일군一軍: 12,500명, 일려一旅: 500명, 일졸一卒: 100명, 일오一伍: 5명, '유전일성有田一成, 유중일려有衆一旅'

사람이 태어나 자고로 누가 죽지 않았겠소만

(인생자고수무사人生自古誰無死)

단심(충성심)을 남겨 한청(역사책)을 비추겠소.

(유취단심조한청留取丹心照汗青)

장홍범이 한 번 웃고는 버렸다.

2월 무인戊寅 초하루, 장세걸張世杰의 수하 장군 진보陳寶가 모반해 원조元朝에 투항했다. 기묘己卯(초 이틀), 도통都統 장달張達이 원군元軍을 야습夜襲했지만 패하고 돌아왔다. 원군이 장세걸의 전선戰船을 핍박해 왔다.

갑신일甲申日, 장홍범이 부대를 4대隊로 나눠 홍범이 몸소 1대를 통솔하고 서로 1리里쯤 떨어지게 한 다음 명命하길 "송군宋軍의 배들은 서쪽 애산崖山에 머물러있다. 만조滿潮가 되면 모두 동쪽으로 달아날 것이다. 그때 신속히 출격出擊해 그들로 하여금 달아날 기회를 주지마라. 아울러 악기를 연주하는 것으로 공격신호로 삼아라. 만약 영을 어기는 자가 있다면 참斬하겠다." 했다. 이에 우선 북군北軍을 보내 조수를 타고 송군을 공격했으나 장세걸에게 패하자 이항李恒 등은 조수潮水를 타고 퇴각했다. 한 낮에 조수가 밀려들자 원군이 악기를 연주했지만 송군은 이 소리를 듣고도 "조금 쉴 수도 있겠지."하는 생각에 방비하지 않았다. 장홍범의 수군水軍이 정면에서 공격해 들어오고 남군南軍도 공격해 왔다. 송군은 남북으로 적을 만나자 병사들 모두가 피로를 견디지 못해 다시 작전할 수 없었다. 이때 갑자기 한 배가 군의 깃대를 내려뜨리자 나머지 배들도 모두 군기를 내렸다. 장세걸은 대세가 이미 기울어졌다고 보고 정병精兵만 뽑아 중군中軍으로 들어갔다. 남은 송군이 크게 궤멸되자 원군은 송의 중군을 밀고 들어갔다. 마침 해가 저물고 비바람과 안개로 지척咫尺을 분간할 수 없었다. 이에 장세걸이 소유의蘇劉義와 함께 묶어놓았던 16척의 배의 줄을 끊고 포위를 뚫고 달아났다.

육수부가 황제의 배는 달아나도록 했다. 그러나 황제의 배는 매우 큰데다 각 배들이 모두 같이 묶여 있어 포위를 뚫을 방법이 없었다. 이에 육수부는 먼저 처자식을 바다에 던진 다음, 등에 8세의 황제 조병을 업고 바다에 뛰어들었다. 황제가 붕어하자 후궁과 대신들도 잇따라 바다에 뛰어들었다. 7일이 지나자 바다엔 10여 만 구의 시체가 떠올랐다. 황제와 비슷한 시체와 옥새玉璽를 찾았다. 이후 장세걸은 애산崖山으로 돌아가 군대를 수습했다.

양태후楊太后를 만난 장세걸은 양태후의 명의로 다시 송조宋朝, 조씨趙氏의 후인後人을 찾아 황제로 세우길 희망했다. 양태후는 비로소 황제가 붕어했다는 소식을 듣고 가슴을 쓸어내리며 매우 비통하게 "내가 치욕을 참으며 무거운 책임을 지고 지금까지 남은 것은 바로 우리 조가의 한 점의 혈육血肉 때문이었다. 지금 가리킬 만한 무슨 희망이 있겠는가!" 하고 그녀도 바다에 뛰어들어 스스로 목숨을 끊었다. 장세걸은 그녀를 바닷가에 장사葬事지내주었다.

장세걸이 안남安南으로 향할 준비하며 평장산平章山 아래에 이르렀을 때, 마침 태풍을 만났다. 뱃사공들이 배를 해안에 대자고 했으나 장세걸은 "그럴 필요 없소." 하며 분향焚香하고 하늘을 우러러 소리쳤다. "나는 조씨를 위해서는 충성을 다한 것 같습니다. 한 군주가 죽고 다시 한 군주를 세웠습니다. 그런데 지금 또 이 군주가 죽었습니다. 내가 아직도 죽지 않고 있는 이유는 적병이 물러나면 다시 조씨를 옹립擁立해 황제로 세워 제사를 잇고자 하는 것뿐이었습니다. 지금 이와 같은 것이 설마 하늘의 뜻이겠습니까? 만약 하늘이 다시 후대를 잇도록 할 생각이 없으시다면 대풍大風으로 하여금 신의 배를 전복顚覆시켜 주십시오." 했다. 마침내 배는 전복되고 장세걸이 익사溺死하며 송조宋朝는 멸망滅亡했다.

애산이 이미 돌파突破되자 원의 장홍범등이 경축慶祝 연회宴會를 거행하며, 문천상에게 "송조는 이미 멸망했소. 승상께서는 이미 충효를 다했소. 만약 마음을 바꾸어 송조를 섬기는 것과 같이 지금의 조정을 섬긴다면 재상의 지위는 잃지 않을 것이오." 했다. 그러자 문천상이 눈물을 줄줄 떨어뜨리며350) "나라가 망하는데 구해내지 못한 것은 신하된 자로서 죽어도 남음이 있는 죄인데 또 어떻게 감히 죽음의 죄를 벗어나려고 변심할 수 있겠소." 했다. 장홍범은 그를 대의大義의 사람이라 여겨 연경燕京에 보냈다. 도중에 길주吉州(문천상의 고향)를 지나며 그는 통한痛恨으로 흐느꼈다. 이에 8일간이나 아무것도 먹지 못했지만 죽지 않고 겨우 식사를 시작하게 됐다. 10월에 문천상이 연경에 도착했으나 거듭 굴복하지 않았다. 옥獄에 갇혔어도 지조志操는 더욱 굳어질 뿐이었다.

송조宋朝의 옛 신하 중에도 영해領海(광동廣東)로 달아나 안남安南에 이른 자도 있었다. 안남은 국왕 이건덕李乾德이 소흥紹興 연간에 죽은 후, 그의 아들 이양환李陽煥이 제위帝位한 곳이다. 이양환이 죽은 후, 아들 이천조李天祚가 즉위했다. 이천조가 순희淳熙 연간에 죽자 아들 용한龍翰이 제위에 올랐다. 용한이 가정嘉定 연간에 죽자 아들 호참昊旵이 제위에 올라 대대로 송의 역법曆法을 받들어왔다. 용한이 집정執政할 때, 민인閩人(복건인福建人) 진경陳京이 안남에 들어와 국왕의 신임을 얻어 정권을 획득하고 왕의 외척外戚이 되었다. 진경의 아들 진승陳承도 나중에 또 정권

350) 현연출체泫然出涕, 체령여우涕零如雨. 반反: 흥고채열興高采烈

을 장악했다. 이호참이 집정할 때, 진승이 그의 국가를 탈취해 자신의 아들 위황威晃에게 주었다. 송이종宋理宗은 위황의 공물을 받고 그를 안남왕에 봉했다. 진위황은 왕위를 아들 일조日照에게 물려주었다. 송조가 멸망하자 일조는 곧 훤烜으로 이름을 바꾸고 원조元朝를 봉공奉貢했다.

최초에 소옹邵雍이 어떤 손님과 이야기하다 국운國運에 관해 이야기하게 되었다. 소옹이 《진출제기晉出帝紀》를 꺼내 그에게 보여주며 "정강靖康에 이미 징조徵兆를 경험했고,351) 덕우德祐352)에 또 그런 징조를 경험할 것이오!"353)했다.

진단陳搏도 일찍이 '일변一汴, 이항二杭, 삼민三閩, 사광四廣'의 이야기를 한 적이 있었다.354) 송조宋朝에서 과연 민閩, 광廣 지구에서 멸망했다. 태조太祖 건륭乾隆에서부터 흠종欽宗 정강靖康에 이르기까지 167년간이 북송北宋이었다. 고종高宗 건염建炎에서부터 상흥祥興에 이르기까지 또 153년간이 남송南宋이었다.

이상 송宋은 태조 건륭乾隆 원년, 경신庚申에서부터 제병帝昺 상흥祥興 기묘己卯에 이르기까지 모두 320년 만에 멸망했다.

---

351) 흠종欽宗 정강靖康연간, 휘종徽宗이 금국金國에 잡혀간 사건
352) 송공종宋恭宗(1275~1276)의 연호年號
353) 공종恭宗이 원元나라에 억류되었다가 사망한 사건
354) 조송趙宋 조정朝廷은 맨 처음, 변경汴京에 정도定都했다. 이후 금국金國에 쫓겨 항주杭州에 천도한다. 이후 다시 원국元國(몽고)에게 쫓겨 민閩(복건福建)으로 갔다가 마침내 광동廣東, 애산崖山에서 황제가 바다에 뛰어들며 멸망한다는 이야기.

중국역대(中國歷代) 왕조 창몰표(王朝 創沒表)

선사시대先史時代, 전설傳說상의 시대

태고太古, 삼황三皇, 오제五帝
요堯, 순舜, 우禹: 약 170만 년 전~4,000년 전

하왕조夏王朝: B.C.2100~B.C.1600 [약 500년]
① 우왕禹王 ~ ⑰ 걸왕桀王

역사시대歷史時代

은殷(상商)왕조王朝: B.C.1600~B.C.1100 [약 500년]
① 탕왕湯王 ~ ㉚ 주왕紂王

주왕조周王朝

서주西周: B.C.1100~B.C.771 [약 329년]
① 무왕武王(희발姬發) ~ ⑫ 유왕幽王(희궁렬姬宮涅)

동주東周: B.C.770~B.C.256 [약 514년]
① 평왕平王(희의구姬宜臼) ~ ㉟ 난왕赧王(희연姬延)

춘추시대春秋時代: B.C.770~B.C.476 [약 294년]

전국시대戰國時代: B.C.475~B.C.221 [약 254년]

진조秦朝: B.C.221~B.C.206 [15년]
① 시황제始皇帝(영정嬴政) ~

③3세황제(三世皇帝, 영자영嬴子嬰, 46일재위在位)

대초大楚: B.C.206～B.C.202 [4년]

① 서초패왕西楚霸王(항우項羽)

한조漢朝

서한西漢(전한前漢): B.C.202～A.D.9 [211년]
① 고조高祖(유방劉邦)～ ⑬ 유영(劉嬰, 유자영孺子嬰)

신조新朝: 9～25 [16년]
① 섭황제攝皇帝(왕망王莽)

동한東漢(후한後漢): 25～220 [195년]
① 광무제光武帝(유수劉秀)～ ⑭ 헌제獻帝(유협劉協)

삼국시대三國時代

위조魏朝: 220～265 [45년]
① 문제文帝(조비曹丕)～ ⑤ 원제元帝(조환曹奐)

촉조蜀朝: 221～263 [42년]
① 소열제昭烈帝(유비劉備)～ ② 후주後主(유선劉禪)

오조吳朝: 222～280 [58년]
① 대제大帝(손권孫權)～ ④ 오정후烏程侯(손호孫皓)

진조晋朝

서진西晋: 265～316 [51년]
① 무제武帝(사마염司馬炎)～ ④ 민제愍帝(사마업司馬鄴)

동진東晋: 317～420 [103년]
① 원제元帝(사마예司馬睿)～ ⑪ 공제恭帝(사마덕문司馬德文)

오호십육국五胡十六國: 304〜439 [135년]

성한成漢-44년 전조前趙-25년 후조後趙-32년

전연前燕-33년 후연後燕-23년 남연南燕-12년

북연北燕-27년 전진前秦-44년 후진後秦-33년

서진西秦-46년 대하大夏-24년 전량前涼-59년

후량後涼-17년 남량南涼-17년 북량北涼-38년

서량西涼-21년

남북조南北朝: 420〜589 [169년]
남조南朝

유송劉宋: 420〜479 [59년]

① 무제武帝(유유劉裕)〜 ⑧ 순제順帝(유준劉準)

남제南齊: 479〜502 [23년]

① 고제高帝(소도성蕭道成)〜 ⑦ 화제和帝(보융寶融)

남양南梁: 502〜557 [55년]

① 무제武帝(소연蕭衍)〜 ⑥ 경제敬帝(방지方智)

남진南陳: 557〜589 [32년]

① 무제武帝(진패선陳覇先~ ⑤ 후주後主(숙보叔寶)

북조北朝

북위北魏: 386〜534 [148년]
선비족鮮卑族

① 도무제道武帝(탁발규拓跋珪)〜 ⑭ 효무제孝武帝(수脩)

동위東魏: 534〜550 [16년]
선비족鮮卑族

① 효정제孝靜帝(원선견元善見)

서위西魏: 535∼557 [22년]

선비족鮮卑族

① 문제文帝(원보거元寶炬)~ ③ 공제恭帝(탁발곽拓跋廓)

북주北周: 557∼581 [24년]

선비족鮮卑族

① 효민제孝閔帝(우문각宇文覺)~ ⑤ 정제靜帝(연衍)

북제北齊: 550∼577 [27년]

① 문선제文宣帝(고양高羊)~ ⑦ 범양왕范陽王(소의紹義)

수조隋朝: 581∼618 [37년]

① 문제文帝(양견楊堅)~ ③ 공제恭帝(대왕代王양유楊侑)

당조唐朝: 618∼907 [289년]

① 고조高祖(이연李淵)~ ㉑ 애제哀帝(축枳)

오대십국五代十國: 907∼960 [53년]

오대五代

후량後梁: 907∼923 [16년]

① 태조太祖(주온朱溫,전충全忠)~ ③ 말제末帝(주우정朱友貞)

후당後唐: 923∼936 [13년]

① 태조太祖(이극용李克用)~ ④ 말제末帝(이종가李從珂)

후진後晉: 936∼946 [10년]

① 고조高祖(석경당石敬塘)~ ② 출제出帝(중귀重貴)

후한後漢: 947∼950 [3년]

① 태조太祖(유지원劉知遠)~ ② 은제隱帝(승우承祐)

후주後周: 951~960 [9년]

① 태조太祖(곽위郭威)~ ③ 공제恭帝(시종훈柴宗訓)

십국十國

오吳: 902~937 [35년]

① 태조太祖(양행밀楊行密)~ ④ 예제睿帝(양부楊溥)

남당南唐: 937~975 [38년]

① 열조烈祖(이변李昪)~ ③ 후주後主(욱煜)

민閩: 909~945 [36년]

① 태조太祖(왕심지王審知)~

⑥ 복공의왕福恭懿王(천덕제天德帝, 왕연정王延政)

오월吳越: 907~978 [71년]

① 무숙왕武肅王~ ⑤ 충의왕忠懿王(숙俶)

전촉前蜀: 907~925 [18년]

① 고조高祖(왕건王建)~ ② 순정공順正公(종연宗衍)

후촉後蜀: 934~965 [31년]

① 고조高祖(맹지상孟知祥)~ ② 초공효왕楚恭孝王(창昶)

남한南漢: 917~971 [54년]

① 고조高祖(유엄劉龑)~ ④ 남월왕南越王(창鋹)

초楚: 927~951 [24년]

① 무목왕武穆王(마은馬殷)~ ⑤ 공효왕恭孝王(희악希蕚)

남평南平(형남荊南): 925~963 [38년]

① 무흥왕武興王(고계흥高季興)~ ⑤ 시중侍中고계충高繼沖

북한北漢: 951~979 [28년]

① 세조世祖(유민劉旻)~ ④ 영무제英武帝(계원繼元)

요조遼朝: 916~1125 [209년]

① 태조太祖(야율아보기耶律阿保機) ~ ⑨ 천조제天祚帝(연희延禧)

후요後遼(서요西遼): 1124~1211 [87년]

① 덕종德宗(야율대석耶律大石) ~ ⑤ 천희제天禧帝

송조宋朝

북송北宋: 960~1127 [167년]

① 태조太祖(조광윤趙匡胤) ~ ⑨ 흠종欽宗(조환趙桓)

남송南宋: 1127~1279 [152년]

① 고종高宗(趙構조구) ~ ⑨ 제병帝昺(상흥제祥興帝,조병趙昺)

서하西夏: 1038~1227 [189년]

① 경종景宗(이원호李元昊) ~ ⑩ 남평왕南平王(이현李晛)

금조金朝: 1115~1234 [119년]

① 태조太祖(완안민完顏旻,아골타阿骨打) ~ ⑨ 애종哀宗

원조元朝,몽고제국蒙古帝國: 1206~1259 [53년]

① 태조太祖(칭기즈칸成吉思汗) ~ ④ 헌종憲宗(몽케蒙哥)

원조元朝: 1260~1370 [110년]

① 세조世祖(홀필렬忽必烈,쿠빌라이) ~ ⑪ 순제順帝(토곤테무르妥懽帖睦爾)

명조明朝: 1368~1644 [276년]

① 홍무제洪武帝(주원장朱元璋) ~ ⑰ 숭정제崇禎帝(의종毅宗,주유검朱由檢)

청조淸朝: 1616~1911 [296년]

① 태조太祖(노이합적奴爾哈赤) ~ ⑫ 선통제宣統帝(부의溥儀)

후기後記

　　태고太古 이래 중원中原은 염황炎黃의 고토古土라 불렀으며 중화민족
을 가리켜 염황의 자손이라 했다. 염황은 바로 전설상의 '염제炎帝와 황
제黃帝'를 말한다. 황제는 삼황오제三皇五帝에 등장하는 오제五帝의 으뜸
이며 고대 황하黃河 하류下流에 살았던 '화하華夏'란 부락 연맹의 수장이
다. 이들이 살았던 곳이 바로 중원이다. 춘추시기를 지내며 본격적으로
농업문명으로 진입한 이들은 유목이나 수렵생활을 하고 있던 주변부보
다 조금 나은 생활환경에 진입하게 되었다. 이에 자신들을 '화하華夏 또
는 제하諸夏'라 부르기 시작하고, 주변은 '만이蠻夷'라 부르며 일종의 우
월감을 나타낸 것이다. '하夏'란 말은 '중원中原은 세상에 거주의 중심이
되는 곳'이란 의미이며 '화華'는 '번영되고 아름다운 중국中國(중원中原)'
이란 이름이다. 서로 통용되는 말이다. 이 춘추시기를 지나며 수많은 제
후들이 중원을 지배하려 노력하였던 것도 바로 중원을 정통으로 인식하
고 있었기 때문이었다.

　　이후 근세에 이르기까지 화하족이 자신들의 조상이고 소위 '황제의
후손'이라 주장하는 한족漢族은 늘 선민의식選民意識을 바탕으로 중원과
주변의 4이四夷(남만南蠻, 북적北狄, 서융西戎, 동이東夷)를 구별했다. 이른
바 '화이華夷'이다. 이러한 화이사상華夷思想은 오래된 것으로 자신들은
황제의 자손으로 늘 성골聖骨이며 나머진 모든 면에서 자신들에게 미치
지 못하는 오랑캐라는 것이다. 그러므로 주변부는 문화민족인 자신들을
마땅히 존숭尊崇해야 하는 번국藩國이 되어야 하며 또한 조공朝貢을 바

쳐야 한다는 사상이다. 이것은 수천 년을 지나며 한 번도 변한 적이 없었다.

아놀드 토인비는 인류 역사를 '도전과 응전의 역사'라고 했다. 개인이나 국가의 역사 또한 도전과 응전의 결과물로서 오늘이 있는 것이다. 애초에 정해진 국가가 어디 있었겠으며 애초부터 '왕후장상의 씨'가 어디 따로 있었겠는가. 국가의 구성요소인 영토 또한 마찬가지이다. 시간이 지나며 사람과 사람이 모이고 정치적인 이념이 결합되면서 마을이나 국가라는 집단이 형성된 것이다. 또한 그들이 실효적으로 지배하고 있는 것이 바로 그들의 영토인 것이다. 즉 지배할 힘이 있는 한도 내에서 영토가 정해지는 것이다. 지켜낼 힘이 사라지는 순간, 잠식蠶食되기 시작하며 시대나 상황에 따라 언제나 변하는 것이다. 결국 지켜낼 수 있는 힘이 존재하는 범위만큼이 그 나라의 영토인 것이다. 이것은 과거나 현재나 다르지 않다. 미래 또한 마찬가지일 것 이다.

과거 수천 년간 중국이라는 거대한 나라와 영토를 맞대며 지금껏 살아왔던 우리들은 모든 분야에서 영향을 받지 않은 적이 없었다. 그들의 지나간 역사는 우리의 역사와 맞닿아 있으며 또한 앞으로 우리들의 역사도 많은 부분 서로 영향을 주고받을 것이다. 이것은 이웃이기에 일어나는 단순한 문제가 아니며 늘 서로를 대하는 태도에서 기인하기 때문이다. 우리는 우리의 미래를 가늠하기 위해 우리를 둘러싸고 있는 우리의 주변을 잘 알아야 한다. 특히 중국을 잘 알아야 하는 것은 더욱 불문가지不問可知일 것이다. 그것은 우리들 미래의 많은 부분이 그들과의 관계에서 파생될 것이기 때문이다. 미래를 가늠하기 위해서는 지금까지의 관계 즉, 역사를 잘 알아야 한다. 그것은 나를 위함이기도 하지만 서로를 이해하기 위해서도 필요한 행위라 할 것이다.

유사 이래 중국이 우리의 친구였던 적은 없었으며 언제나 우리에게
는 적이자 위협의 대상이었다. 지금까지도 이런 생각에 변화가 없다고
보는 것이다. 청말清末, 자신들의 존립도 지켜내기 어려운 상황하에서도
이 땅을 번국으로 취급하며 군림한 것 또한 사실이다. 우리 또한 무슨
할 말이 있겠는가! 이제 우리는 역사에서 배워야 하며 노력해야 할 것이
다. 현실을 직시하지 않은 미사여구美辭麗句는 '금의야행錦衣夜行'과 같으
며 역사를 반면교사로 삼지 않는 민족은 언제라도 망하게 했다는 것이
'역사의 신神'이 내리는 철칙鐵則인 것이다. 암튼 이 후기가 고니를 그리
려다 엉뚱하게 집오리를 그리지 않았나 하는 느낌이 든다. 하지만 작금
에 긴박하게 돌아가는 우리를 둘러싼 주변정세를 냉정하게 주시注視해
보자는 의미로 이해해주신다면 감사하겠다.

고사성어로 쉽게 배우는 십팔사략

발행일 | 1판 1쇄 2020년 7월 6일

편저자 | 남정칠
주　간 | 정재승
교　정 | 홍영숙
디자인 | 배경태
펴낸이 | 배규호
펴낸곳 | 책미래

출판등록 | 제2010-000289호
주　소 | 서울시 마포구 공덕동 463 현대하이엘 1728호
전　화 | 02-3471-8080
팩　스 | 02-6008-1965
이메일 | liveblue@hanmail.net

ISBN 979-11-85134-60-4 03900